AF569064

Jürgen Möller

Der Kampf um Zeitz April 1945

Wappen des XX. US Corps

– *Oktober 2012* –

Verlag Rockstuhl

Impressum

Umschlaggestaltung: Harald Rockstuhl, Bad Langensalza

Titelbild:
Soldaten der 76th US Infantry Division führen
deutsche Kriegsgefangene durch Zeitz
Foto: 76th Infantry Div. Ass., Archiv Koch, Berlin

Umschlagrückseite:
Deutsche Soldatengräber in Kretzschau bei Zeitz im Jahr 1950
Foto: Mit freundlicher Genehmigung der Fam. Grög

Bisherige Auflagen:
1. Auflage 2010, Verlag Rockstuhl, Bad Langensalza mit der ISBN 978-3-86777-185-6

2. Auflage 2012

ISBN 978-3-86777-477-2

Satz und Layout: Jürgen Möller

Lektorat unter Verantwortung des Autoren

Druck und Bindearbeit: Digital Print Group Oliver Schimek GmbH, Nürnberg/Mittelfranken

Die Deutsche Nationalbibliothek verzeichnet diese Publikation in der Deutschen Nationalbibliografie. Detaillierte bibliografische Daten sind im Internet über *http://dnb.d-nb.de* abrufbar.

Inhaber: Harald Rockstuhl
Mitglied des Börsenvereins des Deutschen Buchhandels e.V.
Lange Brüdergasse 12 in D-99947 Bad Langensalza/Thüringen
Telefon: 03603 / 81 22 46 Telefax: 03603 / 81 22 47
www.verlag-rockstuhl.de

Inhaltsverzeichnis

Mein Dank gilt an dieser Stelle:

The Fighting 69th Infantry Division Ass. Inc.
Joseph Lipsius, Norcross, Georgia, U.S.A.

76th Infantry Division Ass. Inc.
Lt.Col. Jay M. Hamilton A.U.S.- Ret, Medfort, Oregon, U.S.A. †

Palm Springs Air Museum, Palm Springs, California, U.S.A.
Brooke Anderson

100th Bomber Group Foundation, Studio City, California, U.S.A.
Michael P. Faley

Bibliothek und Fachinformationsstelle des Bundessprachenamtes
Außenstelle Naumburg - Lilian Klinger

Museum Schloss Moritzburg Zeitz - Ute Rudolph

Museum Schloss Neu-Augustusburg Weißenfels
Martin Schmager und Mike Sachse

Stadtarchiv Zeitz - Sibylle Pentzek

Geschichts- und Altertumsverein für Zeitz und Umgebung e.V.
Detlef Deye

Evangelisches Kirchspiel Zeitz
Karlheinz Henckens und Annerose Presch

Heimatverein Aga e.V. - Dieter Winkler
Heimatverein Droyßig e.V. - Günter Koschig
Heimatverein Haynsburg e.V. - Harald Menz
Heimatverein „Barbarossa“ Kayna u. Umgebung e.V.- Volker Thurm
Heimatstube Rehmsdorf - Lothar Czoßek

Ulrich Koch, athene-tv Berlin

sowie in Deutschland

Heinz und Herbert Baum, Altenburg; Martin Bliedtner, Kretzschau; Claus Bräutigam, Regis-Breitingen; Dr. Helmut Drosihn, Esteraue-Oelsen; Bürgermeisterin Gertraud Dürholt, Kretzschau; Fam. Robert Eibeler, Obermaischelstein; Werner Erbe, Dresden; Werner Ferdinand, Oberhaching; Fam. H. J. Grögor, Schwalmstadt; Gottfried Grünzig, Erfurt; Oskar Klemm, Reuden; Günter Neubauer, Streitwald; Werner Mathes, Zeitz; Joachim Mundstock, Haardorf/ Waldau; Lothar Penndorf, Berlin; Tylo Peter, Museum Pegau; Ekkehard Petrauschke, Hofheim; Wolfgang Pohl, Bremen; Peter Reck, Hohenmölsen; Bürgermeister Edgar Reichel, Meineweh; Gerhard Richter, Heiligenhaus; Heiner Schmidt, München-Gauding; Rolf-Dieter Schmidt, Theißen; Heinrich Späte†, Kayna; Walter Steinert, Jena; Andreas Tümmler, Leipzig; Horst Wohlfarth, Zeitz

in den USA

Marie Carpenti, National Archiv Maryland; Steven Marc Carey, Department of German Studies, Emory University, Atlanta, Georgia; Karl Heinz Hutans, Rotterdam, New York; Edgar A. Parson, Chapel Hill, North Carolina; Edgar Streckel, Pensacola, Florida

Zur Erinnerung an den 2008 verstorbenen
Zeitzer Heimatforscher
Rolf Zabel

„Nur die Toten haben das Ende des Krieges gesehen“

Plato

Vorwort

Dieses Buch zur Besetzung der Stadt Zeitz und Teilen des gleichnamigen Landkreises durch das XX. US Corps schließt an die bisherige Dokumentationsreihe zur amerikanischen Besetzung Mitteldeutschlands an, die sich mit dem V. US Corps in Thüringen, Sachsen-Anhalt und Sachsen beschäftigt hat und setzt diese fort. Dabei ergeben sich zwei wesentliche Anknüpfungspunkte zu den bisherigen Büchern. Das ist erstens die Einbindung von Zeitz in den mitteldeutschen Flakgürtel zum Schutz der Treibstoffindustrie, der bereits den amerikanischen Vorstoß zur Saale beeinflusst hat, und zweitens die Lage der Stadt an der rechten Flanke des Angriffstreifen des V. US Corps.

Die Stadt Zeitz liegt am 12. April 1945, an jenem Tag, als die ersten amerikanischen Truppen die westlichen Stadtränder erreichen, auf der Trennungslinie zweier amerikanischer Armeen, der 1st US Army unter General Courtney Hicks Hodges im Norden und der 3rd US Army unter General George S. Patton im Süden. Und sie liegt am Fluss Weiße Elster, dem letzten, großen Wasserhindernis vor der alliierten Haltelinie an der Zwickauer Mulde. Da die geografische Lage ein wesentlicher Faktor für militärische Operationen ist, wird Zeitz in den darauffolgenden Tagen ausschlaggebend für den Verlauf einer Vielzahl von Truppenbewegungen. Denn die Verteidiger haben die meisten Brücken über den Fluss zerstört oder beschädigt, was die alliierten Panzerspitzen dazu zwingt, ihre direkten Vormarschrouten zu verlassen. Dabei kommt es nicht nur zum Vermischen von Truppenteilen und Verbänden, wie es bisher schon häufig geschah, sondern in diesem Fall von zwei Armeen.

Um den Ablauf der Ereignisse im Raum Zeitz richtig zu verstehen, ist es daher unabdingbar, sich mit beiden Armeen, der 1st US Army und der 3rd US Army, zu beschäftigen. Aber diesmal liegt das Hauptaugenmerk nicht, wie in der Dokumentation: „Kriegsschauplatz Leipziger Südraum 1945“, auf der 1st US Army, sondern auf der 3rd US Army.

Eine hervorragende Grundlage bilden hierbei die Arbeiten des 2008 verstorbenen Zeitzer Heimatforschers Rolf Zabel und des Berliner Historikers und Publizisten Ulrich Koch. Koch war einer der Ersten, der die Bedeutung der umfassenden Auswertung der amerikanischen Militärunterlagen für das Verstehen der damaligen Ereignisse erkannte und für seine Arbeiten heranzog. Zabels langjährige Forschungen und Faktensammlungen haben gemeinsam mit den Arbeiten verschiedener Heimatforscher aus der Umgebung von Zeitz, das notwendige Material geliefert, um vergleichend arbeiten zu können. Durch die Zusammenführung der Resultate und ergänzende Forschungen ist es so möglich geworden, ein umfassendes Bild der damaligen Ereignisse zu zeichnen.

Kein vollständiges Bild, wie man sich denken kann. Zu lange hat man sich mit dem wenigen Bekannten begnügt. Viel Wissen ging dadurch im Lauf der Jahre verloren. Zeitzeugen starben, ohne ihre Erlebnisse weiterzugeben. Vieles liegt noch versteckt in den Archiven. Daher soll dieses Buch nicht nur Wissen vermitteln, sondern gleichzeitig anregen, weiterzuforschen. Es wurden daher bewusst auch einige Informationen verwertet, die bisher nicht eindeutig belegt sind. Wenn sie etwas wissen, dann melden sie sich und tragen sie dazu bei, auf diesem Weg ein Stück unserer Geschichte aufzuarbeiten.

Für Ergänzungen und Korrekturen wenden sie sich bitte an:

Jürgen Möller
Aschhausenstraße 66
D - 97922 Lauda-Königshofen

(0049) 9343 615998
juemoehistory@yahoo.de

oder

Verlag Rockstuhl Bad Langensalza

I. Einleitung

Die alte Industrie- und Handelsstadt Zeitz an der Weißen Elster mit ihrer bis ins 5. Jahrhundert zurückreichenden, wechselvollen Geschichte gerät bereits frühzeitig nach der Machtergreifung durch die Nationalsozialisten im Jahr 1933 in den Blickpunkt der neuen Herrscher.

Panorama der Stadt Zeitz — Ansichtskarte: Sammlung Möller

Auf Grund der geografischen Lage der Stadt im mitteldeutschen Braunkohlerevier wird Zeitz schnell zu einem der zukünftigen Standorte für die entstehende, deutsche Treibstoffindustrie ausgewählt. Treibstoff ist eine der Grundvoraussetzungen für die Realisierung der nationalsozialistischen Expansionspläne und Deutschland verfügt über keine erschlossenen Rohölvorkommen.[1] So bleibt nur die Gewinnung von Treibstoff über den Umweg der Destillation bzw. Hydrierung von Braunkohleschwelteer und -koks. Und dafür benötigt man neben der Braunkohle Hydrierwerke. Angelehnt an die sich ausweitenden Braunkohletagebaue entsteht daher nordöstlich von Zeitz, in Tröglitz, ab dem 1. Mai 1937 das BRABAG Hydrierwerk Zeitz, das am 01. April 1938 die Produktion von Benzin aufnimmt. Ab dem 2. Januar 1939 verlässt Diesel das Werk.[2]

Damit gerät Zeitz ab Mitte Mai 1944 zwangsläufig in das Fadenkreuz der britischen und amerikanischen Bomberverbände. Am 12. Mai 1944 startet General Carl A. Spaatz, der Oberkommandierende der amerikanischen Strategischen Luftwaffe in Europa die Offensive gegen die deutsche Treibstoffindustrie. Der Oberbefehlshaber der Deutschen Luftwaffe erklärt daraufhin am 23. Mai 1944 den Schutz der Treibstoffindustrie zum Abwehrschwerpunkt und befiehlt die Verstärkung des Flakschutzes. So entsteht Mitte 1944 unter Führung des Gen.d.Flakart. z.b.V. für die Verteidigung der Hydrierwerke, Gen. Dipl.Ing. Burchardt, im mitteldeutschen Raum einer der größten Flak-Schutzgürtel Deutschlands.[3]

Zeitzer Stadtansichten vor 1945

Rathaus, Schloss Moritzburg und der Bahnhof Ansichtskarten Sammlung Möller

Dessen Flakbatterien gehören bis zum Sommer 1944 zum Flak.Rgt. 300 Leipzig-Böhlen der 14. Flak.Div. Leipzig unter Gen.Maj. Adolf Gerlach. Zur Division gehören außerdem das Flak.Rgt. 140 Thüringen, das Flak.Rgt. 33 Halle-Leuna und das Flak.Sw.Rgt. 73. Im Sommer 1944 kommt es zu umfangreichen Änderungen in der Struktur der Reichsluftverteidigung durch Wechsel der Unterstellungen und die Aufstellung selbstständiger Flakbrigaden. Die 14. Flak.Div. gibt das Flak.Rgt. 33 ab und erhält das Flak.Rgt. 120 aus Wuppertal, welches als Flak.Gr. Böhlen-Zeitz zur Division geht. Das Flak.Rgt. 300 wird in Flak.Rgt. 90 Leipzig umbenannt. Das Flak.Rgt. 140 Thüringen und das Flak.Sw.Rgt. 73, Flak.Sw.Gr. Leipzig, verbleiben bei der Division.

Diese Verbände kämpfen bis zum Ende mit der alliierten Luftwaffe. Selbst nach der Verlegung einzelner mittlerer Flakbatterien und der Masse der leichten Flakbatterien zum Erdkampf an die Ost- und Westfront im Frühjahr 1945 bleibt der mitteldeutsche Flak - Schutzgürtel in seiner Gesamtheit nur unwesentlich geschwächt. So unterstehen noch im April 1945 dem Flak.Rgt. 120, Flakgruppe Böhlen-Zeitz, unter Führung von Obstlt. Kurt Krebs mit dem Gef.Std. in Magdeborn die s.Flak.Abt. 323 (o) als UGr. Zwenkau bzw. UGr. Böhlen mit Gef.Std. in Zwenkau, die s.Flak.Abt. 357 (o) als UGr. Böhlen-Südost, vorher UGr. Borna, mit Gef.Std. im Schloss Pomßen, die s.Flak.Abt. 662 (o) als UGr. Zeitz, vorher UGr. Zeitz-West, mit Gef.Std. im Schloss Moritzburg Zeitz, die le.Flak.Abt. 786 als UGr. Böhlen-Nordwest sowie die Heimat-Flak.Abt. 80/XIII, die s.Flak.Abt. 525 (Eisb.) und die s.Flak.Abt. 307 (o).[4]

Doch trotz der massiven Flakkonzentration werden die Treibstoffwerke im alliierten Bombenhagel zerstört. Auch das BRABAG Hydrierwerk Tröglitz wird mehrfach das Ziel schwerer alliierter Bomberangriffe. Und mit dem Werk auch die Stadt Zeitz und die Orte und Städte der Umgebung. Nach dem ersten Fliegeralarm in Zeitz am 21. Juli 1940 erlebt die Stadt Dutzende weiterer Alarme, die immer nach dem gleichen Muster abliefen.

Beim Einflug feindlicher Bomberverbände ins Reichsgebiet wurden über die Luftschutzwarnzentralen die Luftlagemeldungen an die zuständigen Flugkommandos und von dort an die örtliche Luftschutzleitung übermittelt.[5] Diese lösten dann das Signal „Öffentliche Luftwarnung", auch als „Kleinalarm" oder „Voralarm" bezeichnet, aus, bei dem jeder Bürger den Volksempfänger einschalten sollte, um die Fliegerwarnmeldungen abzuhören. Meist beginnen diese mit den Worten *„Feindliche Bomberverbände im Anflug auf…."*

Zeitz im Visier der alliierten Bomber

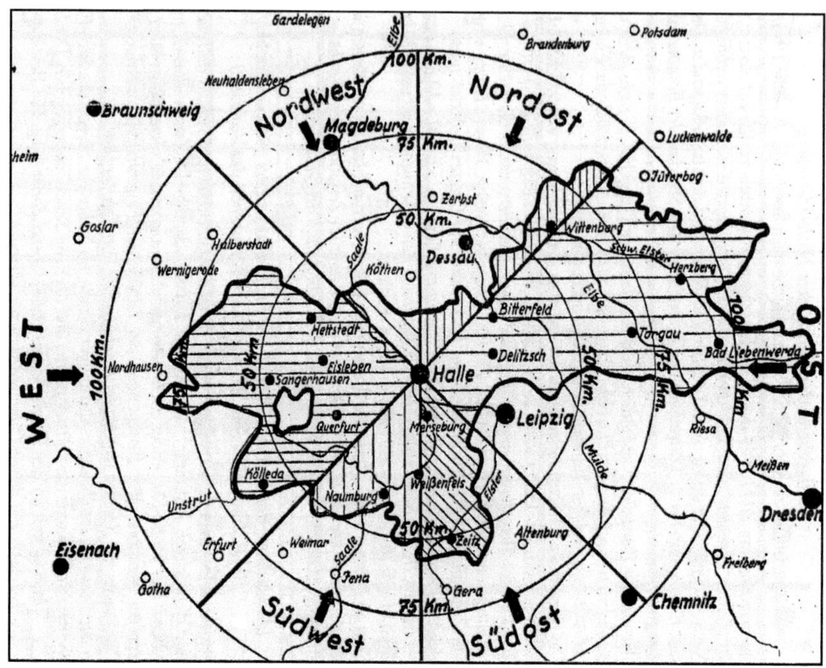

Luftlagekarte des Gausenders Halle-Merseburg Sammlung Zabel, Zeitz

B-17 „Flying Fortress" Bomber der 100th B.G. über Mitteldeutschland
Foto: Courtesy of the 100th Bomb Group Foundation website

Am 13. August 1940 erscheinen die britischen Bomber erstmals über dem Zeitzer Raum und in der Nacht vom 26./27. August 1940 fallen die ersten vier Bomben auf das Werksgelände des BRABAG Hydrierwerks Tröglitz. Die entstandenen Schäden bleiben gering.[6] Das ändert sich schlagartig mit Beginn der Luftoffensive auf die deutsche Treibstoffindustrie am 12. Mai 1944. An diesem Tag werden bei dem ersten Tagangriff von 116 Consolidated B-24 „Liberator" Bomber der 8th USAAF auf das BRABAG Hydrierwerk Tröglitz nicht nur die Produktionsstätten so schwer beschädigt worden, dass es zu 100 % Produktionsausfall kommt, sondern es sterben im Werk und in den umliegenden Ortschaften 100 Menschen im Bombenhagel.

Schwere Zerstörungen im Hydrierwerk Zeitz Foto: Archiv Mathes, Zeitz

Ab diesem Tag kehren die Bomber regelmäßig wieder. Selbst Fesselballons und, von internierten italienischen Badoglio-Soldaten bediente, Vernebelungsanlagen in der Umgebung des Werkes halten die Bomber nicht auf.[7] Bereits am 28. Mai 1944 erfolgt der zweite Tagangriff mit 187 B-24 Bombern, die drei Stunden lang ihre Bomben abwerfen. Dabei sterben in Zeitz mindestens zwei Personen. Beim dritten Luftangriff von 101 B-17 „Flying Fortress" am 16. August 1944 wird neben dem Werk erstmals auch Zeitz von den Bomben getroffen. Bomben schlagen in der Badstubenvorstadt ein und zerstören das Gaswerk. Dreizehn Personen werden in der Stadt getötet, elf davon alleine im Luftschutzkeller des Hauses Badstubenvorstadt 8d.[8] 80 Häftlinge des KZ Außenlager Rehmsdorf verlieren bei dem Bombenangriff ihr Leben.[9] Das Hydrierwerk Tröglitz erleidet so schwere Schäden, dass es zu Produktionsausfällen von 75 Prozent kommt. Daraufhin wird ein Teil der Produktion ab November 1944 unter der Tarnbezeichnung „Schwalbe V" im thüringischen Berga/Elster unter Tage verlagert.[10]

Sowjetische Zwangsarbeiterinnen beseitigen die Trümmer der Reichsbank im Steinsgraben
Foto: Archiv Mathes, Zeitz

Die meisten Opfer unter der Bevölkerung fordert der 90-minütige Tagangriff von 132 B-17 Bombern auf das BRABAG Hydrierwerk am 30. November 1944. An diesem sonnigen, kalten Tag meldet um 10.00 Uhr der Rundfunk anfliegende Bomberverbände über dem Sudetengebiet, um 12.30 Uhr ertönt in Zeitz und Umgebung des Signal „Voralarm“ und um 12.55 Uhr heulen die Sirenen „Fliegeralarm“. Dann fallen die Bomben.[11] Während das Werk, dass sich unter einer dichten, künstlichen Nebeldecke versteckt, nur geringfügige Schäden erleidet, treffen die meisten Bomben das Stadtgebiet von Zeitz und die umliegenden Ortschaften.[12] Als um 14.00 Uhr Entwarnung gegeben wird, wird der Umfang der Schäden sichtbar.[13] In Rasberg werden zwei Häuser vollständig zerstört, es gibt Tote und Verwundete, unter ihnen auch Fremdarbeiter.[14] In Zeitz werden 64 Gebäude zerstört und 36 Gebäude schwer beschädigt, 76 Menschen verlieren ihr Leben, darunter viele Mütter mit ihren Kindern. Insgesamt werden 138 Menschen getötet, 11 schwer und 34 leicht verwundet. 855 Einwohner werden obdachlos.

Am 6. Dezember findet auf dem Zeitzer Michaelisfriedhof die Totenmesse für die 138 Opfer statt.[15] Im Zeitzer Tagesblatt verkündet eine Todesanzeige des Gauleiters und Reichsverteidigungskommissars des Gaues Halle-Merseburg, Eggeling: *„Ihr Opfer wird uns Verpflichtung sein, mit aller Härte den Kampf bis zum siegreichen Ende weiterzuführen...“* [16] Am gleichen Tag findet für die 17 Bombenopfer von Falkenhain die Trauerfeier statt.[17] Auch bei diesem Angriff werden KZ-Häftlinge des Lagers Rehmsdorf getötet, die in keinem Zeitungsbericht auftauchen. 32 Häftlinge fordert der Angriff auf das Werk.[18] Aber auch die Angreifer erleiden Verluste. Einer der anfliegenden Bomber wird von der Flak getroffen. Nach einem Notabwurf über Geußnitz stürzt der Bomber nordwestlich des Ortes auf freiem Feld ab.[19] Der Flakschutz, der nach dem Schock der ersten, großen Tagangriffe auf die Treibstoffindustrie seit Mai 1944 kontinuierlich vergrößert wird, bleibt nicht ohne Auswirkung auf die alliierten Bomberverbände. Stoppen kann er sie jedoch nicht.

In der Nacht vom 16. zum 17. Januar 1945 erscheinen erstmals auch wieder britische Bomber über Zeitz. Um 21.36 Uhr heulen die Sirenen das Signal „Luftwarnung“ und um 21.39 Uhr „Fliegeralarm“. Um 22.08 Uhr erreichen die Bomber aus südlicher Richtung kommend das Werk und werfen ihre Bomben ab.[20] Diesmal versagt die Vernebelung, denn die Bedienungen der Nebelfässer werden zu spät durch den Luftwarndienst alarmiert. Noch bevor sich der Nebel über dem Werk ausbreiten kann, ist der Himmel von Leuchtbomben erhellt.[21] Der Angriff von 328 Avro 638 „Lancaster“ Bombern der 1. RAF Bomber Group, 6. Royal Canadian Air Force Bomber Group und der 8. RAF Pathfinder Force Group ist der Schwerste auf das Werk und führt zur völligen Lähmung der Produktion. 25 Tote verzeichnet das Zeitzer Tageblatt vom 20. Januar. In Rehmsdorf sterben drei polnische Internierte und der französische Kriegsgefangene André Metroix.[22] Auch diesmal erleiden die Angreifer Verluste. Das RAF Bomber Command unter Royal Chief Marshal Sir Arthur Harris meldet zehn abgeschossene „Lancaster“ Bombern.

In der Nacht vom 19./20. Februar 1945 wird zwischen 03.30 bis 05.30 Uhr der Raum Meuselwitz - Altenburg angegriffen. In Meuselwitz mit seinem kriegswichtigen HASAG-Werk[23] und der Umgebung sterben innerhalb von 20 Minuten 95 Menschen, 11 werden vermisst.[24] In Nißma werden 22 Menschen getötet, darunter sieben Kinder.[25] Nach einem kleineren Angriff von 12 B-17 Bombern am 26. März 1945 auf das Werk Tröglitz, erfolgt am 31. März 1945 zwischen 09.00 und 10.00 Uhr der 6. und letzte Großangriff auf das Hydrierwerk Tröglitz.

Das Schicksal einer B-17 Besatzung

Die B-17, Nr. 44-6740, der 349th Sq der 100th B.G. unter 1st Lt. Arthur G. Larsen (Bild rechts) verliert am 30.11.1945 beim Angriff auf die BRABAG Zeitz-Tröglitz nach einem Flaktreffer den 3. Motor (Bild links) und stürzt ab. Neun der zehn Mann Besatzung sterben, unter ihnen 1st Lt. Larsen.

1st Lt. Thomas E. O'Neil (Bild rechts), TSgt. Joseph M. Popson (oben Mitte) und TSgt. Raymond R. Bazata (oben rechts) sind unter den Gefallenen. Nur SSgt. John E. Kaiser (oben links) überlebt und gerät in Gefangenschaft

Fotos: Courtesy of the 100th Bomb Group Foundation website

Im Rahmen der Mission Nr. 291 werfen noch einmal 229 amerikanische B-17 Bomber rund 500 Bomben auf das Werk und die Orte der Umgebung ab. 110 Menschen sterben im Bombenhagel. Der deutschen Flak gelingt es mindesten einen der Bomber abzuschießen. Über Zeitz erhält die B-17 von 1st Lt. Arthur G. Larsen der 349th Sq. der 100th B.G. „The Bloody Hundredth" einen Flaktreffer, wobei der dritte Motor abgerissen wird. Der verzweifelte Versuch der Besatzung, die angeschlagene Maschine ostwärts hinter den russischen Linien in Sicherheit zu bringen, scheitert und sie stürzt ab. Neun Mann Besatzung, unter ihnen Lt. Larsen, sterben. Nur dem Heckschützen, SSgt. John E. Kaiser, gelingt der Absprung mit dem Fallschirm. Er wird gefangengenommen und nach Weimar gebracht, wo er vom Tod seiner Kameraden erfährt.[26] Der Angriff führt zur endgültigen Einstellung der Produktion. Zur geplanten Wiederaufnahme der Produktion am 16. April 1945 kommt es nicht mehr.[27] Am 16. April 1945 erklärt General Spaatz, den strategischen Luftkrieg *„aus Mangel an Zielen"* für beendet.[28]

Was den Bomben nicht zum Opfer fällt, wird auf der Grundlage des Führerbefehls zur Lähmung der Deutschen Wirtschaft für den Feind unbrauchbar gemacht. Am 4. April 1945 übermittelt der Beauftragte XIb des Generalbevollmächtigten für Sonderfragen der chemischen Erzeugung des Gauleiters von Magdeburg allen Betriebsführern im Gau Halle-Merseburg den Befehl des Gauleiters Eggeling zur Durchführung von Maßnahmen zur Lähmung der Werke.[29] Dies geschieht ungeachtet der Tatsache, dass die Führung der deutschen Treibstoffindustrie zuvor alles unternommen hatte, um die völlige Zerstörung zu vermeiden und somit den Grundstock für die Wiederaufnahme der Produktion nach Kriegsende zu erhalten. So hatte sich die Führung des BRABAG Hydrierwerkes Tröglitz bereits am 24. Februar 1945 einen Schutzbrief des Reichsverteidigungskommissars für den Reichsverteidigungsbezirk Halle-Merseburg ausstellen lassen. Dieser verbietet der kämpfenden Truppen, das Werk zu zerstören oder in Kampfhandlungen einzubeziehen. Am 12. März 1945 hatte der Befehlshaber im W.Kr. IV, Dresden, den Inhalt des Schutzbriefes bestätigt und bei Verstößen mit kriegsgerichtlichen Maßnahmen gedroht.[30]

Doch zum Glück denken die Verteidiger von Zeitz weder daran, das ohnehin stark beschädigte Werk restlos zu zerstören, noch sich in dessen unmittelbarer Umgebung zu verteidigen. Sie haben weder die Stärke noch die Mittel dazu und konzentrieren sich auf die Verteidigung der Flussübergänge und der militärischen Einrichtungen.

Doch es ist nur noch ein Bruchteil der ursprünglichen Anzahl an Soldaten, die im April 1945 zur Verteidigung von Zeitz zur Verfügung stehen. Die ehemals vollen Kasernen sind leer.

Vollzähligkeitsappell vor dem Abmarsch an die Westfront in der Infanteriekaserne, Foto aufgenommen am 18. Mai 1940, Sammlung Möller

Zeitz war wie viele Städte in Deutschland Mitte der 30iger Jahre im Rahmen des Ausbaus der Deutschen Wehrmacht zu einer Kriegsarmee zur Garnisonsstadt geworden. Neue Kasernen waren in den Jahren 1937/38 der Wiener Straße [heute Friedenstraße] errichtet worden, die sich schnell mit den verschiedensten Truppenteilen füllen. Artilleristen und Infanteristen prägen in den kommenden Jahren das Bild der Stadt. Doch Mitte 1939 verlässt die erste Welle im Rahmen der Kriegsmobilmachung der Deutschen Wehrmacht die Stadt. Der Krieg steht vor der Haustüre und Zeitzer Soldaten finden sich wenig später auf allen Schauplätzen des 2. Weltkriegs wieder.

Das II. Btl.(E) des InfRgt 53, Naumburg, der 14. Division, Leipzig, in der Infanterie-Kaserne wird im August 1939 zur Aufstellung des InfRgt 475 der 255. InfDiv herangezogen. Die I. Abt. des ArtRgt 84 der 24. Division Chemnitz, die am 12. Oktober 1937 aufgestellt wurde und in der Artillerie-Kaserne Quartier bezogen hat, wird mit der Mobilmachung den Korpstruppen des IV. AK unterstellt und rückt mit ihren schweren 24cm Kanonen K 3 ab. In den Kasernen verbleiben Ersatz- und Ausbildungseinheiten, deren Mannschaften mit zunehmender Dauer des Krieges immer häufiger wechseln. Die Art.Ers.Abt. (mot.) 4, die am 2. Dezember 1940 in Zeitz aufgestellt wird, verlegt am 20. Juli 1940 nach Prag. Das

Inf.Ers.Btl. 456, das ab 1942 dem Gren.Ers.u. Ausb.Rgt. 534 der Div.Nr. 464 untersteht und im November 1942 in Gren.Ers.Btl 456 umbenannt wird, wird 1944 aufgelöst.[31] Das ebenfalls in der Stadt stationierte Feldeisenb.Ers.u.Ausb.Btl. Zeitz, das aus einer Marsch-, Stamm-, Genesenen- und Ausb.Kp. besteht und zum Gren.Ers.Rgt. 534 Zwickau der Div.Nr. 464 Chemnitz gehört, wird im März 1945 geteilt und als Feldeisenb.Ausb.Btl. mobil gemacht. Faktisch als letzter Verband verlässt Anfang April 1945 das Feldeisenb.Ers.Btl. die Stadt, um westlich der Reichsautobahn 9 Stellung zu beziehen.[32]

Das städtische Krankenhaus als Reserve-Lazarett im Jahr 1940
Foto: Museum Schloss Moritzburg

Zurück bleiben nur die Flaksoldaten der Flak.UGr. Zeitz, die mit Teilen im Mai 1944 in die Artillerie-Kaserne eingezogen waren, die Angehörigen des Wehrmeldeamtes Zeitz, des Standortzuges Zeitz und der San.Staffel Zeitz mit der Res.Laz.Kp. 387 sowie das Techn.Btl. 2 Zeitz und eine Uffz.Schule.

Als die letzten Kämpfe in der Stadt enden, gehen Hunderte von ihnen in amerikanische Kriegsgefangenschaft. Zeitz hört auf, Garnison für deutsche Soldaten zu sein. Doch bis dahin muss die Stadt noch viele Opfer bringen.

* * *

[1] Die heutigen Erdölfelder in der Nordsee waren zur damaligen Zeit noch nicht erschlossen.

[2] Ausführliche Informationen zur mitteldeutschen Treibstoffindustrie in „Die amerikanische Besetzung des Leipziger Südraumes durch das V. US Corps im April 1945". Siehe auch Zeitzer Heimat, Sonderheft Nr. 16.

[3] Aus „Angriffshöhe 6.000 Meter – Die Luftangriffe auf Leuna".

[4] Gem. Tessin „Verbände und Truppen der deutschen Wehrmacht und Waffen-SS 1939-1945". Der Gef.Std. des Flak.Rgt. 120 befand sich 1944 im Schloss Moritzburg in Zeitz. Hinweise deuten darauf hin, dass sich der Gef.Std. der s.Flak.Abt. 662 im April 1945 im Schloss Droyßig und der s.Flak.Abt. 307 in Haynsburg befand.

[5] Gem. Steinert, Jena.

[6] Zeitzer Heimat, Sonderheft Nr. 16 v. Rolf Zabel, 2005.

[7] Gem. Horst Wohlfarth, Zeitz. Im September 1943 unterzeichnete der italienische Marschall Badoglio einen Waffenstillstand mit den Alliierten und löste sich somit von Deutschland. Daraufhin ließ Hitler etwa 600 000 italienischen Soldaten im deutschen Machtbereich festnehmen und entwaffnen. 180 000 dieser als Badoglio-Soldaten bezeichneten Soldaten erklärten sich bereit, weiter auf der Seite Hitlerdeutschlands als Kampf-, Hilfs- und Arbeitswillige zu dienen. Die anderen wurden Militärinternierte. Man erkannte ihnen den Kombattantenstatus ab und setzte sie als Zwangsarbeiter ein. Diese italienischen Militärinternierte (IMI) erhielten nach dem Krieg keinerlei Wiedergutmachung, da sie nicht als Kriegsgefangene anerkannt wurden.

[8] Christa Schneider in MZ v. 22.01.05. Zabel nennt in der MZ v. 01.03.95 zwölf Tote.

[9] Heimatstube Rehmsdorf, Zusammenstellung von Lothar Czoßek, Ortschronist der Gemeinde Rehmsdorf, vom 18.01.2004.

[10] Heimat- und Geschichtsverein e.V. Berka/E.

[11] Gem. Wolfgang Schindler in der MZ v. 22.01.05.

[12] Gem. Czoßek wurde das Werk auf Grund der Vernebelungsmaßnahmen kaum getroffen.

[13] Gem. Zabel in MZ v. 30.03.05.

[14] Gem. Werner Leithold in MZ v. 30.11.04.

[15] Alle Informationen zu den Opfern gem. Zeitzer Heimat Sonderheft 16. Einige der dortigen Angaben weichen von den Angeben der RAF und USAAF ab. So wurde bei der Angabe der eingesetzten Bomber grundsätzlich auf die Unterlagen von RAF und USAAF zurückgegriffen.

[16] Archiv Zabel.

[17] „Der schwärzeste Tag in der Geschichte von Falkenhain" in „Unsere Heimat Heft 4, 1995".

[18] Zusammenstellung von Lothar Czoßek.

[19] Volker Thurm „500 Jahre Wildensee" 2008. Möglicherweise handelt es sich um die Bomberbesatzung der 384th B.G. unter Lt. A. Champ, dessen Bomber beim Angriff auf die Ölindustrie bei Zeitz abgeschossen wurde.

[20] 2. Teil des Berichts v. Günter Braunert in Zeitzer Zeitung v. 16.02.95.

21 Gem. Czoßek.

22 Zusammenstellung von Lothar Czoßek. Gem. Karl Fischer arbeitete der französische Kriegsgefangene beim Rehmsdorfer Fleischermeister Wagner. Er wurde nach dem Krieg nach Frankreich überführt.

23 Die Hugo-Schneider-AG Leipzig (HASAG) war Alleinproduzent der Panzerfaust im 2. Weltkrieg und hatte mehrere Werke in Mitteldeutschland, unter anderem in Meuselwitz, Altenburg, Leipzig, Taucha und Schlieben.

24 Aus dem Artikel von Konrad Mälzer, Starkenberg, in der Osterländer Volkszeitung v. 15.02.2005 bezugnehmend auf die „Altenburger Zeitung" v. 21.04.45. Jörg Wolf nennt in der OTZ v. 21.02.05 einschließlich des Angriffs vom 30.11.44 88 Tote und Eberhard Heinze, Altenburg, nennt in der OTZ v. 15.02.2005 in Meuselwitz 140 Tote. Zabel schreibt von 95 Toten, was sich mit der Angabe von Mälzer deckt.

25 Meldung des Gemeindeposten Nißma vom 22.02.45. Archiv Drosihn.

26 Webseite der 100th BG, www.100thbg.com.

27 Artikel von Günther Braunert in der Zeitzer Zeitung v. 16.02.1995.

28 Ebenda.

29 Abschrift des Dokuments RLZ VS/Ro-1201 aus dem Werksarchiv des Hydrierwerkes Zeitz, Kopie Archiv Zabel.

30 Abschriften aus dem Werksarchiv des Hydrierwerkes Zeitz, Archiv Zabel, Zeitz.

31 Gem. Tessin und Kriegsgliederung des Ersatzheeres.

32 Gem. G-2 Bericht der 3rd US Army geraden Angehörige dieser Einheit dort in Kriegsgefangenschaft.

II. Die militärische Lageentwicklung in Mitteldeutschland bis zum 12. April 1945

Ende März 1945 liegt das Dritte Reich in seinen letzten Zügen. Im Osten beginnen die russischen Verbände mit dem Sprung aus den eroberten Oder-Brückenköpfen Richtung Berlin. Im Westen haben die Alliierten nach der Überschreitung des Rheins mit dem Stoß ins Herz des Reiches begonnen.

Strategisches Ziel der westalliierten Streitkräfte unter dem Oberkommando von Dwight D. Eisenhower ist es, nach einem schnellen Vorstoß über Kassel und Erfurt auf Leipzig und weiter nach Dresden das Reichsgebiet in zwei Teile zu spalten und das wichtige mitteldeutsche Industriegebiet Halle - Merseburg - Leipzig zu besetzen. Das Endziel Dresden wird später korrigiert und als Haltelinie für den Vorstoß die Mulde - Linie festgelegt. Die Offensive der auf den mitteldeutschen Raum vorstoßenden 12th US Army Group unter General Omar N. Bradley und der im Norden angreifenden 21st britischen Army Group des Field Marshal Bernhard Law Montgomery soll mit dem Schwerpunkt im Zentrum erfolgen, um sich dann nach Norden und Süden zu entfalten.

General Patton
Foto: National Archive

Am 1. April treffen sich die aus dem Brückenkopf Remagen herausstoßenden Verbände der 1st US Army unter General Hodges mit den Truppen der 9th US Army von Lt.Gen. Simpson im Raum zwischen Bielefeld und Paderborn. Die Reste der H.Gr. B des Generalfeldmarschalls Model mit der 15. Armee des Gen.d.Inf. von Zangen und der 5. PzA sind im „Ruhrkessel" eingeschlossen.

Am gleichen Tag erreicht die aus dem Rhein-Main-Gebiet vorstoßende 3rd US Army unter General George S. Patton thüringischen Boden. Sein XX. US Corps attackiert nach Nordosten und während seine 80th US InfDiv den Raum Kassel erreicht, schwenken die Hauptkräfte nach Osten und gehen auf Mühlhausen vor. Das XII. US Corps, das sich bei seinem Vorstoß nach Nordosten weit vom XX. und vom benachbarten XV. US Corps der 7th US Army absetzt, erreicht mit seinem nördlichen Angriffskeil die Werra westlich von Eisenach. Die

Panzerspitzen seines südlichen Angriffskeiles rollen durch die Rhön in Richtung Thüringer Wald.

Während die Kräfte der 1st US Army bis zum 4. April bei den Kämpfen um den „Ruhrkessel" gebunden sind, entwickelt die 3rd US Army ihre Offensive weiter in Richtung Osten. Das XX. US Corps beendet die Einnahme von Kassel und erreicht mit seinen Angriffsspitzen Mühlhausen. Das VIII. US Corps, welches aus dem Raum westlich von Frankfurt/M. herangeführt wurde, beginnt mit seinem Angriff durch das XX. und XII. US Corps hindurch nach Osten. Dabei werden Teile des XII. US Corps unter das Kommando des VIII. US Corps gestellt. Das XII. US Corps setzt seinen Vormarsch Richtung Kamm des Thüringer Waldes fort.

Am 5. April werden das V. und VII. US Corps der 1st US Army von ihrem Auftrag bei der Zerschlagung des „Ruhrkessels" entbunden und beginnen ihren Angriff Richtung Osten. Elemente des V. US Corps entlasten dabei das XX. US Corps der 3rd US Army bei Kassel. Das XX. US Corps besetzt Mühlhausen und schwenkt mit Teilen nach Südosten auf Langensalza. Die bei Kassel von ihrem Auftrag entbundenen Teile des Corps marschieren nach Osten und erreichen Eschwege. Die Grenzen des in die Angriffsfront der 3rd US Army eingeführten VIII. US Corps werden verändert und dem Corps die frühere Zone des XII. US Corps übertragen. Somit übernimmt das VIII. US die Verantwortung für den Raum Eisenach - Langensalza - Gotha. Teile des VIII. US Corps gehen in Vorbereitung des weiteren Angriffs nach Nordosten bis zur Linie Mühlhausen - Langensalza vor. An der rechten Flanke der 3rd US Army beginnt das XII. US Corps in Vorbereitung auf den Angriff seiner Panzerkräfte Richtung Südosten, auf Coburg, mit der Umgruppierung.

Am 6. April besetzen Einheiten des VIII. US Corps im Zusammenwirken mit dem XX. US Corps Langensalza. Somit haben alle Kräfte der 3rd US Army die Haltelinie der 12th Army Group, Mühlhausen – Langensalza - Gotha – Oberhof, erreicht. Bis zum 8. April erreicht das VII. US Corps der 1st US Army die südwestlichen Harzränder und die Verbände des V. US Corps stoßen durch das Eichsfeld auf Sondershausen vor.

Bei der 3rd US Army steht das XX. US Corps im Raum Eschwege - Mühlhausen - Langensalza. Das VIII. US Corps hält seine Positionen und setzt die Säuberung des Thüringer Waldes fort. Das XII. US Corps hat die Räumung seiner Haltelinie für den Angriff auf Coburg beendet, während sich andere Teile des

Corps auf den weiteren Angriff durch den südlichen Thüringer Wald nach Osten vorbereiten.

Am 10. April haben auch die Verbände der 1st US Army die Ausgangslinie für den letzten großen Stoß nach Osten erreicht. Das VII. US Corps von Lt.Gen. J. Lawton Collins steht westlich von Nordhausen und das V. US Corps von Maj.Gen. Clearence R. Huebner auf einer Linie westlich von Sondershausen bis Ebeleben, nordöstlich von Mühlhausen.

Am 11. April beginnt der Großangriff der 1st und 3rd US Army in das industrielle Herz Mitteldeutschlands und zur alliierten Haltelinie entlang der Elbe und Mulde.

Wer aber stellt sich dieser übermächtigen Streitmacht entgegen?

Der Oberbefehlshaber der H.Gr. G, Gen.d.Inf. Friedrich Schulz, welcher am 3. April das Kommando über die H.Gr. von SS-Obstgruf. und Gen.Oberst der Waffen-SS Hausser übernommen hat, beschreibt in einem Brief aus dem Jahr 1946 die damalige Situation nüchtern:

„In dieser Front zwischen Harz und Oberrhein waren zahlreiche Lücken in der Besatzung vorhanden. So war in dem Raum zwischen Harz und Gotha so gut wie keine eigenen Truppen. Die zahlreichen Divisionen, die in der Lagekarte von Hitler eingezeichnet waren, waren wohl ihrer Nummer nach vorhanden. .... Die Kampfstärke dieser Divisionen war nicht höher als die eines Bataillons., teilweise waren nur noch die Stäbe vorhanden.... Der Volkssturm war kaum ernst zunehmen für die Kampftruppe. Für den Kampf mit einem modern ausgestatteten Gegner völlig unzureichend bewaffnet (meist nur mit Gewehren mit wenig Munition), überaltert und ohne Kampferfahrung, wodurch er für die Kampftruppe oft eine Belastung, wenn nicht eine Gefahr war... . Die Front entbehrte jeder Tiefe. Reserven der mittleren und oberen Führung waren nicht mehr vorhanden und auch nicht zu erwarten... . Die Zahl der noch verfügbaren Panzer und Sturmgeschütze fiel gegenüber der feindlichen Panzerüberlegenheit überhaupt nicht ins Gewicht. Außerdem waren sie infolge Spritmangel örtlich gebunden und konnten nicht an andere Frontabschnitte verschoben werden. Die eigne Luftwaffe trat fast gar nicht mehr in Erscheinung." [1]

Durch die Einkesselung der H.Gr. B an der Ruhr war eine riesige Lücke in der deutschen Front aufgerissen worden, durch welche die amerikanischen Verbände nun fast ungehindert in den mitteldeutschen Raum hinein strömen konnten. Dem hat das deutsche Oberkommando nur noch wenig entgegenzusetzen. Lediglich Adolf Hitler ist der Überzeugung, dass das Halten der Frontlinie für einen Zeitraum von drei bis vier Wochen reichen wird, um die neuen Strahlenjäger zum Einsatz zu bringen und damit die Situation zu Gunsten des Reiches zu verändern.[2] Wunderwaffen und neue Armeen sollen das Deutsche Reich retten.

In dieser Situation erteilt das Oberkommando der Wehrmacht den Befehl zur Neuaufstellung der 11. Armee im Raum zwischen Weser und Harz und der 12. Armee im Raum Fläming - Dessau - Wittenberg - Halle - Merseburg.

Sie sollen die Lücke in der Front schließen und die deutschen Truppen im „Ruhrkessel" durch einen Gegenstoß entsetzen. Von letzterem Auftrag werden sie jedoch bereits am 4. April entbunden. Während der Gen.d.Pz.Tr. Walter Wenck nach der Genesung von einem Autounfall direkt durch den Führer beauftragt wird, aus den letzten deutschen Reserven, Ausbildungseinheiten der Kriegsschulen, RAD-Einheiten und Hitlerjungen, einen neuen Großverband, die 12. Armee, zu bilden, erfolgt die Aufstellung der 11. Armee im Harz und Nordthüringen aus den Resten der dem „Ruhrkessel" entkommenen Einheiten der 15. Armee und Ersatzeinheiten der W.Kr. IX, Kassel und VI, Münster.

Als die 3rd US Army Anfang April thüringischen Boden betritt, stehen ihr anfangs nur schwache Verbände der 7. Armee des Gen.d.Inf. v. Obstfelder der H.Gr. G zwischen Eisenach und Schweinfurt/ Unterfranken gegenüber.

Bis Ende März 1945 haben die, vor den anstürmenden amerikanischen Verbänden zurückweichenden, Reste der 7. Armee die hessisch - thüringische Landesgrenze erreicht. Die Masse ihrer Kräfte werden im Raum Frankfurt/Main eingekesselt. Der Stab des stellv. XII. AK, W.Kr. XII, Wiesbaden unter Gen.d.Art. Herbert Osterkamp und der Stab des LXXXV. AK unter Gen.d.Pz.Tr. Frhr Smilo v. Lüttwitz erhalten den Auftrag, den Thüringer Wald um jeden Preis halten, denn dort befinden sich die für die Oberste Deutsche Führung wichtigen Rüstungszentren Suhl und Zella-Mehlis. Am linken Flügel der 7. Armee hält das LXXXII. AK des Gen.d.Inf. Walther Hahm den Abschnitt von Bad Neustadt über Schweinfurt bis Volkach am Main. Sein Auftrag ist es, den Raum Schweinfurt unbedingt zu halten, um die dortige deutsche Kugellagerproduktion zu sichern.

Am rechten Flügel der 7. Armee ist mit der Organisation der Abwehrfront im Raum Mühlhausen - Gotha Gen.Lt. Horst Frhr v. Uckermann mit Gef.Std. in Süßenborn bei Weimar beauftragt. Uckermann führt seit Ende März 1945 das

Kommando über zwei Divisionsgruppen und hatte bereits mit Ausbildungseinheiten die Verteidigung nach Osten an der Saale vorbereitet. Diese Kräfte drehen nun ihre Front nach Westen auf die Linie Schlotheim - Langensalza - Gotha. Die schwachen Sicherungen der als Korps.Gr. Uckermann bezeichneten Kräfte können im Zusammenwirken mit dem LXXXV. AK das Vordringen der Amerikaner in den Raum Mühlhausen - Gotha jedoch nur kurzzeitig an der Werra-Linie verzögern, aber nicht verhindern.

Nördlich der Linie Mühlhausen - Heldrungen - Querfurt schließt sich ab dem 4. April die 11. Armee des Gen.d.Art. Walther Lucht mit seinem LXVII. AK unter Gen.d.Inf. Otto Hitzfeld an die 7. Armee an.

Hitzfeld, der bis zum 8. April mit der Führung der neu aufgestellten 11. Armee beauftragt war, stehen zwischen der Armee - Trennungslinie und dem Südharz lediglich die K.Gr. Gen.Maj. Heydenreich im Raum Sondershausen und die K.Gr. Oberst Ettner der Nachrichtenschule Halle im Raum zwischen Sömmerda und Artern zur Verfügung.

Hinter dem Abschnitt der 11. Armee, entlang der Saale - Linie von Halle über Merseburg bis nördlich von Weißenfels, soll sich ab dem 12. April das XXXXVIII. PzK der 12. Armee unter Gen.d.Pz.Tr. Maximilian Reichsfreiherr v. Edelsheim formieren. Dessen Stab, der am Abend des 10. April von Görlitz kommend das Kommando über den Kampfraum übernimmt, soll von Graditz aus, 4 km südostwärts von Torgau, das Kommando über den Abschnitt zwischen Halle und Riesa übernehmen. Seine Hauptfeuerkraft stellen die mehr als 1000 Flakgeschütze aller Kaliber der 14. Flak.Div. Leipzig des Gen.Maj. Adolf Gerlach und der 21. Flakbrigade Bad Lauchstädt dar. Sie bilden den, bei den alliierten Bomberpiloten als „Flakhölle" bezeichneten, berüchtigten Flakgürtel um die Industriezentren Bitterfeld - Halle – Schkopau – Merseburg - Leuna – Böhlen – Zeitz - Leipzig. Dieser Gürtel zieht sich mit dem Zentrum Leipzig von Bitterfeld über Halle - Merseburg – Weißenfels - Zeitz bis Borna. Das Zentrum der Verteidigung bildet die Eisenbahnstrecke Halle - Weißenfels.

Weiterhin werden dem XXXXVIII. PzK der KKdt. Halle, Gen.Lt. Anton Radtke, und der KKdt. Leipzig, Oberst Hans v. Poncet, der erst kurz zuvor Gen.Maj. v. Ziegesar abgelöst hat, unterstellt. Die Trennungslinie zwischen den Abschnitten der Kampfkommandanten bildet die verlängerte Linie Querfurt – Eilenburg – Torgau.

Auf Grund fehlender Verstärkungsmöglichkeiten und der Tatsache, dass die amerikanischen Truppen bis dahin bereits unmittelbar vor deren Stellungen stehen, bildet der Abschnitt der Flak und der beiden Kampfkommandanten lediglich die „Vorgeschobene Verteidigungsstellung“ des Korps. Als Hauptverteidigungslinie erfolgt der Ausbau der Stellungen an der Mulde und Elbe. Die rückwärtige Grenze des Korpsraumes bildet die Schwarze Elster.

Hauptaufgabe dieser völlig irreführend als Panzerkorps bezeichneten Gruppierung ist es, durch die starke Verteidigung des Südabschnittes des Korps, die linke Flanke der 12. Armee unter allen Umständen zu schützen. Die Bezeichnung dürfte wohl lediglich propagandistischen Zwecken dienen, denn über Panzertruppen verfügt dieses Korps nicht.[3]

In den Unterlagen der Historical Division der US Army vom 12. Juli 1946 beschreibt v. Edelsheim den Auftrag seines Korps folgendermaßen: *„Der Befehl lautete, den Sektor durch das Halten von Halle und Leipzig zu verteidigen. Die Sektoren an Mulde und Elbe waren für die westwärts gerichtete Verteidigung vorzubereiten. Von großer Bedeutung war der Schutz des Südflügels sowie der Südflanke der 12. Armee, die sich im Gebiet Dessau sammelte. Nach der Beendigung dieser Sammlung sollte die Armee so bald wie möglich mit dem Angriff in Richtung Westen beginnen.“* [4]

Südlich angrenzend an das XXXXVIII. PzK beginnt nordöstlich von Weißenfels der Abschnitt der Saaleverteidigung des „Befehlshabers Thüringen Ost“, Gen.Oberst a.D. Hermann Hoth, welche der 7. Armee unterstellt ist und aus Garnisonstruppen und Volkssturmeinheiten besteht. Hoth's Abschnitt verläuft entlang der Saale bis zur thüringisch-fränkischen Landesgrenze.

Im Rücken der 7. Armee stehen an der Elster - Linie zwischen Zeitz und Gera und an der Mulde-Linie die Kräfte das Stellv. Gen.Kdo IV. AK und W.Kr. Dresden mit dem Führungsstab im Schloss Nöthnitz, südlich von Dresden, unter Führung des Komm.Gen. und Wehrkreisbefehlshabers Gen.d.Inf. Hans Wolfgang Reinhard.[5] Sie bestehen im Wesentlichem aus Garnisons- und Ersatzeinheiten und Volkssturm. Zu ihnen gehört die im Raum Geithain stehende Div.Nr. 464 (Ers.). Die Div.Nr. 464 war bereits Ende März im Rahmen der „Leuthen“-Bewegung mobil gemacht worden und hatte als Div.Nr. 464 (Ausb.) unter Führung von Gen.Lt. Rudolf Pilz zum PzK “Großdeutschland“ der 4. PzA in den Raum Cottbus verlegt.[6] Der Reststab unter Oberst Victor Freitag stellt aus den verbliebenen Stamm-, Genesenen- und Marscheinheiten des Gen.d.Pz.Tr. IV Dresden die Div.Nr. 464 (Ers.), auch als Div.z.b.V. 464 bezeichnet, auf. Diese hat eine Gesamtstärke von fünf bataillonsstarken Verbänden und verfügt über eine gepanzerte Gruppe. Die gepanzerte Gruppe besteht aus 10 bis 15 veralteten Pz II und III, einer schweren Kompanie SPW und einer Pz.Jg.Kp. mit 7,5cm Geschützen auf SFL, wobei es sich durchweg um Übungsfahrzeuge handelt. Südlich an die Div.z.b.V. 464 schließt sich die 404. InfDiv unter Gen.Lt. Hermann Meyer-Rabingen an. Trennungslinie zwischen beiden Divisionen bildet die Linie Eisenberg - Schmölln - Burgstädt - Freiberg.

Die 11. und 12. Armee unterstehen von ihrer Aufstellung an direkt dem OB West, Generalfeldmarschall Kesselring. Am 10. April wechselt auch die 7. Armee von der Unterstellung unter die H.Gr. G unter die direkte Befehlsgewalt des OB West.

Im Abschnitt der 1st US Army nimmt am Morgen des 11. April 1945 das V. und VII. US Corps der 1st US Army den Angriff wieder auf. Während die Masse der 3rd US AD des VII. US Corps Nordhausen einnimmt, führen andere Teile den Kampf zur Säuberung der südlichen und südwestlichen Harzränder und des Harzvorlandes.

Südlich des VII. US Corps stößt im Verlauf des Tages die 9th US AD des V. US Corps, dicht gefolgt von der 2nd und 69th US InfDiv, aus dem Abschnitt Sondershausen - Ebeleben heraus nach Osten vor. Bis zum Abend hat die 9th US AD die Linie Ringleben - Sachsenburg - Rothenberga - Hardisleben erreicht.

Im Abschnitt südlich von Sangerhausen bis Kölleda weichen die K.Gr. Heydenreich und Ettner des LXVII. AK vor diesem Angriff nach Osten zurück.

Im Abschnitt der 3rd US Army geht das XX. US Corps mit seinen Panzerkräften durch die Infanteriedivisionen und fährt schnell Richtung Saale. Entlang der Reichsautobahn 4 stößt die 4th US AD des XX. US Corps bis zur Saale bei Jena vor, wo die Brücken zerstört sind. Die 6th US AD des gleichen Corps marschiert ohne großen Widerstand durch den Raum nördlich Erfurt - Weimar und erreicht noch am gleichen Tag die Saale bei Bad Kösen und Camburg, wo sie als erste amerikanische Division mit der Errichtung von Brückenköpfen am Ostufer beginnt.

Die im Raum zwischen Erfurt - Weimar und Weißensee - Rastenberg stehenden Kräfte der 7. Armee werden beim Vorstoß der Panzer zersprengt und Teile weichen nach Norden in den Bereich der 11. Armee aus.[7] Im Tagesverlauf wird sowohl für die 7. Armee als auch für die 11. deutsche Armee deutlicht, dass es nicht möglich ist, eine geschlossene Frontlinie aufzubauen.

In Süßenborn bei Weimar übernimmt das frisch eingetroffene Gen.Kdo. XC. AK unter Gen.d.Inf. Erich Petersen das Kommando über die Reste der Korps.Gr. Uckermann der 7. Armee. Dem Gen.Kdo gelingt es jedoch in den folgenden Tagen nicht, Einfluss auf die Lageentwicklung zu gewinnen. Die im Raum Erfurt – Weimar kämpfenden Kräfte, welche seit dem 9. April unter dem Kommando von General Theilacker stehen, erhalten gegen Mittag den Rückzugsbefehl und weichen mit der Besatzung des KKdt. Weimar hinter die Saale aus. Das Herausziehen der Besatzung aus Erfurt ist zu dieser Zeit nicht mehr möglich, da die Stadt bereits eingeschlossen ist. General Petersen verlegt mit seinem Stab nach Frauenprießnitz, südlich von Schkölen. Nach der teilweisen Eingliederung der im Abschnitt befindlichen Truppen der Saaleverteidigung übernimmt das XC. AK formell die Verantwortung für den nordöstlich von Weißenfels beginnenden Abschnitt, der über Naumburg und Camburg bis südlich von Jena verläuft.

Eine wirkliche Führung über die deutschen Truppen, welche am Abend des 11. April an der Saale stehen, gibt es außer im Abschnitt der Flak nicht. Bereits am nächsten Tag haben die Verbände der 3rd US Army und Teile der 1st US Army die Saale überschritten oder stehen im Kampf um die Flussübergänge.

* * *

---

1 Lage, Auftrag und Maßnahmen der H.Gr. G im April 1945 – Gen.d.Inf. Friedrich Schulz, Nachlass – handschriftlich v. 7.5.46, BA-MA.

2 Aus „Die Armee Wenck".

3 Aus „Die Armee Wenck".

4 Gem. Bericht Edelsheim, BA-MA.

5 Im Heft „Das Kriegsende im Stab eines Armeekorps" Sonderheft Dresden 2005. Mil.hist. Schriften des Arbeitskreises Sächsische Militärgeschichte e.V. nennt der Leiter des Nachrichtenbetriebs beim Stellv. Gen.Kdo. IV/ W.Kr. IV, Oblt. Karl Glöckner General Reinhard als letzten Komm.Gen. und Befehlshaber. In den Unterlagen der 87th US InfDiv wird im Mai 45 die Gefangennahme Reinhards als Komm.Gen. des Stellv. IV. AK im tschechisch – deutschen Grenzgebiet gemeldet. Im Buch „Die deutsche Wehrmacht 1939 – 1945 – Führung und Truppe" nennt Mehner General Reinhard als Komm.Gen. und Befh. vom 01.02.45 bis zum 13.04.45 und dann Gen.d.PzTr

Eugen Walther Krüger. Andere Quellen geben den 10.04.45 als Zeitpunkt der Kommandoübernahme durch Krüger an.

6 Gen.Lt. Rudolf Pilz, Kdr Ers.u.Ausb.Div. 464,.BA-MA.

7 Gen.Maj. Frhr. v. Gersdorff, Chef des Gen.Stabes der 7. Armee, BA-MA.

III. Der amerikanische Vorstoß zur Weißen Elster im Raum Zeitz am 12. April 1945

Geheime Tagesberichte der Deutschen Wehrmachtsführung vom 12. April 1945:

H.Gr. G, 7. Armee, XC. AK:
In Naumburg drang der Feind ein, Kämpfe sind noch im Gange. Teuchern ging verloren. Nach bisher unbestätigter Meldung stießen Feindkräfte aus Osterfeld nach Süden in den Raum Eisenberg vor. Im Raum 9 km östlich von Zeitz sollen sich Feindpanzer befinden. Jena wurde vom Feind genommen, der über Bürgel weiter nach Osten vorstieß.

General Grow
Foto: National Archive

Am **Donnerstag,** dem **12. April 1945** erreicht der Vorstoß der 6th US AD unter Maj.Gen. Robert W. Grow und der nachfolgenden 76th US InfDiv unter Maj.Gen. William R. Schmidt vor den parallel angreifenden Verbänden der 4th US AD des XX. US Corps im Süden und der 9th US AD des V. US Corps im Norden die Weiße Elster im Raum Zeitz.

Die 6th US AD beginnt an diesem Tag den Vorstoß aus den Brückenköpfen bei Bad Kösen, Kleinheringen und Camburg mit zwei parallel angreifenden Combat Commands voraus, gefolgt vom Reserve Command. An der Südflanke greift das CCA unter dem Kommando von Col. Albert E. Harris aus dem Raum Camburg an, während das CCB unter Col. Harry F. Manson an der Nordflanke den Angriff aus den Brückenköpfen bei Bad Kösen und Kleinheringen beginnt. Das CCR unter Lt.Col. Embry D. Lagrew, Spitzname „Simon", folgt diesen Kräften aus dem Brückenkopf Camburg.[1]

Viadukt der alten Eisenbahnstrecke bei Cauerwitz Foto: Möller, 2004

Das CT 15, 15th Tk Bn, des CCA beginnt gegen 07.00 Uhr (B) seinen Vormarsch. Wie an den Vortagen besteht das Combat Team aus dem 15th Tk Bn ohne Co. C, der Co. C, 9th AIB, einem Platoon Panzerjägern der Co. B, 603rd TD Bn und Pionieren der Co. B, 25th Armd Engr Bn. Um 08.55 Uhr (B) hat die Kolonne, gefolgt vom HQ CCA, die Brücke in Camburg überquert und rückt über Sieglitz nach Molau vor. Weiter geht es über Aue nach Casekirchen, das die Vorhut des CT 15 um 09.55 Uhr (B) passiert. Über Utenbach erreicht die Kolonne den Ort Cauerwitz, der bis 10.20 Uhr (B) gesäubert ist.[2] In der Nähe des Ortes ergeben sich Soldaten einer Feldeisenbahn.Ers.Einheit aus Zeitz ohne Widerstand.[3]

Dann rückt das CT nördlich am Bahnhof Cauerwitz vorbei in Richtung der Zeilbäume auf die Höhe zwischen Haardorf und Pauscha vor, wo erste Aufklärungskräfte bereits gegen 10.00 Uhr von der Bevölkerung gesichtet wurden. Dort schwenkt die Kolonne nach Südosten. Eine Straßensperre wird bei der alten Haardorfer Aschegrube an der Goldschauer Straße einfach umfahren. In einem Bogen zu den Gleisen der Eisenbahnstrecke Camburg - Zeitz am Bahnhof Osterfeld erreichen die Panzer von Norden kommend über die Pflasterstraße Haardorf.[4] Um 11.15 Uhr (B) ist das Dorf gesäubert und die Kolonne versammelt sich. Ein Parlamentär, der mit einem Jeep in das benachbarte Osterfeld entsandt wird, kehrt trotz der Bereitschaft des Bürgermeisters Pollmächer, die Stadt zu übergeben, ohne Resultat nach Haardorf zurück. Der Bürgermeister kann alleine nicht entscheiden. Ein deutscher Offizier, der eine kleine Gruppe von Soldaten und Volkssturmleuten befehligt, lehnt eine kampflose Übergabe der Stadt ab.[5]

Flankenkräfte des CT 15, die inzwischen in Utenbach nach Südosten geschwenkt waren, rücken nördlich an Kaynsberg vorbei nach Goldschau vor, wo sich versprengte deutsche Soldaten in den umliegenden Wäldern befinden.[6] In Goldschau wehen weiße Fahnen. Doch ohne weiter nach Osten vorzudringen, ziehen sich die amerikanischen Truppen wieder aus dem Ort zurück und schließen sich der Hauptkolonne an.[7]

In Haardorf setzt sich die Kolonne erneut in Bewegung und rückt in Richtung Windmühle und Fabrik Waldau zur Brücke über die Reichsautobahn 9 München – Berlin bei Roda vor.[8] Als die Panzer in Sichtweit der Autobahn kommen, geraten ihnen vier deutsche Lastwagen vor die Rohre und werden in Brand geschossen.[9] Mit den leichten Stuart M 3 Panzern der Co. D, 15th Tk Bn voraus, rollt die Kolonne über die autobahnüberquerende Brücke und nähert sich der Ortschaft Roda. Am Ortseingang trifft die Vorhut auf den Widerstand. Der Spitzenpanzer wird durch eine Panzerfaust getroffen und zerstört.[10] Die Wucht der Explosion reißt dem Plat.Leader, 2nd Lt. Albert L. Kurtz III. aus Illinois, den Kopf ab. Kurtz hatte Lt. James K. Park erst kurz zuvor abgelöst, weil sich dieser von den Strapazen der vergangenen Tage erholen musste.[11] Die nachfolgenden Panzer eröffnen sofort aus allen Rohren das Feuer. Unterstützung bekommen sie durch Artillerie am Bahnhof Waldau und an der Windmühle. Granate auf Granate schlägt in den dicht beieinanderliegenden Orten Roda und Weickelsdorf ein, Brände lodern auf. Alleine in Roda werden zehn Häuser das Opfer der Flammen. Dann rücken die Panzer erneut vor, doch diesmal entlang der Eisenbahnlinie und dann unter der Autobahnbrücke hindurch.[12] Am frühen Nachmittag ist Roda und Weickelsdorf besetzt und der Vormarsch geht weiter nach Romsdorf, wo die Kolonne erstmals deutschen Artilleriebeschuss aus Richtung Zeitz erhält. Als das CT 15 sich Hassel nähert, verlässt eine Hand voll deutscher Soldaten, die sich in der Nähe der Gaststätte Richtung Romsdorf auf einem Feld eingegraben hatten, ihre Stellung. Sie besorgen sich im Ort Zivilbekleidung und fliehen. Gegen 14.30 Uhr (B) erreicht die Kolonne den Ort Hassel und gerät erneut unter starken Artilleriebeschuss. Die Kolonne ist ohne Vorwarnung auf den mitteldeutschen Flak-Schutzgürtel aufgelaufen.[13]

Eine, im Dreieck Kretzschau, Näthern und Grana an den Tonteichen befindliche, Großkampfbatterie, die zur Flak.UGr. Zeitz gehört, hat das Feuer eröffnet.[14]

Am 12. April 1945 bilden die Stellungen der Flakgruppe Böhlen-Zeitz, die bis zuletzt unter dem Kommando der 14. Flak.Div. steht, die letzte und einzige, wirkliche Verteidigungsstellung im Raum Zeitz.

Wie in fast allen stationären Flakstellungen im mitteldeutschen Raum haben hier, an den Tonteichen bei Grana, die Männer der 3./s.Flak.Abt. 307 und 8./Flak.Abt. 154 bereits Wochen zuvor ihre ursprünglich nicht für den Erdeinsatz vorgesehenen, fest installierten, zwölf schweren 12,8cm Flakgeschützen zum Kampf gerüstet.[15] In den letzten Tagen haben sie die umgebenden Erdwälle soweit abgetragen, dass die Geschütze bei 0° Rohrerhöhung in alle Richtungen geschwenkt werden können und zur Bekämpfung von Erdzielen liegen Aufschlagzündern für die Flakgranaten bereit. Das Vorfeld der Stellung ist in Sperrfeuerabschnitte unterteilt und vorgeschobene Beobachter haben Beobachtungsposten zur Feuerleitung bezogen. Lediglich einen großen Mangel haben die Feuerstellungen - sie verfügen über keinen infanteristischen Schutz.[16]

Den sollen im Raum Zeitz die Kräfte des Stellv. Gen.Kdo. IV. AK und W.Kr. IV Dresden, welche wie die Flak nicht unter die Führung des XC. AK gestellt werden, übernehmen. Doch diese bestehen nur noch aus einem bunten Konglomerat von Angehörigen verschiedenster Truppenteile und Waffengattungen, Versprengten, Genesenden und Volkssturm.

Als am Abend des 12. April[17] in Zeitz die Sirenen das 5minütige Signal „Panzeralarm" oder auch „Feindalarm" geben, befinden sich neben den Flaksoldaten der Flak.UGr. Zeitz, Angehörigen des zum Wehrbezirksamt Naumburg gehörenden Wehrmeldeamtes Zeitz und des Standortzuges Zeitz sowie des Techn.Btl. 2 Zeitz, lediglich Angehörige einer Uffz.Schule, die aus sieben Kompanien zu je 40 Mann besteht, in Zeitz und Umgebung.[18] Verstärkt werden sie durch die örtliche Polizei, russische Freiwillige und Luftwaffensoldaten der 2. Fliegerdivision Dresden.[19] Hinzu kommt der, im Soldatenjargon als „Krüppelgarde", „HJ-Spätlese" und in Anlehnung an die als Vergeltungswaffen bezeichneten V-1 und V-2 Raketen als „V-3 Vergeltungswaffe" bezeichnete, Volkssturm aus Jugendlichen, Wehruntauglichen und Greisen der Jahrgänge 1884 bis 1928. Der Jahrgang 1929 war als letzter Jahrgang am 5. März 1945 zur Wehrmacht und Waffen-SS einberufen worden. Die Aufstellung des Zeitzer Volkssturms war wie im gesamten Reichsgebiet auf Grundlage des Führererlasses vom 25. September 1944 zur Erfassung aller „kampffähigen" deutschen Männer am 10. Oktober 1944 erfolgt. Am 12. April 1945 teilt man an diese, neben einer unzureichenden Anzahl an Beutegewehren und Karabinern, auch Panzerfäuste aus, obwohl die Masse nicht einmal weiß, wie man sie bedient. Diese stammen aus der Produktion der HASAG-Werke Meuselwitz und Altenburg. Lediglich eine größere Anzahl von Hitlerjungen im Alter von 15 bis 17 Jahren war von Anfang März bis April an den Zeitzer Schulen und in den Wehrertüchtigungslagern Grana und Breitenbach in der Bedienung von Karabiner, Panzerfaust und Handgranate eingewiesen worden.[20] Verstärkt werden sie durch das Volkssturm.Btl. 281 Leipzig und Volkssturm aus dem mittelsächsischen Flöha.[21] Diese Kräfte haben an einigen Stellen im Stadtgebiet, sowie angelehnt an die Flakstellungen westlich der Stadt, Verteidigungsstellungen bezogen. Unterstehen tun sie dem Kampfkommandanten Zeitz, Oberst Förster, mit Gefechtstand in der Artillerie-Kaserne und einem Ausweichgefechtsstand im Lyzeum in der Altenburger Straße. [22] Dessen einziges Führungsmittel ist neben den Stabshelfern des Hitlerjugend Banns 398 Zeitz/Mittelland, die als Melder fungieren, der Flaksender „Schneewittchen" der Flak.UGr. Zeitz, über den Verbindung zu den Flakstellungen gehalten wird.[23] Auf Grund des bestehenden Befehlschaos zwischen dem Stellv. Gen.Kdo. IV. AK/ W.Kr. IV Dresden, dem XC. AK, der 14. Flak.Div. Leipzig und den Institutionen der Partei, unter deren Kommando der Volkssturm steht, kann jedoch von geschlossener Führung keine Rede sein.

Fast parallel zum Auftauchen der ersten amerikanischen Panzerspitzen westlich von Zeitz erhalten die Verteidiger unvorhergesehene Verstärkung.[24] Jungmannen der N.P.E.A. Schulpforta und Naumburg erreichen in mehreren Gruppen den Abschnitt westlich der Stadt. Da das Schicksal dieser Napola-Schüler ein klassisches Beispiel für das sinnlose Opfer einer ganzen, im festem Glauben an den Führer und die nationalsozialistische Idee erzogenen, Generation des deutschen Volkes darstellt, soll deren Einsatz an dieser Stelle ausführlicher betrachtet werden.[25]

Die Nationalpolitischen Erziehungsanstalten waren im Jahr 1933 unter Zuständigkeit des Reichserziehungsministeriums gegründet worden und bildeten mit den Adolf-Hitler-Schulen und der Reichsschule Feldafing den Grundstock für die Erziehung des zukünftigen Führernachwuchses des Deutschen Reiches. Während an den Adolf-Hitler-Schulen lediglich Schüler auf Vorschlag der Parteiführung aufgenommen wurden, standen die Napolas allen Schülern offen. Voraussetzung für die Aufnahme bildete arische Abstammung, körperliche Leistungsfähigkeit, Charakterfestigkeit und Intelligenz. Mit Kriegsbeginn übernimmt das Hauptamt Dienststelle SS-Obergruppenführer August Heißmeyer die Führung über die Nationalsozialistischen Erziehungsanstalten. Die Anstalten werden jetzt wichtige Rekrutierungsquelle für den Offiziersnachwuchs der Wehrmacht und Waffen-SS.

Mit dem Vorrücken der alliierten Truppen ins Zentrum des Deutschen Reiches hatte man im März 1945 an den N.P.E.A. im mitteldeutschen Raum mit der verstärkten militärischen Ausbildung der Jungmannen begonnen. Die Eliteschüler sollen sich mit der Waffe in der Hand als Teil des letzten Aufgebotes dem Feind entgegen stellen. Und sie sind getreu ihrer Erziehung bedingungslos dazu entschlossen. Denn wie hatte der Anstaltsleiter der N.P.E.A. Naumburg, Männich, in seiner Rede anlässlich der Waffenleite des Jahrgangs 1929 am 9. November 1944 gesagt: *„Mehr als durch das Opfer seines Lebens kann kein Mensch sein ernstes Wollen aufzeigen, der Aufgabe, der er sich verschworen, treu zu sein.“*[26]

Als sich Ende März 1945 die amerikanischen Truppen Thüringen nähern, erhalten die mitteldeutschen Anstalten, die sich jetzt in den vom Feind bedrohten Gebieten befinden, den Befehl zur schrittweißen Räumung. Noch zuvor hatten sie Schüler anderer Napolas aufgenommen, deren Standorte bereits vom Feind besetzt waren. Auf diesem Weg war auch eine größere Gruppe der N.P.E.A. Wartheland aus Reisen nach Naumburg evakuiert worden.[27]

Als Erstes verlassen die jüngeren Jahrgänge die Anstalten und werden nach Hause entlassen. In der N.P.E.A. Naumburg erfolgt am 4. April die Entlassung der 10- bis 14-jährigen Jungmannen der Züge/Klassen 1 - 3 der 1. Hundertschaft.[28] Für die Jungmannen, deren Heimatorte bereits feindbesetzt sind, wird die Mitnahme durch Mitschüler organisiert.[29] Der Jahrgang 1930 verbleibt vorerst an den Anstalten.[30] In Schulpforte[31] erfolgt am 5. April die Evakuierung der jüngeren Jahrgänge in zwei Gruppen. Die erste Gruppe marschiert über Flemmingen und Schkölen nach Rockau, von wo aus sie nach Hause geschickt wird. Eine zweite Gruppe marschiert unter Führung des Erziehers Oellerich in Richtung Roda - Weickelsdorf bei Droyßig. Ihr Verbleib ist unbekannt.[32]

In Naumburg erfolgt am 5. April die Vereidigung von 40, am 15. März zu einem Abschlusslehrgang zusammengefassten, Jungmannen des Jahrgangs 1928 als Angehörige des Volkssturms.[33] Dann wählt Anstaltsleiter Männich 21 Mann als Panzervernichtungstrupps aus. Jeder von ihnen erhält einen Karabiner mit Munition und eine Panzerfaust.

Die N.P.E.A. Naumburg und Schulpforta

Die ehemalige N.P.E.A. Naumburg in der sich heute die Außenstelle des Bundessprachenamtes befindet Foto: Möller, 2007

Jungmannen der N.P.E.A. Naumburg auf dem Marsch Foto: Walter Becker

Dr. Person (re.) bei seiner Berufung zum Anstaltsleiter der N.P.E.A. Schulpforta, Foto: Naumburger Tageblatt v. 25. April 1938

Portal der ehemaligen N.P.E.A. Schulpforta im Zisterzienserkloster Schulpforte Foto: Möller, 2007

Ab jetzt beginnt für sie eine Zeit intensiver Ausbildung an Karabiner, Maschinengewehr und Panzerfaust. In den darauffolgenden Tagen werden sie neben der Ausbildung zu Schanzarbeiten in Bad Kösen und Kleinheringen eingesetzt.[34]

An der N.P.E.A. Schulpforta werden die Jungmannen der Jahrgänge 1928/29 und 1930 in zwei Gruppen eingeteilt – in „Panzerspäher" mit Fahrrädern und in „Panzerknacker" mit Panzerfäusten.[35] Im Saaletal bauen sie bei der Ortschaft Flemmingen und entlang des Käppelbergs bei Schulpforte Panzerdeckungslöcher und an der Windlücke zwischen Bad Kösen und Schulpforte errichten sie eine Panzersperre.[36]

Noch am 10. April rückt der Jahrgang 1928 der N.P.E.A. Schulpforta, der erst im März vom Einsatz als Luftwaffenhelfer und beim RAD zurückgekommen war, nach Bad Kösen ab. In der Haarnadelkurve der Straße, die von Bad Kösen aus dem Saaletal heraus nach Eckartsberga führt, sollen sie beim Bau der Panzersperre helfen. Aber als sie ankommen, sind die Arbeiten schon beendet und sie kehren am nächsten Tag unverrichteter Dinge in die Anstalt zurück. Der Jahrgang 1929 marschiert zur gleichen Zeit nach Naumburg, wo er eine Ansprache des Kreisstabsführers Eckart hört, leichte Waffen empfängt und anschließend nach Schulpforte zurückkehrt.[37]

Am frühen Morgen des 11. April machen sich die Panzervernichtungstrupps des Jahrgangs 1929 der N.P.E.A. Schulpforta nach Niedermöllern, westlich der Saale, auf den Weg, um dort eine Panzersperre zu errichten.[38]

Die Jungmannen des Lehrgangs 1928 der N.P.E.A. Naumburg marschieren gemeinsam mit Angehörigen der N.P.E.A. Wartheland am Morgen nach Bad Kösen, Großheringen und Roßbach, um dort Stellung zu beziehen.[39] Die Gruppe, welche nach Bad Kösen im Marsch gesetzt wurde, wird dort im Verlauf des Vormittags dem 20-jährigen Leutnant Peter Schaefflein unterstellt. Noch ist es ruhig in der Stadt. Als um die Mittagszeit Kolonnen von Wehrmachtsfahrzeugen und Soldaten über die Saalebrücke nach Osten strömen, wird klar, dass die Front die Stadt erreicht hat. Hastig marschiert die Gruppe zur Panzersperre in der Haarnadelkurve. Ihnen entgegenkommende Soldaten berichten, dass die amerikanischen Truppen keine drei Kilometer entfernt in Hassenhausen stehen. Gegen 15.00 Uhr beziehen sie vor der Sperre Stellung. Lothar Penndorf schreibt: *„Unsere Gruppe hatte die Aufgabe, feindwärts vor der noch offenen Sperre links und rechts der Straße eine sogenannte ‚Panzerglocke' zu bilden, also je zwei Jungmannen in einem Panzerdeckungsloch mit je einer Panzerfaust. Die vordersten Schützen sollten die Panzer durchrollen lassen und erst schießen, wenn sie vor der Sperre nicht* *weiter konnten, so dass die anderen Panzer festsaßen und abgeschossen werden konnten.*"[40] Das Saaletal liegt zu diesem Zeitpunkt bereits unter Granatwerferbeschuss und in der Luft kreist ein einmotoriges amerikanisches Artilleriebeobachtungsflugzeug.[41]

Nachdem am linken Saaleufer, in der Nähe von Schulpforte, einige Schüsse fallen, beziehen auch die „Panzerknacker" der N.P.E.A. Schulpforta am Nachmittag die vorbereiteten Stellungen am Käppelberg und an der Windlücke. Doch nichts passiert.[42]

Als um 17.00 Uhr die Gruppe der Jungmannen der N.P.E.A. Schulpforta, die bei Niedermöllern Sperren bauen sollte, unter Führung eines Majors über die Weinberge zurückmarschiert, heulen in Bad Kösen die Sirenen „Panzeralarm".[43] Rasch überqueren sie die Saale und setzen sich in Richtung des Naumburger Ortsteils Almrich ab, wo sie sich dem KKdt. Naumburg unterstellen. Als ihre Stellungen am nächsten Tag, dem 12. April, angegriffen werden, fliehen sie weiter unter Führung des Majors nach Südosten aus der Stadt. Nach einer Woche Flucht löst sich diese Gruppe auf.[44]

Die Jungmannen an der Panzersperre in der Haarnadelkurve erhalten genau in dem Moment den Befehl, die Stellung zu verlassen, als anschwellender Motor- und Gefechtslärm das Herannahen der amerikanischen Spitzen ankündigt. Der Volkssturm war getürmt ohne die Sperre zu schließen. Die „Panzerglocke" war hinfällig. Fluchtartig setzen sie sich durch die, unterhalb der Sperre befindlichen, Kalksteinbrüche in Richtung der Eisenbahngleise ab. Hinter ihnen gibt es eine Explosion, dann pfeifen Kugeln über ihre Köpfe. Als sie hinter einigen Güterwaggons Schutz finden, stellen sie fest, dass zwei Mann fehlen. Aus unerklärlichen Gründen hatte der Rückzugsbefehl die Jungmannen Uihlein und Tönjes nicht erreicht. Der Gedanke, einen Gegenangriff in Richtung der Sperre zu führen und den Kameraden zu helfen wird von Leutnant Schaefflein als aussichtslos abgelehnt. Während Tönjes überlebt, wird der 16-jährige Christian Uihlein in seinem Schützenloch, 20 Meter von der Sperre entfernt, tödlich durch eine MG-Kugel im Kopf getroffen.[45] Zwei Tage später wird er durch zwei Einwohner geborgen und am 21. April auf dem Friedhof Bad Kösen beerdigt.[46] Der Rest der Gruppe setzt gegen 18.30 Uhr am Gasthaus „Schwarze Katze" mit einer Standseilfähre an das andere Saaleufer über und marschiert unter Beschuss über die Knabenberge nach Naumburg zurück.[47]

Einer anderen Gruppe des Jahrgangs 1928 der N.P.E.A. Naumburg, die bei Kleinheringen die Straße nach Bad Kösen und Saaleck und die Eisenbahnbrücken verteidigen soll, gelingt es zwei Panzer zu vernichten. Dabei wird der Jungmann Dürrbeck schwer verwundet. Er stirbt später an den Folgen. Über den Verbleib der anderen ist nichts bekannt. Nur einer kehrt in der Nacht nach Naumburg zurück und berichten von Panzern an der Windlücke.[48]

In der N.P.E.A. Schulpforta entlässt der Anstaltsleiter, Dr. Kurt Person, um 22.00 Uhr die Jungmannen des Jahrgangs 1930. Zirka eine Stunde später trifft der telefonische Befehl aus Naumburg ein, die Jungmannen aus ihren Stellungen an der Windlücke abzuziehen.[49] Ein ausgesandter Melder findet jedoch in der Nacht nur fünf der Jungen und übermittelt ihnen den Rückzugsbefehl. Zum Glück scheint sich der Befehl dennoch herumzusprechen und die Jungmannen setzten sich in kleinen Gruppen nach Hause ab oder verstecken sich in den Wäldern. Der Melder und ein zweiter Mann begeben sich mit Fahrrädern zum befohlenen Sammelplatz nach Droyßig. Nur drei Jungmannen bekommen davon nichts mit und bleiben in ihren Schützenlöchern zurück. Einer von ihnen, der Jungmann Hiese, wird am nächsten Tag in die Kämpfe an der Windlücke verwickelt und gerät in Kriegsgefangenschaft, nachdem er einen Jeep mit einer Panzerfaust zerstört hat.[50] Die nicht eingeteilten Jungmannen verlassen unter Führung des Anstaltsleiters Schulpforte in Richtung Droyßig. Nach vier Tagen löst sich die Gruppe hinter den amerikanischen Linien auf. Um 03.00 Uhr nachts endet die Geschichte der N.P.E.A. Schulpforta. Im ehemaligen Zisterzienserkloster bleibt nur noch der Studienrat Göldner zurück, der den Evakuierungsbefehl abgelehnt und im Auftrag des Anstaltsleiters die Leitung der Anstalt übernommen hatte.[51]

Auch an der N.P.E.A. Naumburg ist die Räumung im vollen Gange. Die Jahrgänge 1929/30, die trotz der Bombardierung der Stadt bis zum Nachmittag Schießausbildung hatten, kehren um 17.00 Uhr in die Anstalt zurück, als in der Stadt die Sirenen „Panzeralarm“ heulen. Mit einem Appell wird der Jahrgang 1930 verabschiedet und nach Hause geschickt. Doch nicht alle machen sich auf den Weg. Auch hier verbleiben die Jungmannen, deren Heimat bereits besetzt ist, auf eigenen Wunsch bei ihren älteren Kameraden.[52] Vorbei an Wehrmachtskolonnen und dem brennenden Heereszeugamt verlassen die anderen gegen 20.00 Uhr die Stadt. Während in der Anstalt die Akten in der Heizung verbrannt werden, empfangen die verbliebenen Jungmannen Waffen und Verpflegung.[53] Panjewagen werden beladen. Inzwischen trifft auch die Gruppe der Jungmannen des Jahrgangs 1928 unter Führung des Leutnants, von Bad Kösen kommend, in

Ekkehard Petrauschke, Jungmann der N.P.E.A. Naumburg, Jahrgang 1929 als 13-jähriger Foto: privat

der Anstalt ein. Anbetracht der laufenden Evakuierung der Anstalt melden sie sich beim Hauptzugführer Eckhardt, der die Funktion des zuständigen Volkssturmführers hat, ab und schließen sich in der Naumburger Hindenburgkaserne der Wehrmacht an. Sie verlassen die Stadt am nächsten Morgen mit Ziel Leipzig, wo ihre Eingliederung in die Wehrmacht erfolgt.[54] Gegen 04.00 Uhr verlassen die letzten Jungmannen die N.P.E.A. Die olivgrüne Anstaltsbekleidung haben sie gegen die Ausgangskleidung, die schwarze HJ-Uniform, eingetauscht, von der sie zuvor auf Befehl die Schulterklappen abgetrennt haben. So sollen sie nicht gleich als Napola-Schüler auffallen.[55] Als persönliche Ausrüstung führen sie Tornister, Brotbeutel und Gasmaske mit sich. Ihre Bewaffnung besteht aus Panzerfäusten, Karabinern, Pistolen und einigen wenigen leichten Maschinengewehren.[56] Jeder der Jungmannen hat 200 Schuss Munition am Mann. So ausgerüstet marschieren sie in Richtung Droyßig. Auch der Anstaltsleiter Männich verlässt Naumburg, jedoch mit unbekanntem Ziel.[57]

Warum ausgerechnet Droyßig, das für viele von Ihnen zum Schicksalsort werden soll, Zwischenstation dieser Absetzbewegung ist, lässt sich nur erahnen. Die leerstehende Droyßiger Mädchenoberschule als nächstgelegene, leerstehende Bildungseinrichtung dürfte hier wohl der Hauptgrund für diese Entscheidung gewesen sein. Was man von den Angehörigen jenes letzten Jahrgangs, der bisher noch nicht eingezogen wurde, erwartet, lässt sich hingegen einfacher beantworten. Sie sollen sich dem „Werwolf" anschließen und den verdeckten Kampf gegen den Feind aufnehmen.[58]

Der „Werwolf" war nach der Besetzung der westlichen Grenzgebiete des Reiches durch die NSDAP ins Leben gerufen worden, um einen Untergrundkrieg in den besetzten deutschen Gebieten zu initiieren. Er basierte auf der gleichen Grundidee, die bereits bei der Aufstellung des Deutschen Volkssturms Pate stand, und davon ausging, dass das Volk unter Führung der Partei mit dem Enthusiasmus der Anfangsjahre des Dritten Reiches und der Überzeugung von der Sieghaftigkeit des Nationalsozialismus, den Feind doch noch zurückschlagen könnte. Hierzu wurden im Wesentlichem aus den Reihen der NSDAP und ihrer Organisationen fanatische Mitglieder rekrutiert, welche Anschläge auf Personen und Einrichtungen der Besatzungsbehörden und der Besatzungstruppen ausführen sollten.[59]

Doch das sie so schnell auf den Feind treffen würden, hatten sie nicht gedacht. In dem Moment, wo die Gruppen, die bis zum Mittag des 12. April vorbei an liegengebliebenen Fahrzeugen und unter Tieffliegerbeschuss Stössen erreicht haben, die Reichsautobahn überqueren, tauchen nördlich von ihnen amerikanische Panzer auf. Vorauskräfte des CT 69 der 6th US AD, die nördlich an Osterfeld vorbei über Pretsch zur Autobahn vorfühlen, nehmen die Gruppen unter Beschuss. Einige Granaten fliegen dem letzten Pferdefuhrwerk hinterher, verfehlen jedoch ihr Ziel. Unterwegs treffen sie auf Angehörige der N.P.E.A. Schulpforta, die offenbar das gleiche Ziel haben.[60] Als die Ersten die Mädchenoberschule[61] in Droyßig erreichen, wird Panzeralarm ausgelöst. Doch in Droyßig ist niemand über das Erscheinen der bewaffneten Napola-Schüler begeistert. Trotz der Panzersperren, die vom Volkssturm am Gasthof „Zum Adler" und in Richtung Hassel aus eingegrabenen, dicken Eichenstämmen mit auf zwei Meter Höhe quer gelegten Hölzern und Steinen errichtet wurden, will niemand den Ort verteidigen.[62] Befinden sich doch neben den Einwohnern annähernd 1000 Evakuierte aus bombengefährdeten Gebieten Deutschlands im Ort.[63] Diese warten in den Kellern der Häuser, im Romsdorfer und Thierbacher Wald und dem Bunker am Steinbruch Hassel ängstlich auf das Kommende.[64] Mit Recht befürchten sie, dass die Amerikaner die deutschen Truppen erkennen und den Ort beschießen werden. Als die Jungmannen nach dem Eintreffen der letzten Gruppen gegen 15.00 Uhr auf Bitten des Gemeindevorstandes abrücken, liegt der Ort und die Flakstellung bereits unter Artilleriebeschuss.[65] Unter Zurücklassung eines Teils der Ausrüstung in der Mädchenoberschule marschieren etwa 100 Jungmannen in den nahen Droyßiger Wald. Die Zugpferde stellen sie vorerst bei den Bauern unter.[66] In Anbetracht der herannahenden Amerikaner beziehen die Jungmannen Stellungen in der unmittelbaren Umgebung der Staudenhainer Obstweinschenke der Geschwister Mielenhausen aus Wetterzeube[67], Posten beobachten vom Waldrand das Elstertal. Da die Jungmannen beim Abmarsch aus Droyßig deutsche Soldaten im Bereich des Tempelholzes südlich des Ortes angetroffen hatten, fühlt man sich aus dieser Richtung sicher.

Die Staudenhainer Obstweinschänke in den 30er Jahren
Ansichtskarte Sammlung Möller

In der unmittelbaren Umgebung von Droyßig befinden sich zu diesem Zeitpunkt tatsächlich mehrere Gruppen deutscher Soldaten, von denen jedoch die Wenigsten vorhaben, Widerstand zu leisten. Sie verstecken sich auf ihrer Flucht vor der heranrückenden Front und den allgegenwärtigen Tieffliegern in den Wäldern, um im Schutz der Dunkelheit weiter zu marschieren. Lediglich an einigen Stellen haben zum Kampfkommandanten Zeitz gehörende Truppen Stellung bezogen, unter ihnen Angehörige der 3. Kp./Uffz.Schule Zeitz.[68] Dazu kommen Angehörige der Stabsbatterie der s.Flak.Abt. 662, deren Horchgerät sich neben einer Baracke, 100 Meter vom Droyßiger Friedhof entfernt, zwischen Friedhof und Schützenhaus, befindet. Sie sind jetzt Teil des infanteristischen Schutzes der nahegelegenen Flakstellung.[69] So haben unter anderem ein Dutzend Soldaten an der Straße von Droyßig nach Wetterzeube im Bereich des Tempelholzes mit Panzerabwehrwaffen RPzB 54 „Panzerschreck" Stellung bezogen.[70] Der Volkssturm aus Zeitz, der am Morgen in Richtung Droyßig und Weickelsdorf in Marsch gesetzt worden war, um sich an der Verteidigung zu beteiligen, hat sich zu diesem Zeitpunkt bis auf Ausnahmen bereits aufgelöst. Die zumeist alten Männer hatten die Waffen weggeworfen und waren, wenn möglich, nach Hause gegangen. Gleiches gilt für den Volkssturm aus Droyßig und Umgebung.[71] Sie lassen sich dabei auch nicht von den Drohungen des Chefs der Reichskanzlei,

Martin Bormann, die im Zeitzer Tageblatt vom 3. April 1945 veröffentlicht wurden, beeindrucken. Bormann hatte verkünden lassen: *„Ein Hundsfott, wer seinen vom Feind angegriffenen Gau ohne ausdrücklichen Befehl des Führers verlässt, wer nicht bis zum letzten Atemzug kämpft; er wird als Fahnenflüchtiger geächtet und behandelt. Reißt hoch die Herzen und überwindet die Schwächen!"*[72]

Während die Napola-Schüler im Droyßiger Wald Stellung beziehen, nimmt der Donner der Geschütze in ihrem Rücken zu. Unmittelbar nach den ersten Salven auf die Kolonne des CT 15 hat ein Artilleriebeobachter aus seinem einmotorigen Aufklärungsflugzeug die Flakstellung an den Tonteichen ausgemacht und Unterstützung durch die US Army Air Force angefordert. Jetzt rasen P-47 „Thunderbolt" Jagdbomber des XIX. TAC, das unter Führung von Maj.Gen. Otto Weyland steht, im Tiefflug über die Kolonne des CT hinweg und greifen die Stellung mit ihren Bordwaffen und Bomben an. In Droyßig, das bis dahin nur sporadisch unter Beschuss lag, schlagen Granaten ein. Es kommt zu Schäden an Häusern und Gebäuden. An mehreren Stellen brechen Brände aus, die nur mit hohem Risiko gelöscht werden können. Sattler Lausemann, der sich geweigert hatte, in den Keller zu gehen, wird getötet.[73] Doch noch nähern sich keine amerikanischen Truppen dem Ort.

Nur zwei Kilometer von Droyßig entfernt schwenkt die Hauptkolonne des CT 15 vor Hassel nach Südwesten, während die unterstellten Panzerinfanteristen der Co. C, 9th AIB absitzen und den kleinen Ort säubern.[74] Dabei fällt ihnen der Gendarm Menger in die Hände, den sie auf Grund seiner martialischen Uniform anfänglich für einen hochrangigen General halten.[75] George F. Hofmann schreibt in seinem Buch „The Super Sixth": *„Die Aufregung dauerte nicht lange, denn er bewies im Verhör, dass er der Polizeichef des Dorfs Hassel war."*

Im Rücken der Hauptkolonne erreichen jetzt auch die Artilleristen des 212th AFA Bn über Weickelsdorf gegen 15.00 Uhr (B) Romsdorf und bringen ihre Geschütze in Feuerstellung. Als kurz darauf die HQ Btry. Romsdorf erreicht, trifft ein Artillerieüberfall die, entlang der Straße aufgereihten, Fahrzeuge. Ein M 15 Halbkettenfahrzeug mit Vierlings-Flak des 777th AAA (AW) Bn, das die Artilleristen vor Luftangriffen sichern soll, wird am Ortsausgang getroffen und völlig zerstört. Tec 5 Leslie H. Kirk und Pvt. Samuel J. Facas werden auf der Stelle getötet. Lt. Neuswirth, Tec 5 Yocius und Tec 5 Westlund sowie Pvt. Albert A. DeMaris werden schwer verletzt. Tec 5 Vernon W. Westlund aus Michigan erliegt wenige Tage später, am 16. April, seinen Verletzungen.[76] Dann schweigt die deutsche Artillerie. Die Jagdbomber haben die Geschütze der Flakstellung an

Col. Albert E. Harris
Foto: National Archive

den Tonteichen zum verstummen gebracht. Der CP des CCA entfaltet auf einem Feld, einen Kilometer östlich von Weickelsdorf. Von hier aus leitet Col. Harris bis zum Einbruch der Dunkelheit das weitere Vorgehen seiner Combat Teams.

Inzwischen wird die Kolonne des CT 15 vor Weißenborn zum Halt gezwungen, weil aus Richtung Stolzenhain das CT 9 den Ort passiert. Lt.Col. William A Sussman, CO 15th Tk Bn, befiehlt seinen Truppen, sich zu versammeln und die Wartezeit zu nutzen, um die Panzer und Schützenpanzer aufzumunitionieren. Da sein Auftrag lautet, noch an diesem Tag einen Übergang über die Weiße Elster zu sichern, befiehlt er angesichts der knappen Zeit bis zum Einbruch der Dunkelheit die Bildung einer Task Force. Diese soll vor der Hauptkolonne südostwärts fahren und die Brücke über die Weiße Elster am Bahnhof Haynsburg sichern.

Schnell ist die kleine Task Force aus Panzern der Co. B, 15th Tk Bn und Panzerinfanteristen der Co. C, 9th AIB zusammengestellt. Mit einem Platoon Panzer als Vorhut voraus passiert die Kolonne unter Führung von Lt. Leander M. Neis, Co. B, 15th Tk Bn, hinter den letzten Fahrzeugen des CT 9 gegen 17:30 Uhr (B) Weißenborn und rollt Richtung Süden. An der Straßengabelung nach Weißenborn, Wetterzeube und Droyßig, an der Nordwestecke des Droyßiger Waldes, verlässt die Task Force die Straße, um querfeldein durch die Wälder nach Schkauditz vorzustoßen. Von dort soll der Vormarsch parallel zur Weißen Elster bis zur Brücke erfolgen.

Gegen 17.30 Uhr sieht sich die vorgeschobene Sicherung der Napola-Schüler westlich der Obstweinschenke der herannahenden Vorhut gegenüber. Auf einer kleinen Waldlichtung haben zwei Jungmannen mit einem leichten MG und einer Panzerfaust Stellung bezogen. Seit ihrem Eintreffen hatte der Gefechtslärm und die Motorengeräusche aus nördlicher Richtung kontinuierlich zugenommen. Als der erste Panzer mit dröhnenden Motoren auf die Lichtung rollt, eröffnen sie das Feuer. MG-Garben durchziehen die Luft und der trockene Knall des Abschusses einer Panzerfaust, gefolgt von einer Explosion, ertönt. Das jetzt einsetzende Stakkato der schweren Bord-MG der Panzer erschüttert die Lichtung.

Im Droyßiger Wald

Die Staudenhainer Obstweinschenke, auch Einsiedler genannt, heute

Die Waldschneise, auf der die Panzer von Südwesten kommend zur Schonung vorrückten.

Waldweg von der Schenke zur Schonung
Fotos: Möller, 2008

Von einer Kugel im Bauch getroffen, krümmt sich der Jungmann Friedel Steinkämper hinter seinem MG. Eine Gruppe von Jungmannen, die hinter den Vorposten, am Rand der Lichtung, Stellung in einem natürlichen Graben bezogen hat, zieht sich fluchtartig in den Wald zurück. Ohne Halt rollt die Vorhut durch den Staudenhain weiter nach Nordosten.[77]

Nachdem die Panzer aus der Sichtweite sind, eilen einige der Jungmannen dem schwerverwundeten Steinkämper zur Hilfe. Aus Birkenästen bauen sie in aller Eile eine Trage und bringen ihn zur Obstweinschenke.[78]

Inzwischen erreicht die Hauptkolonne der Task Force, die über Funk vorgewarnt wurde, die Lichtung. Hier eröffnen die Männer hinter den, auf den Türmen der Panzer und Ringlafetten der Halftracks montierten, schweren MG das Feuer. Auch die aufgesessenen Panzerinfanteristen schießen wild um sich, während die 30 Panzer und Halbkettenfahrzeugen ohne Halt durch den Wald rollen.[79] Nur wenige Kugeln fliegen ihnen entgegen. Eine der herumschwirrenden Kugeln trifft den 15-jährige Werner Gressmann am Kopf und tötet ihn sofort.[80]

Ungefähr zur gleichen Zeit wie die Hauptkolonne die Lichtung erreicht, verlässt die Vorhut an der Nordostecke des Droyßiger Waldes den Wald und schwenkt nach Osten ins freie Gelände. Als die Männer in den Türmen der Panzer Bewegungen östlich der Obstweinschenke ausmachen, werden diese sofort unter Beschuss genommen. Der Jungmann Friedhelm Euler, der mit einem Kameraden vorgeschobener Sicherungsposten in Richtung der dortigen Steinbrüche ist, schreibt darüber in einem späteren Brief: *„Ich lag im Droyßiger Wald, Sicherung nach den Steinbrüchen raus. Plötzlich ging das Geschieße los. Vor uns standen auf einmal fünf Panzer und schossen wie wild auf uns. Den ersten Feuersegen hielten wir noch aus. Während einer Feuerpause krochen wir weiter. Da brach der zweite Orkan über uns herein. Nun erwischte es mich. Mir wurde schwarz vor Augen und ich lag da.“* [81] Die Hauptkolonne hat zirka eine halbe Stunde nach der Vorhut die Nordostecke des Waldes erreicht und feuert nun ebenfalls in Richtung der Steinbrüche, wo die Leuchtspurgeschosse der MG das Gras in Brand gesetzt haben. Zum Glück für die zwei dort liegenden Vorposten schießt einer der herbeigeeilten Jungmannen seine Panzerfaust nicht ab, so dass auch die Kolonne ohne Halt weiterfährt. Euler, der einen Hals-Weichen-Durchschuss mit Rückenmarkschädigung erlitten hat, wird provisorisch verbunden und zur Obstweinschenke getragen, wo bereits der schwerverwundete Steinkämper liegt.

Die Task Force rollt ungehindert den Berg hinunter nach Schkauditz, wo sie auf die Straße nach Zeitz schwenkt.[82] Hinter dem Ort zwingt eine gesprengte Straßenbrücke über den Floßgraben die Kolonne auf das parallel zur Straße verlaufende Gleisbett der Bahnstrecke Zeitz - Gera auszuweichen. Dann behindert eine teilweise zerstörte Straßenbrücke, deren Trümmer die Bahnstrecke blockieren, den Vormarsch erneut. Als sich die Task Force endlich gegen 20.00 Uhr der Brücke über die Weiße Elster am Bahnhof Haynsburg nähert, eröffnen deutsche Truppen mit Panzerabwehrwaffen das Feuer. Auf Grund des Widerstandes und der zunehmenden Dunkelheit erteilt Lt. Neis den Befehl zum Rückzug. Auf dem gleichen Weg, wie sie vorgerückt war, zieht sich die Task Force nach Weißenborn zurück.[83]

Unbemerkt kreuzen sie dabei den Weg mehrerer kleiner Gruppen von Jungmannen, die im Schutz der Dunkelheit nach Droyßig zurückmarschieren. Eine von ihnen transportiert auf einem Handwagen den schwerverwundeten Steinkämper. Doch in Droyßig kann eine Ärztin nur noch den Tod feststellen. Steinkämper war auf dem Weg verblutet. In der Nacht kehrt diese Gruppe, der sich weitere Jungmannen angeschlossen haben, zur Obstweinschenke zurück, wo sich noch immer der verwundete Euler befindet. Noch einmal nach Droyßig zurückzukehren ist jedoch zu riskant. In der Nacht setzt sich die Gruppe unter Führung des Hauptzugführers Dr. Erich Müller hinter die Weiße Elster ab, um dort nach den Resten der Hundertschaft der N.P.E.A. Naumburg zu suchen. Weit kommen sie jedoch nicht, einige Tage später geraten sie bei Rippicha in Kriegsgefangenschaft. Während die Gruppe Richtung Altenburg abtransportiert wird, wird Hauptzugführer Müller weggebracht und erschossen, weil er den Jugendlichen den Befehl zum Schießen auf die amerikanischen Panzer gegeben haben soll.[84] Nach Überlieferungen sollen die Amerikaner gesagt haben: *„Wir haben nichts gegen euch Kinder, wir haben etwas gegen eure Lehrer, die euch befahlen, auf unsere Panzer zu schießen.“* [85]

Euler wird nach zwei Tagen bei einer Haussuchung in der Obstweinschenke gefunden und nach weiteren zwei Tagen Transport ins Zeitzer Krankenhaus eingeliefert, wo er bis zu seiner Entlassung am 1. September 1945 bleibt. Andere Gruppen, die in ihren Stellungen und Beobachtungsposten im Droyßiger Wald keinen Feindkontakt hatten, setzen sich ebenfalls im Verlauf der Nacht über die Weiße Elster nach Osten ab. Der Jungmann R.K. berichtet: *„An unserer Waldecke bekamen wir das Schießen natürlich genauso mit, sahen allerdings überhaupt nichts. Plötzlich kam der dicke M. angerannt und rief mit kreideweißem und schwarz verschmierten Gesicht: ‚Es sind Panzer abgeschossen worden; wir müssen sofort abhauen; der Ami schießt uns alle tot!'“* Den meisten von ihnen gelingt der oftmals abenteuerliche Weg nach Hause.

Schauplatz Droyßig

Die ehemalige Mädchenoberschule Droyßig

Schloss Droyßig

Gemeinschaftsgrab auf dem Droyßiger Friedhof. Fotos: Möller, 2009

Diejenigen Jungmannen, die nach Droyßig zurückmarschiert waren und sich entschlossen hatten, die Nacht im Keller der Droyßiger Mädchenoberschule zu verbringen, finden wenig Ruhe. Der Ort liegt unter amerikanischem Beschuss. Dabei schlägt eine Granate in der Turmspitze der Schule ein. Zu Personenschäden kommt es glücklicherweise nicht.[86]

Während die Task Force unter Lt. Nies noch unterwegs ist, entsendet Lt.Col. Sussman eine kleine Task Force nach Droyßig, um dort die Lage aufzuklären. Die Task Force, die unter dem Kommando von Sgt. Dean F. Gremillion steht, der den getöteten Lt. Kurtz ersetzt hat, besteht aus einem Plat. leichter Panzer M 3 Stuart der Co. D, 15th Tk Bn, einem aufgesessenen Plat. Panzerinfanterie sowie einer Gruppe Panzerjäger. Am östlichen Ausgang von Hassel lässt Gremillion die Task Force kurz anhalten und die Fahrzeuge gehen in Feuerstellung. Über Funk meldet er: *„Ich habe die leichten Panzer in gute Position gebracht. Ich habe die Panzerjäger mit Schussrichtung entlang der Straße positioniert. Die Infanterie sichert uns. Ich habe einige nette Feuer in Droyßig entfacht. Was sollen wir jetzt machen?"* Kurz darauf erreicht ihn der Befehl, in dieser Position zu verbleiben. Bis zum nächsten Morgen stellt das CT 15 alle weiteren Aktivitäten ein.[87]

Südlich vom CT 15 beginnt um 10.15 Uhr (B) das CT 9, 9th AIB, unter Maj. Gilman E. Morse, das sich im Raum Pfuhlsborn, östlich von Apolda, versammelt hat, mit dem Marsch nach Camburg, wo es durch die Kolonnen des CT 15 aufgehalten wird. Um 11.25 Uhr (B) hat die Spitze der Kolonne des CT 9 die Brücke überquert und rückt an der rechten Flanke des CCA auf Rodameuschel vor, das die Vorhut um 11.30 Uhr (B) erreicht. Dann geht es weiter nach Frauenprießnitz. Der Stab des deutschen XC. AK unter General Petersen, der auf seiner Flucht vor den angreifenden amerikanischen Truppen die Nacht im Ort verbracht hatte, war erst am Morgen nach Walpernhain abgerückt.[88] Über Thierschneck und Grabsdorf erreicht das CT 9 gegen 12.00 Uhr (B) Schkölen, wo aus den Fenstern der Häuser weiße Tücher hängen.[89] Gegen 12.55 Uhr (B) trifft das CT bei Zschorgula auf leichten Widerstand und der Ort wird von den Panzern und Panzerjäger der Co. C, 15th Tk Bn und des 603rd TD Bn in Brand geschossen. Am Friedhof vorbei rollt die Kolonne weiter nach Böhlitz, wo die Vorauskräfte um 13.20 Uhr (B) an der Straßenkreuzung östlich des Ortes auf eine stark verteidigte Straßensperre treffen. Während sie sich ein kurzes Gefecht mit den deutschen Verteidigern liefern, schwenken die Hauptkräfte des CT 9 westlich des Ortes nach Süden auf Großhelmsdorf. Das 274th AFA Bn, dass der Kolonne des CT 9 folgt, gerät in der Nähe von Böhlitz unter Beschuss und zwei

Soldaten werden getötet. Daraufhin lenken die Artilleristen das Feuer auf den Ort.[90]

Als sich die Vorhut des CT 9 von Großhelmsdorf aus nordostwärts nach Lindau bewegt, wird sie um 14.00 Uhr (B) durch quer über die Strasse liegende Bäume aufgehalten. Nachdem dieses Hindernis mühelos aus dem Weg geräumt ist, stoppt eine zu schwache Brücke über den Steinbach den Vormarsch endgültig und die Vorhut macht kehrt. In Großhelmsdorf erhält das CT 9 den Befehl, die Trennungslinie zur südlich angreifenden 4th US AD zu missachten und auf direktem Weg zur Weißen Elster bei Wetterzeube zu fahren. So fährt die Kolonne über Rudelsdorf, Lindau, Stolzenhain nach Weißenborn, wo sie gegen 15.00 (B) auftaucht.[91] Um 16.00 Uhr (B) stößt das CT 9 auf dem Weg nach Wetterzeube im Bereich der Nordwestecke des Droyßiger Waldes auf Widerstand. Deutsche Sicherungen feuern auf die anrückende Vorhut, bevor sie in die Wälder fliehen.[92] Die nachfolgenden Panzerinfanteristen sitzen ab und säubern in Schützenlinie die Waldränder entlang der Vormarschstraße. Dann besetzen sie im Schutz der Panzer die Ortschaft Wetterzeube und sichern die unzerstörten Brücken über den Floßgraben, am Mühlendamm und über die Weiße Elster. Auf dem jenseitigen Ufer der Weißen Elster errichten die Panzerinfanteristen der Co. B, 9th AIB einen Brückenkopf und besetzen Koßweda. Die Masse der Volkssturmmänner und Soldaten, die im angrenzenden Zeitzer Forst die Panzer aufhalten sollten, flieht bei der Annäherung der Amerikaner. Nur einige 15 bis 17-jährige Jugendliche aus dem Wehrertüchtigungslager Breitenbach nehmen unter Führung eines kriegsversehrten Offiziers und Ausbilders die heranrollenden Fahrzeuge unter Beschuss und ziehen sich anschließend in die Wälder zurück.[93] Ein junger Mann aus Loitzschütz stirbt bei den nachfolgenden Feuergefechten.[94] Um 17.00 Uhr (B) meldet der S-3, Capt. Robert S. Bennett, an den CP des CCA, dass Wetterzeube genommen ist und die Co. B, 9th AIB Koßweda sichert. Als sich die unterstellten Panzer gegen 18.45 Uhr (B) der Brücke über die Weiße Elster nähern, gibt es eine Explosion. Eine versteckte Zeitzünderbombe zerstört die Brücke und macht sie für die Panzer unpassierbar. Während die Männer der Co. B, 9th AIB den Brückenkopf halten und sich das CT auf die weiteren Operationen vorbereitet, entsendet Maj. Morse Patrouillen entlang des Flusses nach Süden, um eine andere intakte Brücke zu finden.

Das unterstellte 274th AFA Bn, dass am späten Nachmittag in der Nähe von Weißenborn Stellung bezogen hat, nimmt zwischen 19.00 bis 21.00 Uhr die gemeldete Flakstellung an den Tonteichen mit seinen 105mm Haubitzen unter Beschuss.[95] Dann folgt es dem CT nach Kleinpötewitz. Der CP des CT 9 trifft um 20.00 Uhr (B) in Wetterzeube ein und entfaltet im Ort. Im Tagesresultat meldet das CT 9 insgesamt 73 Kriegsgefangene.

Die dem CCA unterstellte Co. B, 25th Armd Engr Bn, die am frühen Morgen eine Treadway-Brücke über die Saale bei Camburg errichtet hat, folgt dem CT 15 und fährt durch Sieglitz, Molau, Aue, Casekirchen, Utenbach, Haardorf nach Roda und bezieht um 21.00 Uhr (B) Quartier in Weickelsdorf, wo kurz zuvor bereits der CP des CCA entfaltet hat. Langsam treffen auch die Trains des CCA mit den Versorgungsgütern ein, die gegen 13.00 Uhr (B) Ziel eines Luftangriffs von drei deutschen Messerschmidt Bf-109 geworden waren.[96] Doch die abgeworfenen Bomben hatten keine Schäden angerichtet. Die Aufklärer des unterstellten Tp. D, 86th CavRcnSq errichten an der Autobahn Straßensperren an der Nord- und Südgrenze des Abschnitts des CCA.

An der Nordflanke der 6th US AD beginnt das CT 44 des CCB, unterstützt durch das 128th AFA Bn, gegen 10.40 Uhr (B) den Angriff aus dem Raum Bad Kösen über Kukulau und Löbschütz, südlich an Naumburg vorbei, nach Osten. Nach der Überwindung einer Straßensperre in Heiligenkreuz um 11.25 Uhr (B) marschiert das CT durch Janisroda und Boblas und geht 13.45 Uhr (B) durch Punkewitz. Vor Mertendorf wird das Flüsschen Wethau überquert.

Über Stössen, Kostplatz, Krauschwitz und Krössuln erreicht das CT gegen 14.15 Uhr Teuchern ohne auf Widerstand zu treffen.[97] Der Versuch einiger Hitlerjungen, sich den amerikanischen Truppen entgegenzustellen, war rechtzeitig durch Erwachsene verhindert worden.[98] Mit drei bis vier Panzer an der Spitze, gefolgt von Jeeps und Lastwagen, erreicht die Kolonne das Stadtzentrum. Während vor dem Rathaus die Verhandlungen mit einer Gruppe deutscher Offiziere mit Rotkreuz-Armbinde laufen, fallen mehrere Schüsse.[99] Amerikanische Soldaten haben einige deutsche Soldaten in einer leerstehenden Möbelfabrik an der Hauptstrasse entdeckt und das Feuer auf sie eröffnet. Zum Glück gibt es keine Opfer. Ohne weitere Zwischenfälle wird die Stadt besetzt und die Kolonne setzt den Marsch fort. Vor Runthal versperrt eine 1,50 Meter hohe und 3 bis 4 Meter breite Straßensperre aus Sand und Geröll im Eingang der Unterführung der Bahnstrecke Zeitz - Weißenfels kurz den Weg. Dann geht es weiter über Gosserau und Keutschen in den Raum Nödlitz.[100] Hier kommt die Kolonne zum Halten, da die weit vorausgehenden Aufklärungskräfte des CT hart nördlich von Zeitz nur gesprengte Brücken über die Weiße Elster vorfinden und dabei unter starken Beschuss durch deutsche Flakbatterien geraten. Aufklärungskräfte an der Flanke des CT erreichen das, durch Panzersperren gesicherte, Hohenmölsen. Am Stadtrand fallen einige Schüsse. Nach der Aufforderung zur Kapitulation bewegen sie sich, ohne eine Antwort abzuwarten oder in die Stadt einzudringen, weiter.[101]

Die strikten Befehle des Oberbefehlshabers der 3rd US Army, General Patton und Oberkommandierenden seines XX. US Corps, Lt.Gen. Walton H. Walker, verlangen von der 6th US AD den Angriff mit höchster Geschwindigkeit unter Umgehung sämtlichen Widerstandes mit dem Ziel der Eroberung von Brückenübergänge über die Weiße Elster als Voraussetzung für den letzten entscheidenden Angriff. Col. Robert S. Allen zitiert später Patton in seinem Buch „Lucky Forward" mit den Worten: *„Straßen sind nicht wichtig, Terrain ist nicht wichtig, ungeschützte Flanken sind nicht wichtig. Das einzigeDing, das wichtig ist, ist sich am Kopf der Hunnen zu orientieren und ihn am Laufen zu halten. Das ist das einzige Ding mit dem man den Krieg gewinnen kann. Wir müssen ihn töten oder ihn zum Tod führen."*[102]

Nachdem dies durch die fehlenden Brückenübergänge im Raum Zeitz und starkes Flakfeuer nicht möglich ist, erhält das CCB und das 86th CC in Absprache zwischen dem CG der 6th US AD und dem CG der 9th US AD die Genehmigung zur Überquerung der Weißen Elster in der, sich nördlich an Zeitz anschließenden, Zone des V. US Corps. Für den Zeitraum des Aufenthaltes in der Zone der 9th US AD wird das CCB und das 86th CC deren Kommando unterstellt. Da sich die ersten Angriffskeile der 9th US AD des V. US Corps zu diesem Zeitpunkt noch westlich der Reichsautobahn 9 befinden, kommt es vorerst zu keinen Überschneidungen.

Daraufhin schwenkt das CT 44 nach Norden und erreicht über Köttichau, Dobergast und Stöntzsch vorgehend am späten Nachmittag die Kleinstadt Pegau an der Weißen Elster. Gegen 18.00 Uhr (B) haben Teile des CT 44 die Stadt und die intakte Brücke über die Weiße Elster gesichert, ohne auf Widerstand zu treffen. Vorauskräfte rücken auf der Straße Pegau - Audigast vor, um den entstandenen Brückenkopf vor Einbruch der Dunkelheit vor überraschenden Angriffen zu schützen.

Bis 18.00 Uhr besetzen die Panzerinfanteristen des CT 44 mit Unterstützung der Co. C, 603rd TD Bn Audigast, das von deutschen Truppen verlassen ist.[103] Von dort fühlen sie vorsichtig nach Kobschütz vor, wo sie auf kleinere Gruppen deutscher Soldaten treffen, welche im Ort und in der Umgebung Stellung bezogen haben. Nach einem kurzen Feuergefecht ziehen sie sich die Panzerinfanteristen nach Audigast zurück. Bis in die Nachtstunden kommt es zwischen Kobschütz und Audigast immer wieder zu Schießereien. Andere Kräfte des CT 44 rücken von Audigast aus nach Süden vor und nähern sich über Schnaudertrebnitz dem Stadtrand von Groitzsch, wo sie den Vormarsch stoppen. Als sich die Hauptkräfte des CT 44 für die Nacht in der Elsteraue vor Audigast versammeln, schießen die 10,5cm Flakgeschütze der Großbatterie Groitzsch der s.Flak.Abt. 323 (o) einen Feuerüberfall auf die Ansammlung. Dabei wird ein Halbkettenfahrzeug getroffen, drei Mann getötet und drei verwundet. Doch innerhalb von kürzester Zeit bringen die 105mm Panzerhaubitzen des 128th AFA Bn, unterstützt von den Geschütze des 176th FA Bn, die Flakstellung zum Schweigen. In Anbetracht der Dunkelheit und der Gefahr erneuten Beschusses ziehen sich die Kräfte des CT 44 in einen Abschnitt weiter westlich von Audigast zurück und nehmen Verteidigungsstellungen ein. In Audigast und Schnaudertrebnitz werden lediglich Sicherungsposten zurückgelassen. Noch in der Nacht werden Vorbereitungen getroffen, den Vormarsch am folgenden Morgen wieder aufzunehmen.

Das CT 69, 69th Tk Bn, rückt an der rechten Flanke des CCB von Kleinheringen aus, teils querfeldein, über Prießnitz, Meyhen und Beuditz vor. Hier treffen sie gegen 11.20 Uhr an einer Panzersperre am Ortseingang auf feindliches Gewehr- und Panzerfaustfeuer. Bei dem Gefecht werden sechs deutsche Soldaten getötet und es bricht Feuer im Ort aus. Als die Vorhut gegen 12.00 Uhr (B) Löbitz erreicht, kommt es am Ortseingang zu einer Schießerei mit versprengten deutschen Soldaten, bei der eine Feldscheune und eine Stallung in Brand geschossen werden.[104] Der Löbitzer Bürgermeister Fritz Schmidt kann Schlimmeres verhindern, indem er mit Hilfe eines Oberfeldwebels eine Flakeinheit, zur Aufgabe überredet. Die zumeist blutjungen Flaksoldaten, die erst am Morgen von Tröglitz kommend, zwei 2cm Vierlings-Flakgeschütze in Osterfeld entladen und westlich von Löbitz in Stellung gebracht hatten, ergeben sich widerstandslos.[105] Im Dorf wehen weiße Fahnen.

Um 12.00 Uhr wird in Osterfeld Panzeralarm ausgelöst. Eine Wehrmachtseinheit, welche von Italien kommend, auf dem Weg nach Zeitz, die Nacht in der Löbitzer Schule verbracht und am Morgen Richtung bei Pauscha abgerückt war, löst sich fluchtartig auf.[106] Bei ihrem Vormarsch nehmen die amerikanischen Truppen immer wieder fliehende deutsche Soldaten unter Beschuss. Amerikanische Aufklärungskräfte schwenken in Lissen nach Pretzsch, wo sie die Reichsstrasse 180 Zeitz - Naumburg erreichen. Um 13.30 Uhr erscheinen zum zweiten Mal an diesem Tag amerikanische Parlamentäre in Osterfeld. Die Parlamentäre des CT 69 fahren ungehindert auf dem Marktplatz von Osterfeld und fordern das Hissen weißer Flaggen als Zeichen der Kapitulation.

Blick auf Osterfeld — Foto: Möller, 2004

Diesmal lehnt niemand die Kapitulation ab. Der Offizier, welcher noch am Vormittag jegliche Kapitulationsaufforderungen abgelehnt hatte, hat zu dieser Zeit die Stadt bereits verlassen. Um 13.45 Uhr trifft die Hauptkolonne des CT in Lissen ein. Um 15.30 Uhr rollt der erste Panzer auf den weißbeflaggten Markt von Osterfeld. Die Stadt wird kampflos besetzt und die Kolonne fährt ohne Aufenthalt weiter nach Zeitz.[107]

Östlich von Pretzsch überquert das CT 69 die Reichsautobahn 9 München – Berlin, geht südlich an Teuchern vorbei und erreicht über Trebnitz und Luckenau die kleine Stadt Theißen.

Als die Panzer in Sichtweite der Stadt kommen, explodieren Granaten in unmittelbarer Nähe der Kolonne. Beobachter entdecken auf der Bahnstrecke Zeitz – Weißenfels, zwischen Theißen und Deuben, zwei Eisenbahnflakzüge mit je fünf schweren 12,8cm Flakgeschützen. Diese waren erst wenige Stunden zuvor auf Befehl des Stabes der s.Flak.Abt. 525 (Eisb.) in Zangenberg zum Bahnhof Theißen verlegt worden, um mit ihren Geschützen die amerikanischen Panzerspitzen aufzuhalten.[108] Nach den Aufzeichnungen des Bürgermeisters von Theißen, Paul Schneider, ist es lediglich seinen Bitten zu verdanken, dass die Züge den Bahnhof Theißen wieder verlassen haben, bevor die amerikanischen Truppen die Stadt erreichen.[109] Nach einem kurzen Feuergefecht mit Toten und Verwundeten auf deutscher Seite ergibt sich die Besatzung eines der Eisenbahnflakzüge in der Nähe von Theißen. Der zweite Zug erleidet kurz darauf zwischen Deuben und Gröben das gleiche Schicksal. Einige Männer der Besatzung, denen die Flucht gelingt, kommen danach noch einmal infanteristisch zum Einsatz, bevor auch sie in Gefangenschaft geraten. Der G-2 Bericht der 3rd US Army meldet später Kriegsgefangene der 3./s.Flak.Abt. 543 (Eisb) und der 2./s.Flak.Abt. 535 (Eisb) bei Gröben und Droyßig. Ohne auf erneuten Widerstand zu treffen, rückt das CT 69 in Theißen ein.

Panzer des 69th Tk Bn in Theißen — Foto: National Archive

Doch noch ist die Gefahr für die Stadt nicht beseitigt. Zwischen Theißen und Nonnewitz liegt in der Nonnewitzer Flur an der Höhe 196 eine Großbatterie der s.Flak.Abt. 662 (o), Flak.UGr. Zeitz, mit 36 8,8cm Flakgeschützen auf Sockellafette. Die 300 Mann der zur Luftwaffe gehörenden 6./s.Flak.Bttr. 662 und der s. Flak.Bttr. z.b.V. 5553 sowie der RAD-Flak.Bttr. 6./156 sind, geführt von fanatischen Offizieren, entschlossen, sich dem Feind entgegenzustellen. Der Grossteil der Bedienungen ist im Alter von 16 bis 19 Jahren. Angespornt werden sie durch den Umstand, dass ihnen einen Panzermajor, der kurz zuvor in der Stellung erschienen war, mitgeteilt hatte, dass Panzer aus Richtung Leipzig im Anmarsch wären. Mit seinem Ruf *„Kämpfen sie, kämpfen sie"* in den Ohren, bereiten sie sich nun auf den Erdkampf vor.[110] Einwohner von Theißen, die weiße Flaggen zur Flakstellung bringen, werden vom Batteriechef der 6./156, Oberfeldmeister Alfred Quick, der im Zivilleben als Buchhändler tätig ist, und von einem Hauptmann Knospe abgewiesen.[111] Trotzdem bleiben vorläufig die Rohre der Geschütze unten und die Kolonne des CT 69 fährt unbehelligt durch Nonnewitz, ohne die Gefahr zu erkennen.

Anbetracht des Feindfeuers aus Richtung Zeitz und der Meldung, dass die Brücken hart nördlich der Stadt zerstört sind, hatte sich der Kommandeur des CT 69 entschlossen, von Theißen aus einen Weg nach Nordosten zu suchen und die Weiße Elster ebenfalls in der Zone der 1st US Army zu überqueren. In Theißen bleiben sechs tote deutsche Soldaten zurück.[112] Auf dem Weg nach Döbris geraten die Panzer des CT 69 erneut unter Flakbeschuss aus Richtung der Weißen Elster. Der unterstellte 2nd Plat. Co. A, 25th Armd Engr Bn verliert durch einen Granattreffer ein Halbkettenfahrzeug, ein Soldat wird getötet und fünf verletzt. Über Köttichau, von wo aus sie dem Weg des CT 44 folgen, erreicht die Kolonne am Abend den Raum Dobergast – Queisau[113] und versammeln sich für die Nacht. Der CP der 193rd FA Gp, welche der 6th US AD zur artilleristischen Unterstützung zugeteilt wurde, gerät aus unmittelbarer Nähe unter Beschuss und bezieht in der Nacht ein Biwak auf offenem Feld in der Nähe von Queisau. Noch in der Nacht wird eine kleine Task Force des CT 69 mit Panzern und Infanterie entsandt, um im Schutz der Dunkelheit Übergangsmöglichkeiten über den Fluss zu erkunden. Ein polnischer Zwangsarbeiter führt sie querfeldein zu einer intakten Brücke über die Weiße Elster südlich von Pegau und unbemerkt überquert die kleine Task Force den Fluss. Zügig wird ein Brückenkopf gebildet und gesichert.[114]

In der Nacht kann der CO des CCB melden, dass seine Einheiten trotz Umwegen und gegen feindlichen Widerstand das Tagesziel erreicht haben und zwei Brücken über die Weiße Elster gesichert sind.

Entlang der Nordflanke des CCB setzen im Tagesverlauf die Aufklärer des 86th CC unter Kommando von Lt.Col. Harry C. Brindle den Auftrag zum Schutz der Divisions- und Corpsflanke fort und erreichen über verstopfte Straßen, die voll von DP's sind, Obernessa, wo sie um 16.30 Uhr (B) Kontakt zu den vorderen Teilen des CCR der 9th US AD herstellen. Dann setzen sie auf Grund der gemeldeten Situation im Raum Zeitz den Vormarsch nach Nordosten in die Zone der 1st US Army fort. Um 23.00 Uhr (B) fährt das 86th CC nach Pegau hinein und bezieht bis Mitternacht Quartier in der Stadt. Im Zusammenwirken mit dem CT 44 sichern die Aufklärer die Brücke über die Weiße Elster und die Stadt und errichten Außenposten nach Norden und Nordosten.

Col. Lagrew (re.) mit Gen. Grow
Foto: National Archive

Das CCR, welches am Vormittag den Auftrag zur Sicherung der Saalebrücken im Abschnitt der 6th US AD hatte, wird um 11.30 Uhr (B) durch die 76th US InfDiv abgelöst. Lagrew's Verbände versammeln sich im Raum Bad Sulza, um gemeinsam mit dem Div.HQ den anderen beiden Combat Commands zu folgen. Als Erstes überquert das CT 68, 68th Tk Bn, an der Spitze des CCR um 13.10 Uhr (B) die Brücke bei Camburg und fährt über Zschorgula nach Nautschütz, das bisher unbesetzt war. Weiter auf Goldschau vorrückend entdeckt der Rcn Plat. und Teile von Capt. Raymond W. Raines Co. D, 68th Tk Bn eine, zur Sprengung vorbereitete, Straßenbrücke. Nachdem die unterstellten Pioniere die Sprengladung entschärft haben, setzt sich die Kolonne wieder in Bewegung. Langsam bewegt sich die Vorhut bergaufwärts auf Goldschau zu, als es erneut zum Halt kommt. Eine gesicherte Straßensperre bremst den Vormarsch. Die Panzerinfanteristen auf den führenden Fahrzeugen sitzen sofort ab und Sherman-Panzer werden herangeholt. Der Widerstand wird schnell gebrochen und zehn deutsche Soldaten werden gefangengenommen. Ohne weiteren Widerstand rückt das CT in Goldschau ein.[115] Hier versammelt sich das CT, um auf weitere Befehle zu warten.

Das Div.HQ., dass ursprünglich dem CT 68 folgen sollte, verlässt inzwischen auf Grund des gemeldeten Widerstands die Marschstrecke und weicht auf eine nördlichere Route nach Osterfeld aus. Die Hauptkolonne des CCR mit dem CP und dem CT 50, 50th AIB, die um 14.15 Uhr (B) hinter dem Div.HQ. Bad Sulza verlassen hat, schließt sich ihnen an.

Um 16.00 Uhr (B) erteilt Maj.Gen. Grow, CG 6th US AD, dem CCR den Befehl, sich nach vorne in das Zentrum des Divisionsangriffstreifens zu bewegen und Zeitz einzunehmen. Den Angriff soll das 1st Bn/304th InfRgt unterstützen, während das CT 50 in der Reserve verbleiben soll. Der Div.CP verlegt zur weiteren Führung des Angriffs nach Osterfeld, wo er am Abend gegen 19.00 Uhr (B) eintrifft.

Um 17.50 Uhr (B) erhält das CT 68 den Befehl und beginnt aus dem Versammlungsraum Goldschau heraus den Vormarsch auf Zeitz. Über Haardorf bewegt sich die Kolonne zur Reichsautobahn und nähert sich von Westen her dem Ort Meineweh. In der, in einem Hohlweg verlaufenden, Eisenberger Straße treffen Lt.Col. Davall's Männer auf eine Straßensperre. Gewehrfeuer schlägt ihnen entgegen.[116]

Die Offiziere des 68th Tk Bn. 3. von links vorne Lt.Col. Davall, 1. von rechts vorne Capt. Russell Foto: Archiv Koch, Berlin

Während das CT hält, erteilt Davall dem CO der Co. B, 68th Tk Bn, Capt. James R. Russell, den Befehl, den Ort zu umgehen und weiter vorzurücken. Russell's Panzer vollführen daraufhin einen Schwenk um Meineweh herum und rollen entlang der Reichsstraße 180 auf Döschwitz zu, um es zu sichern. In Sichtweite des Ortes halten die Panzer kurz an. Ohne Infanterieunterstützung ist das Risiko eines Panzerangriffs zu groß.

Inzwischen erfolgt der Angriff auf Meineweh mit der Co. C, verstärkt durch die unterstellten Panzerinfanteristen der Co. A, 50th AIB und die Sturmgeschütze des AG Plat., während die Nordflanke in Richtung Theißen durch Aufklärungskräfte gesichert wird. Ohne auf Widerstand zu treffen, wird der Ort und die Umgebung gesäubert.[117] Die Rohre der Panzer richten sich jetzt auf die gemeldete Flakstellung bei Droyßig. Im Tagebuch der Käthe Voigt aus Kretzschau heißt es: *„Mittags fing schon das Schießen auf die Flakstellung an, die seit ein paar Jahren an der Droyßiger Straße in der Nähe des Tonteichweges eingerichtet war, mit 12 Geschützen. ... Abendbrot gegessen und dann begann eine fürchterliche Kanonade; die amerikanischen Panzer standen hinter Döschwitz und beschossen von da über Kretzschau hinweg die Flakstellung, die das Feuer ununterbrochen erwiderte, was von 19 – 21 Uhr so ging.“*.[118]

In Döschwitz kommt die Co. C, 50th AIB, Capt. Russell zur Hilfe und der Ort wird besetzt. Kurz darauf ist Gladitz mit Unterstützung der Panzerinfanteristen und sieben Panzern genommen und bis 22.00 Uhr (B) sind beide Orte und die Umgebung gesichert.[119] Jetzt treffen auch die Infanteristen des 1./304 unter Führung von Lt.Col. John D. Lawlor ein, die die Kräfte des CT 68 in Döschwitz verstärken. Die „History of the 304th InfRgt“ berichtet: *“Als es dunkel wurde, verlangsamte sich die Fahrt der Kolonne zu einem Spaziergang. Voraus gab es Zeichen von Ärger. Die Panzer riefen in der Dämmerung die Infanterie für einen Auftrag nach vorne. Aufklärungskräfte gingen los, um Informationen zu bekommen. Der Himmel im Osten leuchtete rot und warnte, dass die führenden Panzer auf Widerstand getroffen waren.“*

Das RCT 304 unter dem Kommando von Col. Wallace A. Choquette, das sich am Vortag in der Reserve der Division befand, war am Morgen mit 80 LKW einer QM Co. des XX. US Corps motorisiert worden und hatte den Auftrag erhalten, der 6th US AD geschlossen zu folgen und umgangene Feindgruppen zu bekämpfen. Unterstützen sollen den Vormarsch die Panzer der Co. A, 749th Tk Bn unter Capt. Simmons, die Panzerjäger der Co. C, 691st TD Bn und die Artilleristen des 302nd FA Bn. Um 08.00 Uhr (B) verlässt das RCT seinen Versammlungsraum südlich von Straußfurt und marschiert, das 417th und 385th InfRgt weit hinter sich lassend, in zwei Kolonnen an der Linken der 76th US InfDiv in Richtung Weiße Elster. Den Vormarsch führt auf der Südroute das 1./304 an, das gefolgt vom 2./304 der Marschstrecke des CCA über Camburg nach Osterfeld folgt. Das 3./304 folgt auf der Nordroute dem CCB über die Saalebrücke in

Kleinheringen nach Osterfeld. Während die Infanteriebataillone von Osterfeld aus den Panzerkolonnen folgen, entfaltet dort im Verlauf des späten Abends die HQ Co. 304 den Regtl.CP. Die Cn Co. und die AT Co. 304 übernehmen mit Unterstützung des 2nd Plat. Co. A, 749th Tk Bn die Sicherung der Stadt und des Regtl.CP.

Bis 24.00 Uhr (B) besetzt das CT 68 auch Kretzschau und hält für die Nacht. Käthe Voigt berichtet: *„Im Dorfe zogen die Amis ein, ringsum sah man Brände. Die Flak'ser hatten die Hauptbaracke selbst angebrannt, um wichtige Papiere zu vernichten. Es brannte am Dorfeingange bei Herzens, in Droyßig eine Feldscheune, in Haynsburg, bei Naumanns in Döschwitz usw. Es war eine Nacht voller Schrecken, dabei herrlicher Frühlingsvollmond, Kirschen und Pflaumen standen in schönster Blüte.*"[120] Davall's Einheiten melden an diesem Tag 150 Kriegsgefangene.

Gegen Mitternacht erreicht die Hauptkolonne des CCR, die dem CT 68 über Osterfeld gefolgt ist und immer wieder durch umgangene deutsche Gruppen, aufgehalten wurde, Döschwitz. Der CP des CCR entfaltet im Ort und das CT 50 versammelt sich in der Umgebung.

Hinter ihnen treffen weitere Teile des 304th InfRgt der 76th US InfDiv im Raum Hollsteitz - Döschwitz – Kretzschau ein. Dem 1./304 folgend, erreicht das 2./304 mit dem Bn.HQ und den Co. F, G und H von Osterfeld aus Kretzschau, wo Lt.Col. Donald J. Richardson den Bn.CP errichten lässt. Auch der 1st Plat. Co. A, 749th Tk Bn, der dem 1./304 unterstellt ist, erreicht Kretzschau, nachdem er in Osterfeld zurück geblieben war, als das 1./304 zur Unterstützung des Angriffs des CCR auf Döschwitz nach vorne gerufen wurde. Die Panzer hätten den Vormarsch der Lastwagenkolonne zu sehr verlangsamt. Das 3./304 unter Lt.Col. Arnold T. Barber erreicht mit dem 3rd Plat. Co. A, 749th Tk Bn auf einer nördlich Marschstrecke vorgehend über Unterkaka und Hollsteitz um 24.00 Uhr (B) Döschwitz.

Die anderen RCT der 76th US InfDiv säubern das Gebiet hinter dem Rücken der 6th US AD von verbliebenem Widerstand. Das RCT 385 unter Col. Onto P. Bragan folgt der Route des CCA mit dem 2./385 (mot.) an der Linken und dem 1./385 an der Rechten. Dabei erreicht das 2./385 gegen 21.00 Uhr (B) mit den Hauptkräften den Raum Sieglitz - Molau - Schkölen während Spitzen bis in die Nähe von Unterkaka fahren. Das 1./385 hält im Raum Apolda. Das 3./385, welches dem 2nd Bn folgt erreicht 18.00 Uhr (B) Dornburg a.d. Saale. Das 417th InfRgt (1. u. 3./417 mot.) von Col. George E. Bruner folgt hinter dem RCT 304 bis in den Raum Lissen – Löbitz wo es hält. Die TF Levy, 3./417, wird motorisiert und bildet die Regtl.Res..

In der Nacht entsenden das CCR und das RCT 304 mehrere Patrouillen aus dem Raum Kretzschau - Döschwitz zur Aufklärung der Positionen der deutschen Verteidigung an den westlichen Stadträndern von Zeitz und zur Suche nach Übergängen über die Weiße Elster. Eine Patrouille des CT 68, die die Straßenbedingungen sowie den Zustand der Flussbrücke und der Bahnunterführung östlich von Grana erkunden soll, meldet beide Brücken intakt.[121] Der 1st Plat. Rcn Co., 603rd TD Bn wird zur Aufklärung möglicher Brückenübergänge südlich Zeitz ausgesandt und kehrt noch in der Nacht ohne Ergebnisse zurück.[122]

Die amerikanischen Truppen in den Ortschaften werden in der Nacht immer wieder von den Ortsrändern her beschossen, ohne das es zu Verlusten kommt. Es gelingt einige der, von den Amerikanern als „Heckenschützen“ bezeichneten, deutschen Soldaten gefangen zu nehmen.[123] Die Flakstellung an den Tonteichen bleibt vorerst unbehelligt.

Nördlich des Abschnittes des XX. US Corps der 3rd US Army trifft die 9th US AD des V. US Corps der 1st US Army, die weit hinter den Angriffsspitzen der 3rd US Army zurückgeblieben ist, an diesem Tag bei ihrem Vorstoß zur Saale mit den Verbänden des CCB im Norden und dem CCA im Zentrum des Angriffstreifens der Division bei Bad Lauchstädt und nordwestlich von Weißenfels auf das Abwehrfeuer der deutschen Flakbatterien und wird aufgehalten. Lediglich das auf der Südroute vorrückende CCR der Division kommt, nur durch zerstörte Brücken über die Saale und Unstrut im Raum Naumburg aufgehalten, weiter nach Osten voran.

Das CCB unter dem Kommando von Col. Harry W. Johnson erreicht fast ungehindert am Abend die Gegend von Schotterey, wo es durch schweres Abwehrfeuer deutscher Flakbatterien gestoppt wird. Nach der Einnahme von Schotterey ziehen sich die Kräfte auf Befehl von Maj.Gen. John W. Leonard, dem Kommandeur der 9th US AD, in den Raum Schafstädt zurück und sammeln sich für die Fortsetzung des Angriffs nach Süden, um einen Brückenkopf über die Saale nördlich von Weißenfels zu erobern. Kurz nach Mitternacht setzt das CCB den Angriff von Schafstädt aus Richtung Mücheln fort.

Das CCA unter Col. Thomas L. Harrold erreicht im Zentrum der 9th US AD angreifend, nach dem Übergang über die Unstrut bei Nebra mit den Spitzen gegen 18.30 Uhr den Nordwestrand von Weißenfels. Auf Grund starken Flakfeuers ziehen sich die Panzer aus der Stadt zurück, während sich die begleitende Infanterie vorsichtig in die Stadt vortastet. Am Abend ziehen sich alle Kräfte des CCA von der Stadt zurück und versammeln sich in der Nacht in der Umgebung von Pettstädt. Hier erreicht Col. Harrold der Befehl des CG der 9th US AD, am nächsten Tag Weißenfels über die Saale - Brücke nördlich von Naumburg zu umgehen.

Das CCR unter Lt.Col. Charlie Wesner beginnt am Morgen mit zwei Kolonnen den Angriff nach Osten. Die TF Deevers, 27th AIB, erreicht auf der Nordroute die Unstrutbrücke in Freyburg. Auf Grund gesprengter Brücken westlich von Naumburg schwenkt auch die südlich vorgehende Task Force Schantz, 2nd Tk Bn, unter Maj. Oliver W. Schantz, nach Norden auf Freyburg. Als erstes setzt die TF Deevers gegen Mittag in Freyburg über den Fluss, gefolgt von der TF Schantz und der nachfolgenden TF Shaughnessy des 3./273. In einem Bogen nach Süden erreicht die Spitze der Kolonnen gegen 12.45 Uhr (B) die Hennebrücke über die Saale nördlich von Naumburg. Die völlig überraschte deutsche Brückenwache, welche den Feind von Naumburg her erwartet, ergibt sich ohne Widerstand und die Panzer rollen ohne Störungen über die Saale. Ohne größeren Widerstand wird Naumburg von Norden her besetzt.

Zügig passiert die TF Schantz Naumburg. In Wethau finden die Aufklärer eine zur Sprengung vorbereitete Brücke. Ohne Probleme entschärfen die Pioniere einige Sprengpanzer und die Panzer rücken weiter über Stössen nach Teuchern vor, wo sie gegen 18.05 Uhr (B) eintreffen. Die Panzerinfanteristen der TF Deevers, 27th AIB, passieren mit einem kurzen Halt Naumburg und erreichen über Schönburg und Possenhain die Ortschaften Plennschütz, Plotha und Prittitz. Die Kolonne bewegt sich weiter Richtung Autobahn und auf Obernessa zu.

Nach der Besetzung von Naumburg und der Übergabe der Verantwortung an das nachfolgende RCT 272 der 69th US InfDiv folgt die TF Shaughnessy unter Führung von Lt.Col. Leo Shaughnessy dem CCR.

Die Spitzen des CCR erreichen auf ihren Vormarsch Obernessa und stellen dort um 16.30 Uhr (B) den Kontakt zum 86th CC der 6th US AD her. Als sich die amerikanischen Truppen Unternessa nähern, sprengen gegen 17.00 Uhr die Männer der 10. schweren Flugmelde-Leitkompanie der II./Ln.Rgt. 231 der 1. Jagddivision die Anlagen der Stellung „Wellensittich" bei Unternessa. Die Stellung, die aus einem Rundumsuchgerät „Jagdschloss", zwei Fernsuchgeräten

„Freya“ und einem „Würzburg“ - Messgerät östlicher der Autobahn sowie einem Fernsuchgerät „Wassermann“ westlich der Autobahn besteht, soll nicht in die Hände des Feindes fallen.[124]

Eine Task Force des 27th AIB des CCR wird nach Weißenfels entsandt, um die Überquerung der Saale durch das CCA in der Stadt zu unterstützen. Nachdem die Task Force in Weißenfels auf Widerstand trifft, zieht sie sich aus der Stadt zurück. Über Funk erfährt der Task Force Commander, dass inzwischen die Brücken in der Stadt gesprengt wurden und sich die Task Force bei Unternessa - Dippelsdorf mit dem CCR zu vereinigen soll.

Im Versammlungsraum Obernessa erhält am späten Nachmittag das CCR den Befehl der Division, noch am gleichen Tag den Angriff Richtung Osten wieder aufzunehmen. Die Kommandeure der Bataillone werden zusammengerufen und kehren kurz darauf mit dem Befehl zum Nachtangriff zu ihren Verbänden zurück.

Der, dem CCR unterstellte, Tp. B, 89th CavRcnSq setzt inzwischen seinen Aufklärungsauftrag fort und erreicht an der Südflanke des CCR, welche gleichzeitig die Armee-Trennungslinie bildet, mit dem unterstellten 2nd Plat. Tp. E, 89th CavRcnSq und dem 2nd Plat. Co. F, 89th CavRcnSq vorrückend um 18.30 Uhr (B) Trebnitz. Hier werden sie aufgehalten, denn vor ihnen bewegen sich zu diesem Zeitpunkt die Kolonnen der 6th US AD im Raum Theißen und nördlich von ihnen die Aufklärer des 86th CC. Um sich nicht noch mehr mit der 6th US AD zu vermischen und nicht den Kontakt zu den eigenen Truppen zu verlieren, halten die Aufklärer bis Mitternacht.

Nach einer Umgruppierung verlässt die TF Deevers, gefolgt von der TF Shaughnessy, um 21.30 Uhr (B) den Raum Obernessa und rückt auf der Nordroute des CCR vor, während die TF Schantz gefolgt vom HQ CCR um 22.20 Uhr (B) mit der Bewegung auf der Südroute beginnt. In der stockdunklen Nacht kommen die Kolonnen nur mühsam voran. Vorangehende Aufklärungskräfte haben Schwierigkeiten auf der Strecke zu bleiben und die Kolonne muss mehrmals halten. Dreimal geht in der Nacht der Kontakt zu den Vorhuten verloren.

Gemeinsam mit den Kräften des CCA und des CCR stoßen die Einheiten der 69th US InfDiv nach Osten vor. Die 69th US InfDiv beginnt den Vormarsch am Morgen mit dem RCT 271 an der Nord- und dem RCT 272 an der Südflanke, gefolgt vom RCT 273 in der Div.Res.. Die Infanteristen sollen den Panzern im

Mittelabschnitt und an der Südflanke des V. US Corps folgen, umgangene Widerstandsnester beseitigen und das besetzte Gebiet sichern.

Das RCT 271 unter Führung von Col. Henry B. Margeson soll, wie an den Tagen zuvor, den Panzern folgen. Unterstützung erhält das Regiment durch das 879th FA Bn. Das Ziel ist die Saale im Abschnitt Weißenfels. Das 1./271 überquert an der Nordflanke des RCT 271 die Unstrut bei Karsdorf und trifft am Nachmittag bei Leiha, westlich von Weißenfels, auf starkes Artilleriefeuer. Angriffe bleiben im deutschen Flakartilleriefeuer liegen. Nach einem Schwenk erreicht das Bataillon über Branderoda - Gröst gegen 18.30 Uhr (B) den westlichen Rand von Pettstädt, wo es für die Nacht hält. Das 2./271 unter dem Kommando von Lt.Col. Aloysius E. McCormick überquert die Unstrut bei Freyburg und erreicht am späten Nachmittag Weißenfels vor, wo sich Gefechte entwickeln, die bis in die Nacht anhalten. Das 3./271 folgt in der Reserve der Division bis in den Raum westlich von Weißenfels.

Südlich des Abschnittes des RCT 271 beginnt das RCT 272, das unter der Führung von Col. Walter D. Buie steht, mit zwei parallel vorgehenden Bataillonen im Rücken des CCR der 9th US AD mit dem Vormarsch in Richtung Naumburg. Das 1./272 soll auf der Nordroute zügig den Panzern des CCR folgen, während das 3./272 auf der Südroute entlang der rechten Flanke des V. US Corps vorrücken soll. Das 2./272 soll als Regtl.Res. dem 3./272 folgen.

Die Einheiten des RCT 272 besetzen Naumburg, nachdem das CCR seinen Vormarsch fortsetzt. Am Abend geht das 1./272 mit der Co. B, 777th Tk Bn nach Prittitz und verlegt noch in der Nacht über Teuchern nach Obernessa. Hier lässt der CO des 1st Bn, Lt.Col. Allen D. Raymond, Sicherungen an der Autobahn aufstellen, die in der Nacht mehrere deutsche Fahrzeuge stoppen, welche ohne es zu wissen hinter die feindlichen Linien geraten sind. Ein Fahrzeug, das die Posten übersieht, wird erst durch einige Kugeln zum Stehen gebracht. Während zwei Mann fliehen können, geraten zwei weitere, welche verwundet aus dem brennenden Fahrzeug kriechen, in Gefangenschaft.

Das 2./272 marschiert nach Mitternacht mit dem Regtl.CP von Naumburg aus über die Felder nach Prittitz, wo es sich versammelt. Das 3./272 trifft in der Nacht von Naumburg kommend in Wethau ein. Das RCT 273 folgt im Abstand.

Für die deutschen Truppen im mitteldeutschen Raum verschlechtert sich die Lage seit dem Beginn der amerikanischen Großoffensive am 10./11. April mit rasanter Geschwindigkeit. Der Angriff der amerikanischen Verbände reißt eine riesige Lücke in die ohnehin dünne, brüchige deutsche Abwehrfront zwischen Harz und Thüringer Wald. Während die Restkräfte der 11. Armee zu den Südharzrändern abgedrängt werden, fliehen die Reste der im Raum Erfurt - Weimar zersprengten 7. Armee vor den nachdrückenden amerikanischen Panzerverbänden nach Osten. Lediglich größere Wasserhindernisse, welche von der Wehrmachtsführung zu Verteidigungslinien erklärt wurden, und zerstörte Brücken bremsen den Vormarsch der Alliierten kurzzeitig.

Das XC. AK der 7. Armee wird durch den amerikanischen Angriff hinter die Weiße Elster zurückgedrückt, ohne dass es gelingt, eine Frontlinie aufzubauen. Mit ihnen weichen auch die Kräfte der Saale – Verteidigung aus, die in das XC. AK eingegliedert werden. Die Kräfte das Stellv. Gen.Kdo IV. AK des W.Kr. Dresden an der Weißen Elster zwischen Zeitz und Gera und an der Muldelinie vermischen sich mit den Verbänden der 7. Armee. Im Abschnitt der neu aufzustellenden 12. Armee geht die Formierung der neuen Verbände derweil auf Grund von fehlendem Treibstoff und Transportraum sowie Mangel an Waffen und Munition nur mühsam voran. Am Abend verläuft die Armeegrenze zwischen der 7. und 12. Armee nördlich von Weißenfels beginnend bis Zwenkau. Im Rücken der beiden Armee nähert sich von Osten her die Front der aus Schlesien zurückweichenden 4. PzA unter dem Oberbefehl von Gen. Fritz-Herbert Gräser der H.Gr. Mitte. Der OB West kann sich an diesem Tag mit seinem Befehlszug kurz vor Eintreffen der amerikanischen Truppen von Jena nach Hirschau i.d. Oberpfalz absetzen.

Für die rund 42 000 Menschen in Zeitz beginnt eine unruhige Nacht.[125] Seit dem Mittag haben sie in den zahlreichen, zu Luftschutzbunkern und -räumen ausgebauten unterirdischen Gewölben der Stadt Schutz gesucht. Diese Gewölbe, die im 15. bis 16. Jahrhundert entstanden waren, unterziehen auf rund neun Kilometer Länge die Stadt in bis zu 30 Meter Tiefe und wurden ursprünglich zur Bierlagerung genutzt.[126] Im Rahmen der kriegsvorbereitenden Luftschutzmaßnahmen wurden sie in den 30er Jahren mit Masse in Luftschutzräume umgewandelt und mit Beginn des Bombenkrieges durch polnische, französische und italienische Kriegsgefangene teilweise zu Bunkern ausgebaut und miteinander verbunden. So befanden sich unter anderem Eingänge zu Luftschutzbunkern in der Steintorvorstadt 1 und 3a und an der Geraer Straße/Ecke Carl-Benz-Straße.[127] Auf Grund der ständigen Fliegeralarme in den letzten Tagen verlassen die Bewohner diesen sicheren Schutz nur noch, um sich mit den nötigsten Lebensmitteln zu versorgen. Sie befürchten das Schlimmste, denn es machen Gerüchte die Runde, dass der Kampfkommandant von Zeitz die Stadt zur „Festung" erklärt hat und die Evakuierung der Stadt plane.[128] Heißt es doch im Führerbefehl Nr. 11 vom 8. März 1945: *„Die festen Plätze sollen die gleichen Aufgaben wie die früheren Festungen erfüllen. Sie haben zu verhindern, dass der Feind diese operativ entscheidenden Plätze in Besitz nimmt. Sie haben sich einschließen zu lassen und dadurch möglichst starke Feindkräfte zu binden. Sie haben dadurch mit die Voraussetzung für erfolgreiche Gegenoperationen zu schaffen."* [129]

Nur zu gut wissen die Menschen, was sie im Falle des Beschusse oder einer Bombardierung erwartet. Unvergessen sind die Bombenangriffe, die dem BRABAG Werk Tröglitz galten und dabei die Stadt und die Umgebung trafen. Wenn diese auch Ende März aufgehört haben, zur Ruhe sind die Zeitzer und ihre Nachbarn jedoch nicht gekommen.

Ab Anfang April werden die Kondensstreifen der Bomberverbände am Himmel über Zeitz durch die P-47 „Thunderbolt" und P-51 „Mustang" Jagdflugzeuge von Maj.Gen. Otto Weyland's XIX.TAC der 9th USAAF abgelöst. Diese greifen vor der Front der durch Mitteldeutschland vorrückenden 3rd US Army alle erkannten Truppenbewegungen, militärische Anlagen und Einrichtungen, Flugplätze und Verkehrswege sowie Versorgungseinrichtungen zwischen der Werra im Westen und der Mulde im Osten an. Dabei geraten auch immer wieder Zivilisten ins Fadenkreuz der Bordkanonen oder werden Opfer ihrer Bomben und Raketen. Der Krieg unterscheidet auch hier nicht zwischen Kombattanten und Nichtkombattanten. So trifft es militärische Kolonnen wie einzelne Bauern auf dem Feld gleichermaßen. Und um so näher die amerikanischen Truppen kommen, um so häufiger werden diese Angriffe.

Bei Osterfeld greifen Tiefflieger einen Flüchtlingstreck mit Fleckfieberkranken an.[130] Am 5. April fordert ein Tieffliegerangriff auf eine Fahrzeugkolonne bei Meineweh neben Verwundeten neun getötete Soldaten und Zivilisten. Zwei weitere erliegen später in Zeitz ihren Verwundungen. Die Toten werden auf dem Zeitzer Michaelisfriedhof beigesetzt.[131]

Am 10. April greifen amerikanische Jagdbomber die Bahnhöfe Molau und Schkölen an.[132] Am Nachmittag des 10. April kommt es bei einem Tieffliegerangriff auf die Zeitzer Bahnanlagen dann zur Katastrophe.[133] Zu diesem Zeitpunkt befinden sich im Bereich des Güterbahnhofs am Tiergarten mehrere Transportzüge. Unter ihnen befindet sich neben einem Militärtransportzug mit einem aus Berlin ausgelagerten höheren Stab und einem Transport jüdischer KZ-

Häftlinge auch ein Zug Kesselwagen mit Chlorgas. Als die Bomben einschlagen, versuchen sich die Zuginsassen verzweifelt in Schutz zu bringen. Doch sie kommen nicht weit. Unter den getroffenen Eisenbahnwaggons befinden sich auch die Kesselwagen mit dem Chlorgas.[134] Das tödliche Gas tritt aus und eine Wolke legt sich über das Bahngelände. Wer verwundet ist und nicht mehr laufen kann, hat keine Chance. Andere, denen die Flucht gelingt, erleiden Vergiftungen. Viele von ihnen sterben Tage später im Zeitzer Krankenhaus an den Folgen.[135] Schlimmer trifft es die KZ-Häftlinge, die in den Waggons eingesperrt sind. Als einige versuchen, aus getroffenen Waggons zu fliehen, werden sie von Offizieren des Militärtransporters beschossen.[136] Nur wenigen gelingt die Flucht, die meisten werden aufgegriffen. Bekannt geworden ist ein gelungener Fluchtversuch durch das Tagebuch der K. Voigt aus Kretzschau. Sie berichtet: *„Anderntags erfuhren wir, dass der Wachtmeister gegen Abend 2 Juden aufgegriffen hatte, die beim Bombardieren des Güterbahnhofs Zeitz aus einer Lore entkommen waren, und ins Gefängnis gesteckt hatte. Sie haben in der Nacht die Gitter durchgeknackt und gegen 3 Uhr sind sie entflohen."*[137]

Bildausschnitt einer Luftaufnahme des Zeitzer Güterbahnhofes nach dem Luftangriff
Foto: USAF Historical Research Agency

Die genauen Opferzahlen des Angriffs auf den Bahnhof sind nur schwer zu ermitteln. Das Sterberegister der Stadt Zeitz verzeichnet für den 10. April 16 Gefallene durch Fliegerangriffe, darunter acht Militärangehörige und Beamte. Vier dieser registrierten Toten liegen noch heute auf dem Gräberfeld für die Bombenopfer auf dem Michaelisfriedhof. Weitere 12 Grabsteine tragen die Namen von Bombenopfern, die nicht im Zeitzer Sterberegister stehen. Insgesamt verzeichnen die Bestattungsbücher des Michaelisfriedhofes am 12., 17. und 18. April 1945 102 Bestattungen, bei denen lediglich von 46 Toten die Namen bekannt sind. Die anderen 56 wurden als unbekannte Tote vom Güterbahnhof beerdigt. Da ein großer Anteil der, auf dem Michaelisfriedhof Bestatteten, Verwaltungsbeamte und Angestellte sowie Soldaten aus Berlin waren, handelt es sich wahrscheinlich hauptsächlich um Insassen des Militärtransportes. Somit dürfte sich die Anzahl der getöteten Soldaten und Zivilisten auf annähernd 100 belaufen.[138] Über getötete KZ-Häftlinge und ihren Verbleib liegen keinerlei Angaben vor.[139] Die Zeitzer Bahnanlagen sind somit zum zweiten Mal Ort von Tod und Verderben geworden. Bereits am 2. Dezember 1943 hatten bei einem Zugunglück 35 Menschen ihr Leben verloren und 123 wurden verwundet, als ein Fronturlauberzug auf einen stehenden Reisezug geprallt war.[140]

In der letzten Nacht vor dem Angriff liegt Zeitz unter vereinzeltem Beschuss der amerikanischen Artillerie.[141] Im Elstertal, südlich der Stadt, durchziehen die Bahnen der Leuchtspurgeschosse die Dunkelheit.[142] An mehreren Stellen beiderseits des Flusses lodern Brände und kennzeichnen den Verlauf der imaginären Frontlinie.

Die Ortschaften westlich von Zeitz gleichen zu diesem Zeitpunkt einem riesigen amerikanischen Heerlager. Und umgeben von all den Panzern, Panzerjägern, Sturmgeschützen, Schützenpanzern und Fahrzeugkolonnen warten die verbliebenen deutschen Flaksoldaten in ihren Stellungen bei Droyßig, Nonnewitz und Predel auf den nächsten Tag. Trotz der aussichtslosen Lage in Anbetracht des übermächtigen Feindes denken ihre Vorgesetzten nicht an Kapitulation. Doch an den Endsieg glaubt wohl kaum noch einer.

* * *

[1] In. „The Super Sixth“ beschreibt der Autor George F. Hofmann den bei seinen Männern sehr beliebten und charismatischen Lagrew. Den Spitznamen erhielt er nach einer Figur aus dem berühmten Roman „Onkel Tom's Hütte.

[2] G-2 Bericht 3rd US Army v. 12.04.45, 18.00 Uhr (B).

[3] Gem. G-2 Bericht der 3rd US Army gehen östlich von Utenbach am 14.04.45 Angehörige des Feldeisenb.Ers.Abt. Zeitz, der Feldeisenb.Ers.Abt. 10-2, 53-2, 12-3, 56-1 und 147-1 sowie der Feldeisenb.Marsch.Kp. 45 in amerikanische Gefangenschaft.

[4] Joachim Mundstock in „Osterfelder Kultur- und Heimatblatt Nr. 22“. Die Bahnstrecke wurde nach dem Krieg zwischen Camburg und Molau demontiert. Personenverkehr gab es bin in die 60er Jahre, dann wurde die Strecke bis Osterfeld verkürzt und im Jahr 2000 erfolgte die vollständige Stillegung.

[5] Gem. Mundstock.

[6] Mundstock schreibt „…wo verstreute deutsche Einheiten u.a. in den Wäldern Richtung Böhlitz lagen.“

[7] Gem. Mundstock.

[8] Ebenda.

[9] AAR 6th US AD.

[10] Ebenda.

[11] Aus „The Super Sixth“. Der genaue Name wurde der Datenbank der auf amerikanischen Soldatenfriedhöfen in Europa beerdigten Soldaten entnommen. Mundstock nennt in seinem Bericht vier getötete amerikanische Panzersoldaten. Der AAR des CCA nennt an diesem Tag aber nur einen Toten und einen Verwundeten beim 15th Tk Bn.

[12] Siehe Joachim Mundstock.

[13] Unterlagen der 9th US AD belegen, dass die amerikanischen Bodentruppen nicht oder kaum über die, vor ihnen liegenden, Flakstellungen unterrichtet waren, obwohl diese der Air Force längst bekannt waren. Das liegt im Wesentlichem darin begründet, dass auf Grund des schnellen Vorstoßes kaum Zeit für eine intensive Vorbereitung war und man nicht mehr mit stärkerem Widerstand rechnete.

[14] Die Flakstellung befand sich am Weg, der von Grana aus südlich an Näthern, vorbei an den Tonteichen zur Straße nach Droyßig führt. In verschiedenen Unterlagen wird immer wieder von mehreren Stellungen bei Droyßig, Döschwitz und am Weg zu den Granaschen Tonteichen gesprochen. Hierbei handelt es sich jedoch nur um diese eine Stellung mit zwei Batterien mit je 6 Geschützen. In der Stellung sollen sich außerdem Suchscheinwerfer und Radar befunden haben. In der Stellung waren ca. 100 Mann. Eine Horchgerätestellung (andere sprechen von Schweinwerfern) befand sich in der Nähe des Friedhofes Droyßig.

[15] US G-2 Unterlagen nennen die 3./s.Flak.Abt. 307 und die 2./Flak.Abt. 154 (auch Res.Flak.Abt. 154, März 45 mit 5 12,8cm Geschützen aus Stettin kommend) bei Droyßig. Das 2./304 der 76th US InfDiv erobert am 13.04. 12 12,8cm Geschütze und meldet Gefangene der 8./154 bei Droyßig. Der AAR des 304th InfRgt meldet die 8./154.

Da die 8./154 aus Stettin kam, während die 2./154 in Berlin war, handelt es sich mit hoher Wahrscheinlichkeit um die 8./154.

16 Zeitzeugenbericht des Flaksoldaten Kilian, Heiligenstadt über den Umbau einer Flakstellung bei Knapendorf/Merseburg zum Erdeinsatz. Dies kann als beispielgebend für andere Stellungen betrachtet werden.

17 Gem. Beitrag von R. Zabel in der MZ v. 07.04.95.

18 Einheiten, Verbände des Standortes Zeitz gem. Tessin. Gem. dem G-2 Bericht der 3rd US Army gingen Angehörige der Uffz.Schule und des Techn.Btl. im Raum Hassel - Droyßig – Kretzschau in Kriegsgefangenschaft.

19 Gem. Zabel befanden sich in Zeitz russische Freiwillige. Wahrscheinlich handelt es sich bei ihnen um Wachmannschaften von KZ - Arbeitskommandos oder Kriegsgefangene. Woher die Aussage zur 2. Fliegerdivision kommt, ist unklar, da diese bis 1939 in Dresden war und dann in Russland und Frankreich zum Einsatz kam. Letzter Standort des Stabes war 1944 der Flugplatz Giebelstadt bei Würzburg.

20 Gem. Zabel erfolgte eine Einweisung für die Panzerfaust unter anderem in den ersten Märztagen in der Schule am Steinsgraben. Der AAR des 749th Tk Bn meldet am 14.04.45, dass gemäß Befragungen im Zeitraum 03.-10.04.45 in Grana ca. 50-60 Hitlerjungen im Alter von 15 – 17 Jahren u.a. mit Panzerfäusten ausgebildet wurden.

21 Gem. dem G-2 Bericht der 3rd US Army gingen Angehörige dieser Einheiten im Raum Hassel - Droyßig – Kretzschau in Kriegsgefangenschaft.

22 Wer dieser Oberst Förster ist und woher er kam, ist unklar. Außer im AAR des 417th InfRgt der 76th US InfDiv und im o.g. Heft der Reihe „Tatsachenberichte" des Militärverlages der DDR wird dieser Oberst nicht genannt. Da das 417th InfRgt jedoch die namentliche Gefangennahme meldet, ist der Name richtig. Im Gegensatz zum Tatsachenheft des Militärverlages der DDR wird dieser Oberst aber nicht im Zusammenhang mit der Flak.Abt. 662 (im Heft wird er als Kommandeur des mot. Flak.Rgt. 662 [mot.] bezeichnet) genannt, sondern im Zusammenhang mit der Uffz.Schule. Auf Grund von Recherchen muss vermutet werden, dass es sich dabei um den Luftwaffen-Oberst Otto-Lutz Förster, Ritterkreuzträger, letzte bekannte Verwendung 1943 Lufttransportführer Luftflotte 4, Tazinskaja/Stalingrad, geb. 23.12.1894, verst. 07.07.79 in Coburg, handelt. Ein weiterer Oberst Förster, der in Frage kommt, konnte nicht ermittelt werden. Möglicherweise wurde Förster mit der Aufstellung und Führung der Uffz.Schule beauftragt oder kam mit ihr nach Zeitz, wo er als höchster Dienstgrad mit der Aufgabe des Kampfkommandanten beauftragt wurde. Häufig wurden zum Kriegsende Offiziere, die sich aus Alters- und Gesundheitsgründen oder weil sie in Ungnade gefallen waren, in der Führerreserve befanden, erneut aktiviert. Ein, über die Zugehörigkeit zur Luftwaffe hinausgehender, Zusammenhang zwischen Förster und der Flak.UGr. Zeitz kann bisher nur über den Bericht von Horst Wohlfahrth, Zeitz, hergestellt werden. Wohlfarth berichtet, dass er Anfang April 45 zur Flak.UGr. Zeitz in die Artillerie-Kaserne entsandt wurde und von dort nach Grana. Ob dieser Oberst Förster nur Kampfkommandant oder auch Standortältester Zeitz war, ist ebenfalls un-

klar. 1939 war Oberst Richard Metz, der Kommandeur der I./Art.Rgt. 84, Standortältester Zeitz. Seine Nachfolger sind nicht bekannt.

23 Gem. den Kindheitserinnerungen von Zabel lautete die Bezeichnung des Flaksenders „Schneewittchen". Dieser Name war ebenfalls der Titel eines Heftchens der Reihe „Tatsachenberichte" des Militärverlags der DDR, verfasst von R. Peschel im Jahr 1962, der sich mit Besetzung von Zeitz beschäftigte. In den Unterlagen des Militärarchivs und der Stadt Zeitz finden sich keine Hinweise auf die Authentizität des Namens und der dort geschilderten Vorgänge in Zeitz.

24 Die Anwesenheit der Napola - Schüler aus Naumburg und Schulpforte bestätigen sowohl dem Autor vorliegende Zeitzeugenberichte der Napola-Schüler, als auch verschiedene, weitere Quellen. So berichtet Mundstock im Droyßiger Heft Nr. 3 des Heimatvereins Droyßig vom Juli 1995 darüber. Auch Giesecke, Bad Kösen, nennt im Manuskript „Das Ende" zur N.P.E.A. Schulpforta den Einsatz der Naumburger Schüler.

25 Teile dieser Schilderung wurden bereits im Buch zur Besetzung von Naumburg dargestellt. Diese werden ergänzt durch damals noch nicht bekannte Schilderungen von beteiligten Zeitzeugen.

26 „Chronik der letzten Tage – Erinnerungen an die N.P.E.A. Naumburg" unveröffentlichtes Manuskript, mit freundlicher Genehmigung.

27 Gem. Becker.

28 Gem. Lothar Penndorf, Jungmann N.P.E.A. Naumburg, Jahrgang 1928, Gen.Maj. der NVA a.D. in seinem Artikel zu „100 Jahre Naumburger Kadette" im Burgenland Journal v. 25.03.00 und in seinem Beitrag zur Chronik der letzten Tage.

29 Gem. Petrauschke, N.P.E.A. Naumburg.

30 Der Verbleib des Jahrganges 1930 an den Schulen ist nur in Naumburg belegt, es ist aber davon auszugehen, dass Gleiches für Schulpforta galt.

31 Die Bezeichnung der N.P.E.A. im Bad Kösener Ortsteil Schulpforte lautete angelehnt an die alte Ortsbezeichnung N.P.E.A. Schulpforta.

32 Gem. Giesecke ist über deren Verbleib nichts bekannt. Wahrscheinlich wurden sie ebenfalls nach Hause geschickt. Im Sonderheft 12 der Zeitzer Heimat „Die Kriegsjahre 1939 – 1945 in Zeitz und Umgebung" von Rolf Zabel wird das Eintreffen der Napola-Schüler unter Führung zweier Offiziere am 8. April genannt. Wahrscheinlich handelt es sich bei der Gruppe, die am 8. April eintrifft, um die Jungmannen des Jahrgangs 1930 aus Schulpforta.

33 Gem. Penndorf wurden die Jungmannen des Jahrganges 1928 auf Führerbefehl in einem Lehrgang zusammengefasst, der vom 15.03. – 15.04.45 gehen sollte, um sie dann in die Wehrmacht zu überführen. Die Vereidigung erfolgte am 5. April.

34 Walter Becker „Erinnerungen an die Napola Naumburg", 2000, S. 93 ff. Becker spricht von 21 Mann, die als Panzervernichtungstrupp eingeteilt wurden, Penndorf schreibt von 4 Kommandos.

[35] Der Autor verwendet hier die, von den Zeitzeugen genannten, Bezeichnungen „Panzerspäher" und „Panzerknacker". Der militärische Sprachgebrauch lautet Panzervernichtungstrupp bzw. Panzerjagdkommando.

[36] Gem. Giesecke. Der Käppelberg wird auch als Köppelberg bezeichnet.

[37] Gem. Giesecke.

[38] Gem. Giesecke.

[39] Gem. Becker gingen Angehörige der N.P.E.A. Wartheland nach Kleinheringen (S. 103) und zum Buchenwäldchen bei Naumburg (S. 104).

[40] Brief Penndorf an den Autor v. 21.01.2009.

[41] Gem. Lothar Penndorf.

[42] Gem. Giesecke.

[43] Der Bau der Sperre war auf Grund der Bodenbeschaffenheit nicht möglich. Giesecke nennt den Abend als Zeitraum der Rückkehr.

[44] Gem. Giesecke.

[45] Gem. Penndorf. Die Vermutungen von Giesecke, dass der Jungmann von der N.P.E.A. Naumburg war, ist ebenso falsch wie die von Dr. Fichtner, der schreibt, dass er weder der N.P.E.A. Naumburg noch Schulpforta angehörte. Penndorf nennt Uihlein eindeutig als Angehörigen des Lehrgangs 1928 der N.P.E.A. Naumburg. Tönjes, der sich hinter Uihlein im Deckungsloch befand, erzählte Penndorf nach dem Krieg, dass die hörbare Explosion kein Panzerfaustabschuss war, sondern eine Panzerfaust getroffen wurde und diese explodierte. Demzufolge handelt es sich bei dem amerikanischen Kettenfahrzeug, dass nach der Besetzung von Bad Kösen an der Panzersperre am Straßenrand stand, um eine ausgefallenes Fahrzeug. Becker schreibt auf S. 99 seines Buches, dass Uihlein von MG-Feuer eines Beiwagenkrades getroffen wurde.

[46] Gem. Giesecke.

[47] Gem. Penndorf.

[48] Gem. Penndorf.

[49] Siehe Naumburg am 12.04.45. Der Befehl soll vom verantwortlichen General aus Naumburg gekommen sein. Somit kommt nur Gen.Maj. Scholz in Frage.

[50] Gem. Giesecke.

[51] Gem. Giesecke und Bericht Studienrat Göldner, Schulpforte.

[52] Gem. Petrauschke.

[53] Chronik der letzten Tage.

[54] Gem. Penndorf.

[55] Gem. Petrauschke.

[56] Gem. den Berichten der Jungmannen in der „Chronik der letzten Tage", handelte es sich bei den Karabinern um ausländische Beutegewehre, deutsche Karabiner 98k und Kleinkalibergewehre.

[57] Gem. „Chronik der letzten Tage".

[58] Gem. Petrauschke.

[59] Der „Werwolf" wird" am 28.10.44 erstmals bei einer Rede Himmlers vor Volkssturmleuten erwähnt. Er stand unter der Führung des „Reichs-Werwolfs", SS-Ogruf u.

Gen.d.Waffen-SS u. Polizei Hans-Adolf Pützmann. Pützmann war als Generalinspekteur der Spezialabwehr beim Reichsführer SS Kommandeur aller „Werwolf-Verbände".

60 Gem. Gerlach in „Chronik der letzten Tage". Der „Werwolf" hat jedoch nie die Bedeutung erlangt, die im angedichtet wurde. Es gab nur wenige erfolgreiche Aktionen, so die Ermordung des Aachener Oberbürgermeisters Franz Oppenhoff.

61 Das 1850 erbaute heutige Gymnasium war von 1938 - 1947 Mädchenoberschule und stand im April 1945 leer. Es wurde seit seiner Erbauung auch als Seminar, Pensionat, Lyzeum, Schule und Institut bezeichnet.

62 Gem. Konrad Biehl, Droyßig, in der MZ vom 05.04.95. Siehe Mundstock und Droyßiger Hefte Nr. 3.

63 Gem. Droyßiger Hefte Nr. 3 kamen die Evakuierten mit Masse aus Berlin und dem Rheinland.

64 Gem. dem Artikel von Erwin Kolla, Droyßig, in der MZ. Im gleichen Artikel wird von weißen Fahnen im Ort am 12.04. berichtet. Das ist Anbetracht der Gruppen von deutschen Soldaten im Droyßiger Wald, unter denen auch einige SS-Männer waren, eher unwahrscheinlich, kann aber nicht ausgeschlossen werden.

65 Ebenda. Der Beginn des Beschusses wird mit 14.30 Uhr angegeben. Die Napola-Schüler geben als spätesten Zeitpunkt ihres Eintreffens 15.00 Uhr an, berichten jedoch nicht von Beschuss des Ortes.

66 Bericht Ebrecht in „Chronik der letzten Tage".

67 Auch „Einsiedler" genannt.

68 Die G-2 Unterlagen der 3rd US Army melden POW der 3. Kp./Uffz.Schule Zeitz bei Hassel

69 Gem. Droyßiger Hefte Nr. 3 wurden die Soldaten der Flakeinheit in Droyßig infanteristisch eingesetzt. Wo sie ihre Stellungen hatten und ob überhaupt, ist nicht überliefert. Es kann sich bei der Einheit in Droyßig nur um die Stabsbatterie gehandelt haben, deren Soldaten dann zur Ortsverteidigung eingesetzt wurden. An der Baracke soll sich als taktisches Zeichen ein weißes dreiblättriges Kleeblatt befunden haben. Die Angaben zu dem Horchgerät stammen von Gottfried Grünzig, Erfurt, damals Droyßig. Andere Quellen sprechen von Schweinwerfern. In Droyßig befanden sich weitere Einrichtungen der Flakbatterie. So berichtet Günter Koschig, dass sich im 1. Stock der Gaststätte am Markt eine Werkstatt der Flak befand.

70 Gem. Petrauschke. Ob diese zu den Verteidigern gehörten oder dort ebenfalls nur rasteten, ist nicht bekannt. Bei der RPzB 54 „Panzerschreck" handelt es sich um eine reaktive Panzerbüchse zur Panzerbekämpfung.

71 Droyßiger Hefte, Heimatverein Droyßig, Heft Nr. 3 vom Juli 1995. Neben dem Droyßiger Volkssturm melden die G-2 Unterlagen der 3rd US Army Volksturm aus Flöha und das Volkssturm.Btl. 281, das im März in Leipzig aufgestellt wurde, bei Hassel. Zabel berichtet in der MZ v. 07.04.95 von der Inmarschsetzung des Zeitzer Volkssturms nach Droyßig und Weickelsdorf am 12. April.

72 Zeitzer Tageblatt v. 03.04.1945, Archiv Zabel.

[73] Droyßiger Hefte, Heimatverein Droyßig, Heft Nr. 3.

[74] Hassel gehört heute zu Droyßig.

[75] Gem. Koschig, Heimatverein Droyßig, war der berittene Gendarm Menger für Hasel und Droyßig zuständig.

[76] Gem. „The Super Sixth" und "History of the 212th AFA in ETO". Im Droyßiger Hefte, Heimatverein Droyßig, Heft Nr. 3 vom Juli 1995 wird auf S. 8 ein ausgebranntes amerikanisches Halbkettenfahrzeug am Ortsausgang Romsdorf genannt.

[77] Gem. Chronik der letzten Tage. Staudenhain ist die Bezeichnung für den westlichen Abschnitt des Droyßiger Waldes in der Umgebung des Einsiedlers.

[78] Gem. „Chronik der letzten Tage".

[79] In den Zeitzeugenberichten der Napola-Schüler wird von 30 Panzern gesprochen, wobei die Halbkettenfahrzeuge sehr wahrscheinlich als Panzer gewertet wurden. Die amerikanische Panzerkompanie verfügt über 3 Platoon mit je 5 Panzern und die HQ Co. mit 2 Panzern, die Panzerinfanteriekompanie über 3 Platoon mit je 5 Halbkettenfahrzeugen und der HQ Co. mit einem Halbkettenfahrzeug.

[80] Gem. „Chronik der letzten Tage" ging die Kugel durch die Stirne und hinten wieder raus. Im Bericht des Napola-Schülers Herbert Postel heißt es hingegen, dass die Kugel von hinten den Kopf traf. Ob es sich dabei um einen Querschläger oder die Kugel aus einem deutschen Gewehr gehandelt hat, ist unklar. Da sich die Kolonne seitlich an der Stellung vorbei bewegte, kommen beide Richtungen als Schussrichtungen in Frage.

[81] Aus „Chronik der letzten Tage".

[82] Aus dem Artikel von Andräs in der MZ v. 13.04.95, verfasst auf Grundlage von Informationen aus der Kirchenchronik von Haynsburg. Danach fuhren die Panzer den Berg hinunter nach Schkauditz und kehrten vor dem Abend aus dem Tal zurück.

[83] Gem. dem AAR CCA 6th US AD. Im Buch „The Super Sixth" wird diese Darstellung leicht verändert dargestellt, obwohl auch dort die Quelle der AAR ist. Die genaue Zeit des Eintreffens im Bereich der Brücke ist nicht bekannt. Im Buch wird von zunehmender Dunkelheit gesprochen. Der Sonnenuntergang war am 12.04.45 um 20:07 Uhr. Danach beginnt die halbstündige, sogenannte „bürgerliche Dämmerung", bevor es ganz dunkel wird.

[84] Gem. dem Tagebuch von Gerlach in „Chronik der letzten Tage".

[85] Becker S. 117.

[86] Gem. „Chronik der letzten Tage". Alle Namen sind bekannt. Die Aussage zur Turmspitze ist von G. Grünzig, Droyßig.

[87] Gem. „The Super Sixth".

[88] Bericht des Gen.d.Inf. Petersen, BA-MA.

[89] Mundstock schreibt „…in der elften Stunde", also 12.00 Uhr (B).

[90] Gem. „The Super Sixth" handelt es sich um das 212th AFA Bn, was aber nicht stimmt. Gemäß dem Combat Record ist das 274th AFA Bn an diesem Tag zur direkten Unterstützung des CT 9 abgestellt. In „The Super Sixth" wird von einem mit Panzerfaust abgeschossenen Beobachtungspanzer gesprochen, wofür es in der History des 274th AFA und den anderen AAR keine Hinweise gibt.

[91] Gem. Mundstock 14:00 Uhr deutscher Zeit.

[92] Ob es sich bei den deutschen Sicherungen um Soldaten, Volkssturm oder Napola-Schüler gehandelt hat, ist nicht bekannt. Aus den vorliegenden Berichten der Napola-Schüler geht nichts hervor, was auf die Anwesenheit von Napola-Schülern in diesem Abschnitt hinweist. Auszuschließen ist es aber nicht.

[93] Gem. Wolfgang Riedel, Melder beim HJ-Bannführer Zeitz, traf er bei Koßweda auf diese Gruppe. Sie berichteten, dass sie bei Koßweda auf amerikanische Panzer geschossen hätten. Bericht in MZ v. 22.04.95

[94] Bericht von Lore Hühnerkropf, Loitzschütz, in der MZ v. 22.04.95. Ob er zum Wehrertüchtigungslager gehörte oder beim Volkssturm war, ist nicht überliefert.

[95] Gem. Mundstock

[96] Im AAR als Me-109 bezeichnet. Die richtige Typenbezeichnung ist aber Bf-109. Da von einem Bombenangriff gesprochen wird, handelt es sich wahrscheinlich um die Version Bf-109 G oder K. Diese waren entweder mit 4 x 50kg Bomben, 1 x 250kg bzw. 1 x 500kg. oder aber mit 2 Raketen ausgerüstet.

[97] Gem. dem Zeitzeugenbericht von Karl Hutans, Rotterdam, N.Y. USA, damals wohnhaft in Teuchern.

[98] Gem. Karnstedt, Teuchern.

[99] Hutans spricht von 5 bis 6 Offizieren.

[100] Gem. Hutans.

[101] Gem. Reck, Hohenmölsen.

[102] "Lucky Forward - The History of Pattons's Third Army".

[103] Gem. Herling, Audigast, damals 13 Jahre alt.

[104] Schmidt nennt 14.00 Uhr.

[105] Erinnerungen v. Manfred Schmidt, Sohn des Bürgermeisters, damals Hitlerjunge. Naumburger Tageblatt v. 21.04.05 und Gespräche mit J. Möller 2006/2007

[106] Gem. Schmidt, siehe auch Mundstock.

[107] Gem. Mundstock. Die angegebenen Zeiten sind deutsche Zeit.

[108] Das Flak.Rgt. 120 Böhlen-Zeitz verfügte über die s.Flak.Abt. 525 (Eisb.), zu der insgesamt 4 Batterien (Eine Batterie entspricht einem Eisenbahnzug mit 4 Geschützen) und eine Stabsbatterie gehörte. Die Stabsbatterie befand sich in Zangenberg. Bei den Flakgeschützen handelt sich um 10,5 und 12,8cm Geschütze.

[109] Zeitungsartikel MZ, 19. und 29.04. 2000.

[110] In einigen Berichten wird von einer „PzDiv Zeitz“ gesprochen. Woher diese Bezeichnung wirklich kam, ist unklar. Siehe dazu auch Kapitel II.

[111] Zeitungsartikel MZ, 19.04. 2000.

[112] Unterlagen zu den Gefallenen in Theißen-Nonnewitz von Heinz Baum, Altenburg, damals Geschützführer der RAD-Bttr. 6./156, Archiv Möller.

[113] Die Ortschaften Queisau und Dobergast wurden nach 1945 ebenso wie Döbris, Pirkau, Mutschau, Köttichau, Steingrimma und Stöntzsch Opfer des Braunkohle-Tagebaugebietes Profen.

[114] Gem. „The Super Sixth“ von George F. Hofmann. Gemeint ist wahrscheinlich die Brücke östlich Greitschütz – die Trautzschener Brücke

[115] Gem. Mundstock im Osterfelder Kultur- und Heimatblatt 22.

[116] Edgar Reichel, 2009 Bürgermeister von Meineweh, damals Kind, berichtet davon, dass der Volkssturm eine Sperre im Hohlweg errichten sollte.

[117] Gem. Reichel kam es zu keiner Verteidigung. Dafür spricht, dass es im Ort zu keinen Zerstörungen kam.

[118] Festschrift 1000 Jahre Kretzschau 1004 – 2004. Mit freundlicher Genehmigung der Gemeinde Kretzschau.

[119] Die Co. C, 50th AIB, war nicht dem CT 68 unterstellt. Da das CT 50 erst nach Mitternacht in Kretzschau eintraf, liegt entweder eine Verwechselung mit der Co. A, 50th AIB, vor, die dem CT 68 unterstellt war oder aber die Co. C, 50th AIB erreichte als Vorhut des CT 50 bereits weit vor der Hauptkolonne des CT 50 Döschwitz. In der History des 68th Tk Bn wird geschrieben, dass mit Hilfe der Co. C, 50th AIB, die „Burg“ genommen wurde. Es heißt wörtlich „... had the burg well secured“ Da es das Wort „burg“ im Englischen nicht gibt, wurde wahrscheinlich eine deutsche Bezeichnung verwendet. Es kann sich hier nur um das Rittergut in Gladitz handeln, dass einen burgförmigen Doppelwall hat. Die ältere Annahme, dass es sich dabei um das Droyßiger Schloss gehandelt hat, konnte nicht bestätigt werden. Bei den 7 Panzern handelt es sich um 2 Panzer der HQ Co. und 5 Panzer eines Platoons.

[120] Tagebuch der Käthe Voigt. Am 11.04.45 schreibt sie, dass um 18.00 Uhr Panzeralarm ausgelöst wurde. Da einige Passagen des Tagbuchs im nachhinein geschrieben wurden, könnte hier eine Verwechselung vorliegen und es handelte sich um den 12.04.45

[121] Gem. “Unit History 68th Tk Bn”.

[122] Aus „Seek, Strike, Destroy – The History of the 1st Plat. Rcn Co., 603rd TD Bn, 6th AD”.

[123] Gem. Zeitzer Heimat, Sonderheft 16.

[124] Unterlagen des Stadtarchivs Greiz. Sammlung Zabel und Aussagen von Herrn Reck, Teuchern.

[125] 1939 lebten in Zeitz 36229 Einwohner, am 01.01.1945 41668 Einwohner, davon 2659 zivile Ausländer und Mai 1945 sind es 39581. Auf Grund der Einquartierung von Bewohnern aus bombengefährdeten Gebieten Deutschlands, Flüchtlingen aus den Ostgebieten des Reiches und ausländischen Zwangsarbeitern war die Anzahl der Einwohner trotz des Absinkens der männlichen Bevölkerung stark angestiegen.

[126] Spiegel Online, 06.02.2007, „Geschichten aus der Unterwelt“.

[127] Artikel von Klaus-Dieter Kunick in der MZ v. 06.07.96 und 11.07.96 sowie Eberhard Wirth, Denkmalschutz Stadtverwaltung Zeitz.

[128] Gem. Zabel in MZ v. 01.03.95. Die Aussage, dass Zeitz zur „Festung“ (auch „fester Platz“) erklärt wurde, ist nicht belegbar und ehr unwahrscheinlich. Der Grundgedanke zur Verteidigung von Zeitz entspricht jedoch im Wesentlichem dem Ziel der Errichtung von „festen Plätzen“ was die Verwendung des Begriffs „Festung“ zum besseren Verständnis rechtfertigt.

[129] Aus „Hitlers Weisungen für die Kriegsführung 1939 – 1945".

[130] Gem. dem Zeitzeugenbericht von Frau Gertraude Pöschl, Zeitz, in der MZ v. 22.04.95. Frau Pöschl war zu diesem Zeitpunkt im Krankenhaus Zeitz beschäftigt.

[131] Die Unterlagen des Michaelisfriedhofs Zeitz nennen neun Beerdigungen am 12. April und zwei am 19. April. Über die Anzahl der Verwundeten und die näheren Umstände des Angriffs ist bisher nichts bekannt. Der Bürgermeister von Meineweh, Edgar Reichel, damals noch Kind, erinnert sich in einem Gespräch mit dem Autor am 30.09.2008 an brennende Fahrzeuge auf der Zeitzer Straße.

[132] Gem. Zabel, Zeitzer Heimat, Sonderheft Nr. 16.

[133] Ebenda schreibt Zabel, das der Angriff auf den Güterbahnhof am 12.04.45 erfolgte. Zabel stützt sich dabei wahrscheinlich auf den Artikel von Günter Braunert in der MZ v. 15.06.95, der sich auf das Tagebuch des Betriebsführers der Lackfabrik Hugo Lenssen, Gustav Lenssen, bezieht. Lenssen nennt einen Angriff am 12.04.45, der zu Zerstörungen im Bereich des dortigen Firmenlagers führte. Noch am 01.03.95, also vor der Veröffentlichung des Tagebuches, hatte Zabel in der MZ nur über den Angriff und seine Folgen berichtet, aber kein Datum genannt. Die Unterlagen des Michaelisfriedhofs Zeitz sowie des Standesamtes Zeitz sind jedoch eindeutig und nennen den 10.04.45.

[134] Zabel nennt in „The brief American Occupation of parts of East Germany" von Ulrich Koch ca. 500 Güterwaggons, 100 Eisenbahnwaggons, Loks und Plattenwagen.

[135] Gem. dem Zeitzeugenbericht von Frau Gertraude Pöschl, Zeitz, in der MZ v. 22.04.95. Siehe auch R. Zabel in MZ v. 01.03.95.

[136] Ebenda.

[137] „Festschrift 1000 Jahre Kretzschau", Tagebuch der Frau K. Voigt.

[138] Angaben gem. den Unterlagen des Michaelisfriedhofs Zeitz. Diese nennen neben bekannten Angaben zur Person nur den Tag der Beerdigung und im Einzelfall Informationen zur Todesursache und Todestag.

[139] In einem Bericht zur Geschichte der Eisenbahnstrecke Zeitz – Camburg, veröffentlicht in der „Festschrift 1000 Jahre Kretzschau", heißt es, dass nach Augenzeugenberichten am 10.04.45 ein letzter Evakuierungstransport des KZ Buchenwald nach Zeitz gerollt ist. Dann wurde die Strecke durch Sprengung der Eisenbahnbrücke bei Tümling/Camburg unterbrochen. Möglicherweise handelte es sich um den Transport, der in Zeitz bombardiert wurde.

[140] Zeitzer Heimat, Sonderheft Nr. 16

[141] Gem. R. Zabel, Zeitz auf den Webseiten von U. Koch, Berlin

[142] Artikel Andräs: „Und dann kam die Auskunft: ‚nee, nee das sind sie!'", MZ v. 13.04.95

IV. Der Angriff auf Zeitz und der Übergang über die Weiße Elster am 13. April

Geheime Tagesberichte der Deutschen Wehrmachtsführung vom 13. April 1945:

11. Armee:
Aus dem Raum Weißenfels stieß der Gegner im Angriff auf Leipzig nach NO entlang der Autobahn bis Alt-Ranstädt und Markranstädt vor.

H.Gr. G, 7.Armee, XC. AK:
In Naumburg sind Kämpfe im Gange. Aus Pegau drang der Gegner nach NO bis Markkleeberg, nach O über Groitzsch bis Droßdorf und nach SO bis Lucka vor. Zeitz wurde vom Gegner, der weiter nach O vorstieß genommen. Im weiteren Angriff nach O drang der Gegner bis S Altenburg und entlang der Autobahn nach Einnahme von Gößnitz und Waldenburg bis N Hohenstein-Ernstthal vor.

Am **Freitag,** dem **13. April 1945**, setzt die 6th US AD und 76th US InfDiv die am Vortag begonnene Operation zur Überquerung der Weißen Elster und zur Einnahme von Zeitz fort. Ziel des XX. US Corps ist es nach wie vor, den Fluss schnellstmöglich mit den Panzerverbänden zu überwinden und mit ihnen nach Osten vorzustoßen, während die Infanterie die zurückbleibenden Widerstandsnester beseitigt. Nur eins ist an diesem Tag neu. Nach Tagen des „freien Laufens" hatte General Omar Bradley am Vortag seinen Armeeoberbefehlshabern befohlen, den Angriff nach Osten entlang der Elbe und Mulde einzustellen. Begründet hat er diesen Befehl mit Versorgungsproblemen. Doch die Wahrheit ist, dass für Eisenhower Berlin nicht mehr das Ziel ist, und das keine Notwendigkeit gibt, den Angriff weiter fortzusetzen und eigenes Blut zu vergießen. Die Wehrmacht ist für die Westalliierten keine Gefahr mehr und die Grenzen der Alliierten sind in den internationalen Vereinbarungen klar definiert. Patton, seinem stürmischsten General, stellt er damit ruhig, indem er ihm einen neuen Auftrag in Aussicht stellt.[1] Doch erst gilt es die Mulde zu erreichen.

Das nördlich von Zeitz im Abschnitt der 1st US Army stehende CCB der 6th US AD beginnt im Raum Pegau - Groitzsch in der Morgendämmerung mit den Vorbereitungen zum Angriff in Richtung der eigenen Divisionszone. Gegen 11.00 Uhr schießen Artillerie und Panzer eine Feuervorbereitung, dann beginnt der Angriff.

Lt.Col. Brown's Panzerinfanteristen des 44th AIB verlassen den Versammlungsraum östlich von Pegau und rücken über Pegau und Audigast - Schnaudertrebnitz auf Groitzsch vor. Um 12.00 Uhr treffen die amerikanischen Einheiten vor Groitzsch auf Sperrfeuer der südlich der Stadt befindlichen deutschen Flakbatterien. Der Vormarsch kommt vor der Stadt zum stocken. Am Nachmittag dringen abgesessene Panzerinfanteristen vorsichtig in die Stadt vor, in der weiße Fahnen wehen. Deutsche Flakgranaten schlagen in der Stadt ein, die bisher von den Amerikanern weitestgehend verschont wurde. Drei Einwohner sterben durch die eigenen Granaten.[2] Erst als die Flakstellung von Süden her niedergekämpft ist, besetzt das CT 44 ohne weiteren Widerstand die Stadt vollständig. Die Panzerinfanteristen des CT 44 beziehen für die Nacht Quartier in der Stadt. Gemeinsam mit den Männern der TF Shaughnessy zerstören die Pioniere des, dem CT 44 zugeteilten, 3rd Plat, Co. A, 25th Armd Engr Bn, in der eroberten Stellung 22 Flakgeschütze.

Die Aufklärer des 86th CC der 6th US AD, die den Schutz der Nordflanke des Corps fortsetzen, sichern während des Tages die Elsterbrücke bei Pegau und die Stadt. Aufklärungspatrouillen tasten sich im Tagsverlauf über Audigast nach Kobschütz vor und werden nach kurzem Feuergefecht durch deutsche Sicherungen abgewiesen.

Das CT 69 des CCB der 6th US AD hat im Gegensatz zum CT 44 bereits am Morgen mit Unterstützung des 1st Plat. Co. A, 25th Armd Engr Bn und des 231st AFA Bn aus dem Brückenkopf an der Trautzschener Brücke den Angriff begonnen. Ohne unter Beschuss zu geraten, rollen die Panzer durch das weißbeflaggte Gatzen und Löbnitz-Bennewitz nach Südosten. Über Methewitz fahren die Panzer nach Käferhain, wo sie erstmals auf Widerstand treffen. Im Verlauf des nachfolgenden Feuergefechtes kommt es im Ort zu schweren Zerstörungen und ein Mann und ein Kind sterben, vier Frauen werden schwer verletzt. Es müssen ihnen Arme bzw. Beine amputiert werden.[3] In Käferhain schwenkt die Kolonne südwärts nach Zschagast und um 13.00 Uhr nähern sich die Panzer der Bahnstrecke Meuselwitz – Groitzsch, westlich von Lucka. Einige Volkssturmmänner, die an der Zeitzer Straße mit einer Panzerfaust Posten bezogen haben, fliehen. Der Volkssturm löst sich auf. Kurz darauf übergibt der Bürgermeister die Stadt kampflos. Während Teile des CT 69 die Stadt besetzen, rücken Vorauskräfte weiter nach Südosten vor und erreichen Hagenest, wo sie für die Nacht anhalten.

Eine Panzergruppe der rechten Flankensicherung erreicht den Ort Falkenhain, nachdem sie eine verlassene Flakstellung der s.Flak.Abt. 307 (o) an der Straße

Maltitz – Frankenhain im Bereich des Weinbergs passiert hat. Von der dortigen Doppelbatterie war die 5./s.Flak.Abt. 432 unter Führung des Batteriechefs, Hptm. Buck, bereits im Februar an die Ostfront in den Raum Ruhland - Lauchhammer - Senftenberg verlegt worden.[4] Die Männer der zweiten Batterie, der 1./707, hatten bei der Annährung der amerikanischen Truppen die Stellung verlassen. Auch der Volksturm flieht. Nachdem ein Panzer einen Warnschuss auf den Ort abgefeuert, der ein Loch in den Giebel eines Hauses schlägt, wehen weiße Fahnen in Falkenhain. Die Panzer fahren in den Ort. Auf Grund zu schwacher Brücken über den 30 Meter breiten und 10 Meter tiefen Einschnitt der Bergbau-Großraumbahn des Werkes „Phönix“ machen sie jedoch wieder kehrt und schließen sich im Raum Lucka den Hauptkräften an. Die Bevölkerung nutzt die Gelegenheit und plündert die Flakstellung. Falkenhain wird wie viele Dörfer östlich von Zeitz erst Tage später, am frühen Nachmittag des 21. April, endgültig aus Richtung Busendorf besetzt.[5] Das CCB versammelt sich im Raum Lucka, um auf das CT 44 zu warten und den Angriff am nächsten Tag fortzusetzen. Col. Harry F. Manson lässt den CP des CCB in Lucka entfalten.

Panzer und Infanterie der 6th US AD greift ein Dorf südlich von Zeitz an.
Foto: National Achive

Südlich von Zeitz setzt am Morgen des 13. April 1945 das CCA der 6th US AD mit Unterstützung des 212th AFA Bn den Angriff fort. Das CT 15 formiert sich am frühen Morgen in seinem Versammlungsraum bei Weißenborn und beginnt den Vormarsch mit einer starken Task Force aus Panzern und Panzerinfanterie voraus. Diese soll die Elsterbrücke am Bahnhof Haynsburg sichern und bis zum Eintreffen der Hauptkräfte halten. Auf der gleichen Route wie am Vortag rollen die Panzer durch den Droyßiger Wald. Diesmal treffen sie hier auf keinen Widerstand. Die letzten Napola-Schüler, die die Nacht im Wald verbracht hatten, haben sich noch in der Dunkelheit des anbrechenden Tages hinter die Weiße Elster abgesetzt.[6]

Die Haynsburg in den 60er Jahren Ansichtskarte: Sammlung Möller

Zwischen 10.00 und 11.00 Uhr meldet der Beobachtungsposten auf dem Bergfried der Haynsburg aus Richtung Droyßig etwa 20 Panzer mit aufgesessener Infanterie.[7] Ab jetzt beginnen für den gleichnamigen Ort Stunden, die deren Einwohner nicht so schnell vergessen werden. Haynsburg wird für kurze Zeit zum Zentrum des Widerstandes südlich von Zeitz. Die Burg, deren Ursprünge bis in das Jahr 1185 zurückreichen, war einst *„das stärkste Bollwerk im Bistum Zeitz-Naumburg" und diente „dem Schutz der drei Höhenstraßen, die an der Burg vorbeiführen"*.[8] Nun soll Haynsburg erneut ein Bollwerk gegen die anrückenden Feinde sein. Doch auch wenn der Zeitzer Oberlehrer, Prof. Brinkmann, im Jahr 1895/96 in seinem Werk *"Über Burganlagen bei Zeitz"* über den alten Bergfried schrieb: *„... Eine kleine Besatzung konnte sich hier... so lange halten, bis Entsatz herankam... Der Haynsburger Bergfried ist nun ein Werk, das den Waffen der dama-*

ligen Zeit, auch den furchtbarsten, unbedingt Trotz bieten konnte", im April 1945 sieht die Welt anders aus.

In Haynsburg hat sich seit dem Vortag ein Konglomerat aus Wehrmacht, Volkssturm und Hitlerjugend unter Führung eines Kampfkommandanten, eines Majors der Wehrmacht, versammelt. Kern dieser Truppe bildet ein Lehrgang Fähnriche, der sich im Schloss einquartiert hat.[9] Hinzu kommen versprengte Soldaten und Volkssturmmänner, die bei Schkauditz und Dietendorf Sperren bauen und Sicherungsposten bezogen haben. Die Masse des bisher im Ort befindlichen Stabes der s.Flak.Abt. 307 hat sich zu diesem Zeitpunkt bereits Richtung Bergisdorf abgesetzt.[10] Die in der Umgebung befindlichen Flakscheinwerfer hatte man zuvor durch Einschlagen der Scheiben unbrauchbar gemacht. Ihre Bedienungen, Arbeitsmaiden des RAD, wurden Tage zuvor nach Hause entlassen.[11] Gegen 22.00 Uhr des 12. April war die Schar der Verteidiger durch eine Gruppe Hitlerjungen aus dem Wehrertüchtigungslager Breitenbach verstärkt worden. Diese hatte sich nach einer Schießerei mit amerikanischen Panzern bei Koßweda befehlsgemäß durch den Zeitzer Forst nach Haynsburg zurückgezogen und die Nacht im Haynsburger Kuhstall verbracht. Ein Spähtrupp aus zwei Jugendlichen und einem Unteroffizier fühlt in der Nacht über Goßra Richtung Koßweda vor, bricht jedoch bei Katersdobersdorf die Erkundung ab und kehrt gegen 02.00 Uhr nach Haynsburg zurück.[12] In der Nacht verschlägt es auch einige der Napola-Schüler aus Naumburg auf ihrer Flucht nach Haynsburg. Im Saal des Gasthauses, wo sich der Gefechtsstand des Kampfkommandanten befindet, übernachten sie zwischen Soldaten und französischen Zwangsarbeitern, bevor sie am Morgen weiterziehen.[13] Am Morgen das 13. April lässt der Kampfkommandant Eiserne Rationen verteilen. Die Hitlerjungen aus dem Lager Breitenbach erhalten die martialische Bezeichnung „HJ - Panzervernichtungstrupp“ und beziehen gemeinsam mit den Fähnrichen und Soldaten entlang des Dorfrandes zwischen Teich und Weinberg Stellung Richtung Elstertal.[14] Ein Panzervernichtungstrupp aus einem Dutzend Jugendlichen und einem Unteroffizier wird zum Panzerjagdeinsatz Richtung Koßweda ausgesandt und marschiert über Goßra nach Breitenbach.[15] Der Haynsburger Volkssturm, der sich zu diesem Zeitpunkt noch beim Sperrenbau befindet, kommt erst am nächsten Tag zurück und entgeht so dem kommenden Unheil.[16]

Als sich die Panzer des CT 15 aus dem Droyßiger Wald schieben und auf Schkauditz zurollen, fallen erste Schüsse. Deutsche Sicherungen, die nach dem Rückzug der amerikanischen Task Force am Vortag wieder nachgerückt waren und bei Schkauditz Stellung bezogen hatten, haben das Feuer eröffnet. Ein Zeitzeuge aus Haynsburg schreibt: *„“Ich kletterte zum Dachfenster heraus und sah, wie sich die Stahlklumpen langsam, ganz träge und behäbig zum Droyßiger Wald herausschoben. Vorsichtig tastend, einer hinter dem anderen, vierzig Stück kamen aus dem gegenüberliegenden Grün. Als sie alle heraus waren, schlossen sie sich zu einem lockeren Verband zusammen, dann wälzten sie im langsamen Tempo über die junge Saat ins Tal hinab. Plötzlich ein Knall und Aufblitzen! War er getroffen? Nein, es war ein Schuss von ihm. Dann nur Geplänkel, denn die deutschen Soldaten und Volkssturmleute setzten sich vom Feinde ab. Sie zogen sich durchs Elstertal nach Haynsburg zurück...“*[17]

Nachdem die Kolonne Schkauditz passiert hat, behindern erneut die zerstörte Straßenbrücke über den Floßgraben und die gesprengte Eisenbahnbrücke zwischen Schkauditz und Bahnhof Haynsburg den Vormarsch. Nach kurzer Aufklärung durch Capt. Wolfe von der Co. B, 25th Armd Engr Bn überbrücken die Pioniere des 1st Plat. zuerst mit einem Element einer Treadway-Brücke den Floßgraben und räumen dann die Reste der Eisenbahnbrücke von der Straße.[18] Jetzt nähern sich die Panzer vorsichtig der Elsterbrücke am Bahnhof Haynsburg, während Artilleriebeobachtungsflugzeuge über dem Elstertal kreisen um mit dem Feuer der Artillerie den Vormarsch zu decken.[19]

Die Brücke ist zwar mit acht Bomben an den Brückenpfeilern zur Sprengung vorbereitet, aber noch intakt. Nach überlieferten Berichten sollen deutsche Soldaten und Zivilisten aus Haysnburg die Sprengung verhindert haben, indem sie die Zündschnüre durchtrennten.[20] Nachdem ihnen die Brücke um 13.45 Uhr (B) unzerstört in die Hände gefallen ist, rollen die Panzer langsam nach Haynsburg und Raba.

In Haynsburg herrscht hektisches Treiben, nachdem sich gegen 14.00 Uhr auch von Südwesten her eine amerikanische Kolonne dem Ort nähert. Doch ohne einen Schuss abzugeben, fährt diese am Teich vorbei nach Goßra. *„Kein Schuss. Ich glaubte, nun sind sie da und wir haben Ruhe, der Krieg ist aus! Aber nein, es sollte doch noch anders kommen, denn diese amerikanische Einheit war durchgefahren und war nicht wieder zu sehen.“* schreibt ein Zeitzeuge in seinem Bericht.[21]

Was ist geschehen? Bei Haynsburg kommt es an diesem Tag wie überall entlang der Trennungslinien der vorrückenden amerikanischen Truppen zu Überschneidungen der Vormarschstrecken. In diesem Fall sind es Flankenkräfte von Maj.Gen. William M. Hoge's 4th US AD des XX. US Corps, die parallel zur 6th US AD vorrücken und bei Haynsburg deren Abschnitt durchqueren. Es sind die

Aufklärer der Co. D, 25th CavRcnSq und die Panzerjäger der Co. C, 704th TD Bn des CCB der 4th US AD.

Die Brücke in Krossen Foto: Möller, 2009

Das CCB der 4th US AD unter dem Kommando von Lt.Col. Creighton W. Abrams hatte um 06.30 Uhr (B) mit drei Kolonnen aus den Brückenköpfen über die Saale den Vormarsch begonnen und die Weiße Elster gegen 11.05 Uhr (B) erreicht, nachdem sich das Command bei Etzdorf vereinigt hatte. Die Aufklärer der Co. D, 25th CavRcnSq sichern die Elsterbrücke in Krossen.

Dank des Krossener Gärtnermeisters Hamel, der die Zündschnüre durchschnitten haben soll, war die zur Sprengung vorbereitete Brücke unversehrt geblieben.[22] Auch die Elsterbrücke zwischen dem Bahnhof Krossen und Tauchlitz wird gesichert.[23] Dann beginnt das CCB unverzüglich mit der Überquerung des Flusses, um den Vormarsch zur Zwickauer Mulde fortzusetzen.[24] Der Plan sieht vor, dass die Nordkolonne mit der Co. D, 25th CavRcnSq und der Co. C, 704th TD Bn entlang der generellen Linie Krossen, Goßra, Droßdorf, Kayna, Dölzig vorgehen soll, während die Zentrumskolonne mit der Co. A, 37th Tk Bn und die Co. C, 10th AIB unter Führung von Capt. Hays von Nickelsdorf aus durch den Zeitzer Forst nach Schellbach und weiter über Wittgendorf, Bröckau, Mehna vorrückt. Die Südkolonne mit den Hauptkräften des CCA soll den Zeitzer Forst südlich über Silbitz, Heuckewalde umfahren. Bei Romschütz sollen sie sich die Marschkolonnen erneut vereinigen und durch Burkersdorf zur Zwickauer Mulde bei Wolkenburg stoßen um einen Brückenkopf erobern. Doch auch hier zwingen die äußeren Umstände die Kommandeure dazu, ihre Pläne immer wieder zu ändern.

Die Nordkolonne, die gleichzeitig die Nordflanke des CCB und der 4th US AD deckt, verlässt Krossen und fährt nordostwärts über Koßweda, das am Morgen vom CT 9, 6th US AD, geräumt wurde, nach Dietendorf. Über Katersdobersdorf, wo am Vortag der Gefechtsstand des deutschen XC. AK im dortigen Kinderheim ein vorübergehendes Quartier bezogen hatte, erreichen sie Haynsburg.[25]

Haynsburg im wahrsten Sinne des Wortes „links liegen lassend", rollen sie ohne Behinderungen weiter durch Goßra und erst vor Breitenbach kommt es zum Halt.

Im dortigen Wehrertüchtigungslager, unmittelbar neben dem Gasthof „Fröhlich", war kurz zuvor der nach Koßweda entsandte HJ-Panzervernichtungstrupp aus Haynsburg eingetroffen. Gerade als die Jungen dabei sind, sich in der Küche des Lagers zu versorgen, erscheinen aus Richtung des Wasserturms an der Straße nach Katersdobersdorf zwei amerikanische Panzer. Der Truppführer, ein Unteroffizier, befiehlt den Rückzug in den Wald. Jedoch nicht, ohne zuvor drei Mann zur Panzerbekämpfung einzuteilen. Sie sollen mit Panzerfäusten die beiden Panzer am Ortseingang zerstören. Hinter der Küchenbaracke gehen sie in Stellung. Doch die Panzer, die zur Seitensicherung der Nordkolonne gehören, erkennen die Gefahr und stoppen 150 Meter vor dem Ort. Aufgesessene Soldaten springen ab und eröffnen sofort das Feuer. Einer der Jungen schreibt später: *„Wir hatten in diesem Augenblick nur einen Gedanken, uns vor den Geschossgarben in Sicherheit zu bringen. In unserer Panik flüchteten wir im Schutz der Küchenbaracke, von den Soldaten nicht einzusehen, in den Keller des Gasthofes – die Panzerfaust hatten wir in den Hausflur gestellt – und rechneten nun voller Angst und Schrecken mit unserer Gefangennahme."*[26]

Doch nichts passiert. Einwohner gehen in Begleitung einiger Zwangsarbeiter mit einer weißen Fahne den Amerikanern entgegen, die daraufhin das Feuer einstellen. Jetzt rollt die Kolonne nach Breitenbach hinein. Die drei Jungen, die mittlerweile ihre halbmilitärischen Uniformen gegen Zivilsachen des Wirtes eingetauscht haben, stehen am Straßenrand und schauen unbehelligt zu, wie die Kolonne ohne weiteren Halt weiterfährt.[27]

In Frauenhain, dass in der Nacht von einer durchziehenden Wehrmachteinheit geräumt wurde, sichtet man am Nachmittag amerikanische Panzer auf der Geraer Landstraße. Auch hier rollen sie, ohne sich um den Ort zu kümmern, vorbei. Zwei Wehrmachtsfahrzeuge, die am Mittag in der Nachbarschaft, bei Röden, durch Tiefflieger in Brand geschossen wurden, sind an diesem Tag die einzigen Zeugnisse des Krieges.[28]

Die Zentrumskolonne bewegt sich von Nickelsdorf aus quer durch den Zeitzer Forst über den Stern nach Lonzig. Letzte Reste von Volkssturm und Wehrmacht verstecken sich in den Wäldern und lassen die Kolonne ungehindert vorbeiziehen. Noch Tage danach tauchen immer wieder kleinere Gruppen Soldaten und SS in den umliegenden Dörfern des Zeitzer Forstes auf und bitten um Verpflegung und Zivilbekleidung, bevor sie an den amerikanischen Posten vorbei ihre Flucht fortsetzen.[29] Als die ersten Panzer gegen Mittag aus dem Wald auf Lonzig zurollen, heulen in den umliegenden Dörfern die Sirenen.[30] Ohne Widerstand wird Lonzig besetzt. Dennoch kommt ein Soldat aus Bayern ums Leben. Er findet seine letzte Ruhe am Kriegerdenkmal. Eine Scheune brennt ab.[31]

Die Südkolonne hingegen wird bereits kurz nach der Überquerung der Weißen Elster zum Kurswechsel gezwungen. Auf dem Weg nach Silbitz bricht der Führungspanzer durch eine zu schwache Brücke über einen Kanal.[32] Die gesamte Kolonne macht daraufhin kehrt und folgt der Zentrumskolonne von Tauchlitz aus über den Stern durch den Zeitzer Forst bis Lonzig, wo sie nach Süden auf Aga schwenkt, um auf die ursprüngliche Route zurückzukehren.

Die Scheinwerferstellung der Flak am Ortsausgang Großaga – Abzweig alter Lessener Weg, die in enger Verbindung mit der Flakstellung bei Kuhnsdorf stand, ist verlassen.[33] Die Bedienungen der insgesamt drei Scheinwerfer, 20 Flakhelferinnen, haben bereits am 11. April Aga verlassen. Nur die Soldaten, ein Oberfähnrich und zwei Unteroffiziere, waren zurückgeblieben, um die Flakfernrohre zu vergraben und den großen 200 Zentimeter Scheinwerfer in Großaga und die zwei 150 Zentimeter Scheinwerfer bei Lonzig zu zerstören. Dann waren auch sie geflohen. Auch kleinere Gruppen von versprengten Wehrmachtsangehörigen, die am Vortag und in der Nacht in Aga Rast gemacht hatten, fliehen weiter nach Osten oder entledigen sich ihrer Uniformen und Ausrüstung. Der örtliche Volkssturm aus Großaga, Kleinaga, Lessen und Reichenbach unter Leitung des Lonziger Revierförsters Friedrich Mitsching hat sich aufgelöst. Mitsching, der von Anfang an nicht vor hatte, den Verteidigungsbefehlen der NS-Kreisleitung Gera nachzukommen, hatte seine Männer nach Hause geschickt. Die empfangenen Panzerfäuste hatten sie zuvor vernichtet. Zeitzeugen werden später berichten, dass die Soldaten auf den ersten Panzern beim Erreichen von Aga fragten, *„wo der Volkssturm sei“*.[34] In einem Schutzstollen in der Nähe des Ortes, den Mitsching an Stelle der befohlenen Panzersperren im

Friedrich Mitsching
Foto: Winkler, Aga

Hohlweg Richtung Zeitzer Forst hatte ausbauen lassen, erwartet ein Teil der Bevölkerung die Amerikaner. Über dem Eingang weht zum Schutz eine weiße Fahne.[35] Der Versuch von Bürgermeister Edwin Heiland aus Großaga, die Hohle in der Trebe mit zwei Fuhrwerken zu sperren, bleibt ohne Ergebnis. Großaga wird gegen 13.00 Uhr ohne Widerstand besetzt. Nur ein einzelner Schuss fällt, auf den die Amerikaner zum Glück nicht reagieren. Weiße Fahnen wehen im Ort.[36] Die Panzer der Vorhut rollen ohne Halt an der Agaer Windmühle vorbei nach Kleinaga, während die Hauptkolonne im Ort wartet. Dort sterben dann doch noch zwei deutsche Soldaten. Einer von ihnen wird nördlich der Windmühle getötet. Er hatte mit einem Pferdegespann versucht, Heuckewald zu erreichen und war wegen eines defekten Rads liegengeblieben. Doch anstatt sich in Sicherheit zu bringen, hatte er versucht das Fuhrwerk zu reparieren. Erst als er die amerikanischen Panzer sieht, flieht er und wird von einer Kugel tödlich getroffen. Der Zweite wird am Abend erschossen, als er mit einer Gruppe Soldaten versucht, an den amerikanischen Sicherungen vorbeizuschleichen.[37] Beide Soldaten werden später auf dem Agaer Friedhof beerdigt.[38]

Auch an anderer Stelle kommt es immer wieder zu vereinzelten Schießereien, obwohl auch in den anderen Orten die Masse der deutschen Soldaten und der örtliche Volkssturm geflohen ist oder sich aufgelöst hat. Bei Schellbach gemeldeter, leichter Widerstand wird schnell überwunden.[39] In Loitzschütz, wo eine Scheinwerferstellung der Flak hinter dem Dorf bereits am Vortag durch Jabos zerstört wurde, stirbt der letzte deutsche Soldat der Stellung auf seiner Flucht zur Befehlstelle nach Wittgendorf. Er hatte mit seinem Fahrrad Schutz unter der Feldbrücke gesucht, wo er von Kugeln durchsiebt wird. Ein junger Mann, der vom Brotholen aus Heuckewald zurückkommt, wird am Feld erschossen.[40] Zwischen 13.00 und 14.00 Uhr erreichen die Panzer aus Richtung Loitzschütz und Heuckewald den kleinen Ort Kleinpörthen, wo es zu Schießereien kommt und eine Scheune in Brand gerät. Dann wehen weiße Fahnen im Ort. Panzer, die Richtung Dragsdorf rollen, kommen kurz darauf zurück.[41]

Sie sind auf die Flakstellung Wildensee - Wildenborn gestoßen und weichen nach einem kurzen Feuerduell befehlsgemäß dem Widerstand aus. Die Kolonne rollt weiter über Wittgendorf nach Mahlen, wo die Panzer eine Scheune in Brand schießen.[42] Eine Panzergranate tötet an der kleinen Schnauderbrücke bei Kayna Karl Meißner aus Kayna.[43] Dann fahren sie weiter durch das weißbeflaggte Weißenborn. Auch in Unterau, zwischen Bröckau und Pölzig, brennt eine Scheune, nachdem einige Jugendliche auf die Panzer feuern.[44] Um 18.00 Uhr (B) erreicht das CCB der 4th US AD sein Ziel, die Zwickauer Mulde bei Wolkenburg, und errichtet einen Brückenkopf.

Während die 4th US AD ohne große Probleme nach Osten vorrückt, nähert sich die Vorhut des CT 15 der 6th US AD gegen 15.00 Uhr der Haynsburg und trifft auf starkes Abwehrfeuer.[45] Als der erste Sherman-Panzer, der über den Waldweg den Hundsberg hinauf fährt, auf der Kuppe auftaucht, wird er von einer Panzerfaust getroffen.

Blick vom Wrack des zerstörten Sherman-Panzers zur Haynsburg
Foto: Heimatverein Haynsburg e.V.

Mit einer heftigen Detonation explodiert die Munitionskammer, Flammen lodern aus dem Inneren des Panzers, dessen Turm durch die Wucht der Explosion weggeschleudert wird.[46] Drei Mann der Besatzung werden getötet. Die nachfolgenden Panzer ziehen sich zurück.[47] Die Kolonne stoppt und Lt.Col. Sussman formiert sein Combat Team zum Angriff. Eine Hälfte der Kolonne verbleibt in Warteposition, während die andere Hälfte am Weinberg in Feuerposition fährt.[48] Dann nehmen die Panzer um 17.45 Uhr Haynsburg unter Beschuss. Unterstützung erhalten sie durch das 212th AFA Bn, das um 17.00 Uhr (B) seine Feuerstellung von Romsdorf nach Weißenborn verlegt.

Der zerstörte Sherman-Panzer des 15th Tk Bn bei Haynsburg
Fotos: Heimatverein Haynsburg e.V.

Die ersten Granaten treffen die vier Meter dicken Mauern des Bergfrieds der Haynsburg, wo sie ohne Wirkung abprallen. Hier vermuten die Amerikaner das Zentrum des Widerstandes.[49] Ein Augenzeuge schreibt: *„Um 17.45 beginnt die zwei Stunden dauernde Beschießung des Dorfes und der Burg. Scheinbar vermuten die Amerikaner eine stärkere Besatzung. Fast hundert Einwohner befinden sich in den Kellern der Burg. Nur wenige sind im Dorf zurückgeblieben. Durch dauernde Einschläge ist viel Staub im Keller. Draußen hört man dicke Mauerbrocken herunterfallen. Der Pferde- und der Kuhstall brennen.“* [50]

In der Burg bricht Panik aus. Auf dem Hof drängen sich die hastig freigelassenen Pferde zwischen Flüchtlingswagen, die man vor dem Feuer in Schutz zu bringen versucht. In der Domäne brechen gleich an mehreren Stellen Brände aus.[51] Auch im Dorf und dem angrenzenden Goßra stehen Gebäude in Flammen. Vor dem Hoftor bricht der 19-jährige Soldat Havmer Cerutti, von Beruf Musiker, tödlich getroffen zusammen, als er eine Meldung zwischen der Burg und dem Gefechtsstand im Gasthof überbringen will.[52] Soldaten, die nach dem Beginn des Beschusses Schutz im Keller der Burg gesucht haben, verlassen diesen durch den hinteren Kellerausgang und fliehen durch das sogenannte Echo.[53] Überall im Dorf setzen sich die Verteidiger mehr oder weniger geordnet ab.[54] Einige entledigen sich ihren Uniformen und mischen sich in Zivil zwischen die verängstigten Einwohner.[55]

Weiter heißt es in dem Augenzeugenbericht: *„Nach 18.30 hängt Heinrich Cornelius mit der Mamsell weiße Tücher aus dem Fenster. Der Beschuss geht noch weiter. Ein Flakgeschütz kämpft noch und von Mansdorf her bekämpft eine deutsche Flakbatterie die Panzer. MG-Feuer schlägt durch die Kellertür in den Keller, der angefüllt ist mit Frauen, Kindern und Männern. Da endlich still draußen. Einige Frauen weinen vor Entspannung. Man lauscht auf das Kommen der Amerikaner. Totenstille ‚Die Amerikaner kommen'... Im oberen Keller ergeben sich ein deutscher Offizier und sechs Mann. Sie werden zusammen mit den Verwundeten abtransportiert. Die Panzer rollen weiter... Draußen sieht es grausig aus. Stahlhelme, Uniformen, Panzerfäuste, dazwischen die Leichen der vier gefallenen Soldaten, die erst später von den Amerikanern begraben werden. Die, an Rauchvergiftung krepierten, Pferde wälzen sich auf dem Hof. Die herumlaufenden Kühe blöken. Die Kälber drängen immer wieder in den brennenden Stall zurück. Ein furchtbares Bild der Zerstörung und Vernichtung.“* [56]

Als die Panzerinfanteristen des CT 15 im Schutz der Panzer in Haynsburg eindringen, ist der Widerstand erloschen. Unterstützt durch einige befreite Zwangsarbeiter durchsuchen sie die Keller und Gebäude nach versteckten deutschen Soldaten. Inzwischen versuchen die Einwohner verzweifelt, die überall lodernden Brände zu löschen. Trotzdem brennt unter anderem die Schule, die Kirche und die Försterei vollständig nieder. Auch der Saal der Gaststätte Schnabel, wo in der Nacht ein Großteil der Verteidiger übernachtet hatte, und der Pferdestall, werden ein Raub der Flammen. Im Kuhstall gelingt es zwar das Feuer zu löschen, aber einige der Tiere werden durch das Granatfeuer getötet.[57] Und um das Szenario vollständig zu machen, rasen auch noch neun deutsche Jagdflugzeuge über den Ort. Die Kugeln aus den Turm-MG's der Panzer fliegen ihnen hinterher, als sie unverrichteter Dinge in der Ferne verschwinden.[58]

Das Grab der Gefallenen von Haynsburg
Foto: Möller, 2008

Unter den vier Toten von Haynsburg befindet sich auch der 16-jährige Michael Mehrer, einer der Napola-Schüler aus Naumburg, der am Vorabend vor den Amerikanern aus Droyßig geflohen war. Kameraden, die erst zwei Tage zuvor mit ihm seinen Geburtstag gefeiert hatten, finden ihn auf ihrer Flucht in der Nähe von Haynsburg. Einer von ihnen schreibt später: *„Ein altes Mütterchen kam uns auf einer Straße, die durch einen Wald über einen Berg führte, entgegen und sagte: ‚Geht mal in die Richtung ein Stück in den Wald hinein; da liegt einer von Euch.' Sie sah wohl an unserer zerlumpten Kleidung und unserem Alter, dass wir zu der Truppe gehören könnten, die da Krieg gespielt hatte. Und der, den wir fanden, gehörte auch dazu, das wusste sie wohl. Es war Michael Mehrer! Mit ihm hatte ich viele Jahre in einer Stube an einem Tisch gesessen. Man hatte ihn mit einem Stock unter dem Brustkasten dorthin geschleppt. Der Hinterkopf fehlte. Es war furchtbar. Die neuen Schuhe hatte man ihm ausgezogen, der Inhalt seiner Brieftasche flog umher, sein Wehrpass lag noch dabei. So wussten wir, wer da vor uns lag. Wir brachten es nicht fertig, ihn umzudrehen. Was sollten wir noch für ihn tun? Es gab ja auch zu viele Tote am Wegesrand in dieser Zeit. Wir hatten Angst vor irgendwelchen Posten, die eine Brücke bewachten, die über ein Gewässer führte. Sie hatten uns schon gesehen. So versteckten wir uns im Wald..."* [59]

Nach der Einnahme von Haynsburg rücken die Hauptkräfte des CT 15 auf Breitenbach vor. Zwischen beiden Orten kommt es immer wieder zu Schießereien mit zurückweichender Wehrmacht und Volkssturm. In Breitenbach, dass am Nachmittag schon einmal besetzt worden war, wird dabei ein Gebäude am Anger in Brand geschossen.[60] Dann ist auch für Breitenbach endgültig der Krieg vorbei. Das CT versammelt sich im Ort und der Umgebung für die Nacht. Bis 21.00 Uhr (B) haben alle Elemente des CT 15 den Fluss überquert.

An der äußersten Südflanke der 6th US AD setzt das CT 9 des CCA die Suche nach einer intakten Brücke über die Weiße Elster am Morgen fort. Da Maj. Morse die Hoffnung auf eine weitere Übergangsmöglichkeit noch nicht aufgeben hat, wird die bereits in Koßweda stehende Co. B, 9th AIB um 09.00 Uhr (B) wieder hinter den Fluss zurückgezogen. Eine nach Krossen und Tauchlitz entsandte Aufklärungsgruppe stellt bei Ahlendorf den Kontakt zur 4th US AD her, findet aber keinen weiteren Übergang im Divisionsabschnitt und wird zurückbefohlen. Jetzt befiehlt Morse den unterstellten Pionieren der Co. B, 25th Armd Engr Bn den Bau eines Behelfsübergangs bei Wetterzeube. Lt. Schlenk findet eine geeignete Stelle neben der zerstörten Brücke und ab Mittag beginnt der 2nd Plat. und 3rd Plat. mit Hilfe der Planierraupe der Eng Sect. mit den Arbeiten. Als Erstes wird das Wehr unterhalb der Brücke geöffnet, so dass sich der Wasserstand der Weißen Elster von vier auf drei Fuß absenkt.[61] Bis 17.00 Uhr (B) installieren die Pioniere einen Übergang, indem sie drei Segmente einer Profilbrücke in den Fluss legen und auf beiden Seiten mit Baumstämmen verankern. Um 17.45 Uhr (B) beginnt das CT mit der Überquerung des Flusses.[62] Dann rückt das CT 9 über Koßweda und Dietendorf auf der gleichen Route vor, die am Mittag die Flankensicherung der 4th US AD genommen hat. Um 18.55 Uhr (B) kommt der Vormarsch zum Halten, da das CT 15 vor der Front des CT 9 im Kampf bei Raba und Breitenbach steht. Das CT 9 zieht von der Straße und versammelt sich. Angreifende deutsche Flugzeuge werden unter Flugabwehrfeuer genommen. Obwohl eine Bombe in der Nähe des HQ der Pioniere in Kleinpödewitz einschlägt, gibt es keine Schäden. Um 19.30 Uhr (B) sind die Kämpfe vor den Linien dem CT 9 bei Breitenbach beendet und das CT geht weiter über Katerdobersdorf, Haynsburg, Goßra nach Breitenbach. Ihnen folgt das unterstellte 274th AFA. Bei Breitenbach passiert das CT 9 die dort versammelten Hauptkräfte des CT 15 und rückt weiter nach Osten vor. Um 22.00 Uhr (B) befindet sich das CT 9 und der CP in Droßdorf und der Umgebung und versammelt sich für die Nacht. Der CP des CCA verlegt nach Weißenborn.

Im Abschnitt von Col. Lagrew's CCR der 6th US AD, westlich von Zeitz, werden in der Nacht vom 12./13. April wiederholt Patrouillen in Richtung der Stadt entsandt, um Informationen über die deutschen Sicherungen und den Zustand der Brücken in der Stadt zu erhalten. Hauptziel des CCR ist es an diesem Tag mit Unterstützung der Infanteristen des RCT 304 der 76th US InfDiv wenigstens eine der Brücken intakt zu erobern und mit den Panzern überzusetzen. Er weiß, dass nur der schnelle Übergang seiner motorisierten, gepanzerten Kräfte über den Fluss die Garantie für eine schnelle Einnahme der Stadt und die Weiterentwicklung des Angriffs nach Osten bildet.

Auch bei den Infanteristen herrscht rege Betriebsamkeit. Nachdem der Regtl.CP 304 um 02.00 Uhr (B) in Kretzschau entfaltet hat, lässt sich Col. Wallace A. Choquette, CO 304th InfRgt, von seinen Kommandeuren über die Lage informieren. Sorgen bereitet ihm die unklare Feindlage in der unmittelbaren Umgebung des Sammelraumes, wo sich eine unbekannte Anzahl versprengter und umgangener deutscher Kräfte befindet. Doch sein Hauptaugenmerk liegt vorerst auf der Vorbereitung des Flussübergangs und somit auf dem 1./304, das den Angriff des CCR auf die Stadt unmittelbar unterstützen soll. So befiehlt auch er eine intensive Patrouillentätigkeit in Richtung Zeitz.

Sowohl die ausgesandten Patrouillen des CCR, als auch des RCT 304, melden bei ihrer Rückkehr vereinzelte Feindkontakte. Eine Patrouille des CCR liefert sich um 01.45 Uhr (B) ein Feuergefecht mit einer fünfzehn Mann starken deutschen Patrouille, die ihrerseits die Stellungen der amerikanischen Truppen abtastet. Um 03.20 Uhr (B) trifft auf dem CP des CCR eine erste Meldung über die erfolgte Sprengung der Brücke bei Grana ein.[63] Auch das RCT 304 erhält beunruhigende Meldungen. *„Im gleichen Moment, als Sgt. Christy vom 301st Engr C Bn [der 76th US InfDiv, d.A.] ankam, um zu prüfen, ob die Brücken sicher waren, wurden zwei gesprengt. Die Dritte war bereits zerstört.“* heißt es in der *„History of the 304th Infantry Regiment“*.

Auch die Aufklärer von Col. James H. Polk 3rd CavRcnSq der 3rd CavGp, die zu dieser Zeit im Raum westlich der Stadt patrouillieren und eine Brücke über die Weiße Elster nehmen sollen, um den Einheiten des CCR den Weg durch die Stadt zu bahnen, finden nur noch zerstörte Brücken vor und geraten unter den Beschuss der deutschen Flak. Auch wenn es ihnen nicht gelingt, eine intakte Brücke zu erobern, so sind ihre Aufklärungsmeldungen dennoch von großer Bedeutung. Ihre Meldungen über eine unbekannte Anzahl von Infanterie und MG-Stellungen im Zeitzer Stadtteil Aue und eine unbekannte Anzahl von eingegrabenen Deutschen südlich von Grana bewahren die angreifenden Truppen wenig später vor unnötigen Verlusten.[64]

Mit Tagesanbruch formieren sich im Raum Hollsteitz - Döschwitz - Kretzschau die Angriffsgruppen des CCR und des RCT 304. Während Lagrew trotz der

Meldungen noch hofft, sein Ziel zu erreichen, ist Choquette klar, dass die Infanterie wieder einmal die Hauptlast dieses Angriffs tragen wird.

Als Erstes setzen sich die Panzer des CT 68 in Bewegung. Langsam rücken sie auf Grana vor. Gefechtsaufklärung dringt in der ersten Morgendämmerung in den Vorort Aue ein, wo es vereinzelt zu Schießereien kommt. In der Nähe der Polizeistation an der Ecke Donaliesstraße/Schaedestraße wird der Oblt. der Schutzpolizei Alfred Kanold um 05.15 Uhr erschossen.[65] Zwischen Zuckerfabrik und Eiserner Brücke erreicht die Aufklärung an einigen Stellen die Weiße Elster. Die Stadt liegt jetzt bedrohlich vor ihnen. Die *„History of the 304th Infantry Regiment"* beschreibt den ersten Eindruck, der sich den Soldaten von der Stadt bot: *„Die Windung der Weißen Elster umarmte die Stadt von drei Seiten und formte eine Verteidigung, welche auf mittelalterliche Tage zurückführte, als sie als Wassergraben vor den Wällen genutzt wurde. Ein Höhenrücken mit einer alten Kirche überragte den Fluss und die grünen Felder darum."* Und diese „Festung" sollten sie nun nehmen.

Als um 07.00 Uhr (B) die Artillerie des CCR und des RCT 304 der 76th US InfDiv mit der Feuervorbereitung beginnt, die den Sturm auf Zeitz einläuten soll, steht entgültig fest, dass Lagrew's Pläne nicht aufgehen. Der CO 68th Tk Bn, Lt.Col. Davall, meldet an das CCR, dass alle Brücken im Übergangsabschnitt nicht passierbar sind und somit ein zügiges Übersetzen für seine Panzer unmöglich ist. [66]

Auf Befehl des Kampfkommandanten haben Pioniersprengtrupps zwischen 02.00 und 03.00 Uhr die Flussbrücken mit Hilfe aufgelegter Fliegerbomben gesprengt. Vereinzelte Versuche Zeitzer Bürger, die Soldaten bereits bei der Vorbereitung zur Sprengung von ihrem Vorhaben abzuhalten, haben nichts genützt.[67] Die Auebrücke [Karl-Marx-Brücke], die Dreierbrücke [heutige Fußgängerbrücke am Bahnhof], die Eiserne Brücke [Friedrich-Engels-Brücke] und die Kaiser-Wilhelm-Brücke [August-Bebel-Brücke] an der Zuckerfabrik sind zerstört. Die Bahnbrücken in der Stadt sind zur Sprengung vorbereitet.[68] Oberst Förster ist trotz der aufmarschierten Übermacht der amerikanischen Truppen gewillt, den Befehl des Stellv. Gen.Kdo. IV. AK Dresden unter allen Umständen zu erfüllen. Er soll die Angreifer an der Weißen Elster aufhalten, um so der militärischen Führung mehr Zeit zu geben, neue Ersatzeinheiten auszuheben und einen Gegenstoß vorzubereiten.

Anbetracht dieser Situation stoppt das CCR vorerst den weiteren Angriff. Kräfte des CT 68, die ohne großen Widerstand Teile der Unterstadt im Bereich der Weißenfelser und Leipziger Straße besetzt haben, versammeln sich.[69]

Gegen 08.30 Uhr (B) geraten die Panzerinfanteristen des CT 50, die dem CT 68 gefolgt sind, bei Grana unter Granatwerfer- und MG-Beschuss, der jedoch schnell aufhört.[70] Kurz darauf trifft auch der CP des CCR von Döschwitz kommend in Grana ein. Lt.Col. Lagrew will sich aus der Nähe einen Eindruck von der Situation verschaffen. Schnell wird ihm klar, dass jetzt die Infanterie ran muss, um den Flussübergang zu erzwingen. Während das 1./304 um 09.00 Uhr (B) in Kretzschau alarmiert wird, erteilt er dem CT 68 den Auftrag, südwestlich, westlich und nordwestlich von Zeitz in Feuerstellung aufzufahren und die Infanterie mit dem Feuer der Panzer zu unterstützen. Bei diesem Aufmarsch geraten die Sturmgeschütze des AG Plat. während eines Haltes zum Betankens unter heftigen Artilleriebeschuss, erleiden aber keine Verluste.[71]

Um 09.00 Uhr (B) heulen in Zeitz zum letzten Mal die Sirenen „Feindalarm".[72] Fast zur gleichen Zeit kommt es zu heftigen Schusswechseln zwischen Aufklärungskräften des CCR, die das Ufer der Weißen Elster nach Übergangsstellen absuchen, und den deutschen Verteidigern am anderen Ufer. Dabei gibt es an mehreren Stellen in der Stadt Tote.[73]

In Kretzschau setzt sich um 09.30 Uhr (B) Lt.Col. Lawlor's 1./304, verstärkt durch die Co. G und den 2nd und 3rd Plat, Co. H des 2./304 und die Cn Co. des Regiments in Bewegung und rückt nach Grana vor. Lawlor's Planungen sehen vor, dass die Co. B und C an der Linken durch den Stadtteil Aue auf die Eiserne Brücke, die Dreier- und Auebrücke vorrücken sollen, während die Co. A an der Rechten auf die zerstörte Kaiser-Wilhelm-Brücke an der Zuckerfabrik vorgeht. Die Granatwerfer der Co. D und H sollen hinter den Kompanien in Stellung gehen und gemeinsam mit den 105mm Kurzrohrkanonen der Cn Co. und den Kanonen des 302nd FA Bn den Angriff direkt unterstützen.

Ab 10.00 Uhr (B) schießen Artillerie, Panzer und Granatwerfer eine einstündige Feuervorbereitung, während sich die Infanterie dem Fluss nähern. Doch als um 11.00 Uhr (B) die Waffen schweigen, beginnt nicht etwa das Übersetzen, sondern Col. Lagrew übermittelt der Stadt ein zweistündiges Ultimatum.[74] Eine letzte Chance für die Verteidiger zum einen und zum anderem braucht er mehr Zeit, um einen Weg zu finden, den Fluss zu überqueren.

In Anbetracht der eintretenden Ruhe verlassen viele Einwohner die Keller und Luftschutzbunker, um die Gelegenheit zu nutzen und sich mit den lebensnotwendigsten Dingen zu versorgen. Die Ungewissheit über die nächsten Stunden und vielleicht Tage ist größer als die Angst vor dem Beschuss, der jederzeit wieder einsetzen kann. Auch im Rathaus arbeitet man weiter. Obwohl die Masse der männlichen Mitarbeiter der Stadtverwaltung bereits am 5. April zum Volkssturm einberufen wurde und sich Oberbürgermeister Rath der Wehrmacht zur Verfügung gestellt hatte, laufen die Verwaltungsgeschäfte unter Führung des Regierungsbaudirektors Biebend weiter. Während das Ultimatum läuft, zahlen Angestellte Rentengelder aus. Lebensmittel, die bisher nur über Lebensmittelmarken für bestimmte Zeiträume ausgeteilt wurden, werden jetzt freigegeben. Schnell spricht es sich in der Stadt herum und in kürzester Zeit bilden sich vor den Läden Schlangen.[75] Alle hoffen, dass die Waffenruhe lange genug anhält, um die begehrten Sachen rechtzeitig in Sicherheit zu bringen. Von dem Ultimatum scheinen die Wenigsten zu wissen, denn als es gegen 13.00 Uhr (B) ohne Kapitulation verstreicht, werden viele auf der offenen Straße vom erneut einsetzenden Beschuss überrascht.

Ob Oberst Förster das Ultimatum abgelehnt hat, wie es später immer wieder berichtet wird, oder ob er es ohne Antwort verstreichen lies, ist nicht belegt, das Resultat ist aber das Gleiche - der Beschuss geht weiter.[76] Auch ein, in der DDR-Nachkriegsliteratur genannter, Aufruf zur Feuereinstellung an die Flakbatterien und zum Hissen von weißen Fahnen an die Bevölkerung, der durch Angehörige einer illegalen Widerstandsgruppe im Nachrichtenzug der Flak.UGr. Zeitz verbreitet worden sein soll, scheint wenig Wirkung zu zeigen oder fand in der beschriebenen Art nicht statt. Nach dieser Geschichte soll der Aufruf vom Ausweichgefechtsstand im Lyzeum in der Altenburger Straße mit Hilfe eines französischen Beutefunkgerätes über die Frequenzen des Flaksender „Schneewittchen“ und das Radio gesendet worden sein.[77] Doch für die amerikanischen Truppen sind keine Zeichen einer Bereitschaft zur Kampfeinstellung erkennbar.

Überall in der Stadt detonieren jetzt die Granaten. Allein die Lackfabrik Hugo Lenssen erhält acht Treffer.[78] Im Feuer der amerikanischen Truppen kommt es im Brühl, in der Hospitalstraße, am Fleischerladen Ecke Gneisenau-Straße [Rosa-Luxemburg-Straße]/ Theodor-Arnold-Promenade zu Opfern.[79] Die 15-jährige Anneliese Eckart wird durch eine Granate getötet, als sie noch schnell in einem Fleischergeschäft einkaufen will.[80] Am Steintor wird eine junge Sanitäterin getötet, als sie zusammen einer Angehörigen der Sanitätsgruppe des Luftschutzbunkers Steintorvorstadt versucht, einem verwundeten Mann zu helfen. *„Eine Gra-*

nate zerschlug das junge Mädchen buchstäblich in Stücke." Der Mann kann gerettet werden.[81] Hastig suchen die Menschen erneut Schutz in den Bunkern und Kellern. Im Rathaus werden die verbliebenen Angestellten nach Hause geschickt. Zurück bleibt nur die Polizei, die mit Panzerfäusten, MG und Handgranaten ausgerüstet das Gebäude verteidigen soll.[82]

Während die Stadt unter Beschuss liegt, beginnen die Infanteristen des 1./304 mit dem Übergang über die Weiße Elster. Jetzt fallen auch die 81mm Granatwerfer der Co. D und H, die am westlichen Stadtrand in Stellung gegangen sind und durch einen Beobachter von einem Häuserdach aus geleitet werden, in die Kanonade ein. Alleine in der ersten halben Stunde verschießen die Granatwerfer 700 Granaten.[83]

Die Co. B, 1./304, die sich über die Donaliestraße der Auebrücke nähert, hat es am leichtesten. Die zur Sprengung vorbereitete Eisenbahnunterführung in der Donaliestraße ist nicht zerstört. Beherzte Einwohner haben die Kabel durchgeschnitten.[84] Dann stehen sie vor der gesprengten Brücke. Doch deren Reste liegen so günstig im Fluss, dass es möglich ist, über sie den Fluss zu überqueren. Sofort beginnen die Infanteristen mit dem Übersetzen. Doch feindliches Gewehrfeuer vom anderen Ufer zwingt sie in Deckung. Erst unter dem Feuerschutz von herangeführten schweren Maschinengewehren der Co. H setzen erste Kräfte im Schutz der Trümmer der Brücke über den Fluss und besetzen die Häuser in Brückennähe. Dann setzt der Rest der Co. B, gefolgt von der Co. H, über den Fluss. Panzer des CT 68 finden eine seichte Stelle neben der Auebrücke gegenüber dem Hotel „Victoria“ [später Hotel „Löffler“] und setzen über. Dann rollen einige durch das Zeißer'sche Grundstück in der Wasservorstadt zur Nätherstraße [Geschwister-Scholl-Straße].[85] Andere rücken gemeinsam mit der Infanterie über den Wendischen Berg und die Freiligrathstraße zur Oberstadt zur Oberstadt vor.

Das damalige Hotel „Victoria“ neben der Auebrücke
Foto: Möller, 2007

Nicht so einfach haben es die anderen Infanteriekompanien. Capt. McGrath führt seine Co. C, unterstützt durch zwei leichte Panzer, von Westen her parallel zu der zum Fluss verlaufenden Eisenbahnlinie in Richtung der Eisernen Brücke. Da er weiß, dass die Brücke zerstört ist, muss er eine alternative Übergangsmöglichkeit finden. Dabei gerät eine der ausgesandten Flankenpatrouille in der Nähe des Bahnhofes unter Beschuss. Aus dem Gebäude einer Polizeistation werden sich mit einem Maschinengewehr beschossen. Eine durchs Fenster geworfene Handgranate stoppt das Feuer und 40 Deutsche ergeben sich. Nachdem keine andere Möglichkeit zur Überquerung des Flusses gefunden wird, entschließt sich auch Capt. McGrath den Fluss über die Trümmer der gesprengten Brücke zu überqueren. Als sich die Männer des 1st Plat. an der Spitze der Kompanie der Brücke nähern, werden sie an der Eisenbahnunterführung in der Baenschstraße, an der ZEMAG[86], durch Sgt. Christy vom 301st Engr C Bn gestoppt, der bereits in der Nacht die Brücken erkundet hatte. Er berichtet, dass sich an der Konstruktion der Eisenbahnunterführung noch drei 500kg Bomben befinden, welche jederzeit explodieren können. Gemeinsam mit den Infanteristen werden die Sprengkabel durchtrennt.[87] Der Beschuss wird inzwischen immer stärker und nur sprungweise erreichen die Infanteristen das Ufer. Halb watend, halb schwimmend durchqueren sie dicht an die Brückenreste gedrückt den Fluss. Die starke Strömung reißt ihnen fast die Füße weg und um sie herum fliegen die feindlichen MG-Kugeln. Klatschnass und außer Atem erreichen sie das Ufer und werden durch das MG- und Gewehrfeuer festgenagelt.[88] In diesem Moment kommen ihnen die Panzer des CT 68 zur Hilfe. Acht Panzer fahren im Bereich des Brückensockels auf und nehmen die Gebäude auf der anderen Uferseite mit ihren 75mm Kanonen unter Beschuss. Die deutschen Truppen antworten mit Panzerfaustfeuer. Während der 3rd Plat. die Häuser am Fluss säubert, entwickelt sich der Angriff der Kompanie durch zerstörte Gasanstalt und die Badstubenvorstadt in Richtung Stadtzentrum.

An der rechten Flanke erreicht Capt. Parker's Co. A, gefolgt von der Co. G, 2./304, die Kaiser-Wilhelm-Brücke bei der Zuckerfabrik. Von der Brücke stehen nur noch die drei Steinpfeiler im Wasser. Die Aufklärung unter dem Schutz von zehn Panzern des CT 68, welche entlang des Flusses aufgefahren sind, ergibt, dass die Tiefe und Flussgeschwindigkeit kein Durchwaten erlauben. Sturmboote stehen nicht zur Verfügung. Außerdem liegt der Bereich unter Beschuss der, sich in der Artillerie-Kaserne verteidigenden, deutschen Besatzung. Nach kurzer Absprache bringen die Panzer mit gezielten Schüssen die Pfeiler zum Einsturz und halten das Feuer aus der Kaserne nieder. Über die Trümmer setzen die Infanteristen ohne weitere Probleme über und sammeln sich am anderen Ufer.

Die zerstörte Kaiser-Wilhelm-Brücke mit den Spuren der Panzer im Vordergrund
Zeichnung: Wohlfarth, Zeitz

Dann überqueren die Infanteristen von Capt. Roberts Co. G den Fluss. Doch ohne schwere Waffen kann der Widerstand nicht überwunden werden. In der Nähe der Fabrikgebäude, zwischen der Brücke und der Einmündung des Hasselbachs in die Weiße Elster, finden die Panzer des CT 68 eine geeignete Stelle und fahren durch die Hecken über eine sanfte Böschung in den Fluss. Vier Panzer durchwaten den Fluss, obwohl das Wasser bis zu den Bord-MG geht, und erreichen das andere Ufer.[89] Später folgen die anderen. Im Schutz einer dichten Hecke fahren die Panzer auf und unterstützen jetzt das Feuer der Infanterie.

Horst Wohlfarth in der Uniform der Luftwaffenhelfer Foto: privat

Der Zeitzer Horst Wohlfarth erinnert sich: *„Unsere Wohnung befand sich am Stadtrand, in der Nähe der damaligen Kaiser-Wilhelm-Brücke an der Zuckerfab-*

rik... Mit meinem Vater lief ich in dem zur damaligen Zeit trockenen Flussbett des Mühlgrabens in Richtung Osida, bis wir rechts freie Sicht auf die Zuckerfabrik hatten. Vor der Blättertrocknung waren Panzer aufgefahren und schossen über die Elster hinweg in Richtung Kaserne. Von dort wurde das Feuer mit Artillerie erwidert. Auf der Straße zur Brücke war Bewegung von Fahrzeugen zu erkennen... Dann waren sie plötzlich da, die Panzer. Rechts neben der Brücke kam einer zum Vorschein. Verhielt sichernd, dann die Böschung zum Fluss hinab. Etwas zurück stand ein weiterer Stahlkoloss. Der erste kam nur langsam die diesseitige Böschung herauf und wälzte sich in die Gärten. Nun war es Zeit zu verschwinden.“[90]

Die Aufnahme der USAAF vom 18. April 1945 zeigt die zerstörte Aue- und Eiserne Brücke, die Dreierbrücke am Bahnhof und eine Pontonbrücke südlich der Auebrücke
Luftaufnahme: Nr. 4211, Luftbilddatenbank Ingenieurbüro Dr. Carls, Estenfeld

Die Granatwerfer, welche am Stadtrand Stellung bezogen hatten, machen jetzt den Stellungswechsel nach vorne und entgehen dadurch ihrer Vernichtung. Nur fünf Minuten nach dem Verlassen des Bereiches trifft ein feindlicher Feuerüberfall die alten Stellungen. Über die Albrechtstraße und die Stephanstraße erreichen sie die Mühlgrabenbrücke, wo bei einem kurzen Schusswechsel ein Volkssturmmann getötet wird.[91] Dann schlägt ihnen von einer, in der Engstelle der ansteigenden Stephanstraße errichteten, Straßensperre MG- und Gewehrfeuer entgegen. Volkssturm und Wehrmacht nehmen die anrückenden Infanteristen der Co. A unter Beschuss. Während einige Panzer der Co. B, 68th Tk Bn die Sperre durch den Schlossgarten umfahren, zerschlagen die Infanteristen mit Hilfe der anderen Panzer den Widerstand und schieben die Sperre zur Seite. Dann geht der Vormarsch weiter Richtung Stephanskirche.

Bis 14.00 Uhr (B) haben die Infanteristen des 1./304 mit den Panzern der Co. B und Teile der Co. A, 68th Tk Bn die Weiße Elster durch seichte Stellen bei der Zuckerfabrik und in der Nähe des Hotels „Victoria" überwunden. Auch der, dem CCR unterstellte, 1st Plat. Rcn Co. 603rd TD Bn überquert den Fluss. Jetzt entwickelt sich der Angriff mit Panzerunterstützung auf breiter Front in Richtung Oberstadt.

Die Co. B rückt über die Freiligrathstraße und Tröglitzer Straße sowie über den Wendischen Berg zur Schule in der Schillerstraße vor. Unterstützt werden sie durch die schweren MG der Co. H, die auf einer, die Stadt überragenden, Höhe in Stellung gehen.[92]

Der Me 263 Raketenjäger — Foto: National Archive

In der Tröglitzer Stoße fallen ihnen bei der Firma Th. Puklitsch Rumpfteile und Tragflächen des Strahljägers Me 263 in die Hände.[93] Die Me 263 sollte den von

Prof. Alexander Lippisch konstruierten, ersten einsatzfähigen, Raketenjäger der Welt, die Me 163 „Komet", ablösen. Um die Produktion voranzutreiben, hatte die Firma Puklitsch den Auftrag erhalten, die Flügel der Me 163 so zu modifizieren, dass sie für die Me 263 verwendet werden konnten. Im Januar/Februar 1945 hatte man dann mit der Auslieferung der ersten Teile begonnen. Die Me 263 kam jedoch nicht über die Erprobungsphase hinaus.[94]

Beim weiteren Vorrücken über die Schießgrabenstraße geraden sie im Bereich der Hindenburg-Promenade [Theodor-Arnold-Promenade] unter den Beschuss aus Richtung der Vater-Jahn-Turnhalle. Eine Gruppe ukrainischer Freiwilliger hat hier Stellungen bezogen. Nach einem kurzen Feuergefecht und Panzerbeschuss ergeben sie sich.[95]

Die Co. C, die durch die Badstubenvorstadt vorrückt, erreicht Schloss Moritzburg und befreit dort mehrere hundert alliierte Kriegsgefangene.[96] Dann geht es weiter Richtung Zentrum. Mit Unterstützung durch einige Panzer, die über die Nätherstraße [Geschwister-Scholl-Straße] zu ihnen gestoßen sind, rücken sie die Rahne- und Messerschmiedestraße hinauf und dann über die Fischstraße zum Rathaus am Adolf-Hitler-Platz [Altmarkt] vor. Das Rathaus wird kampflos besetzt. Die dort befindlichen Polizisten ergeben sich ohne Widerstand.[97]

Die Co. A trifft im Bereich der Stephanskirche und des nahegelegenen Stephansfriedhofes auf kleineren Widerstandsnestern. Während die begleitenden Panzer einen Schwenk über den Schlossgarten machen, rückt die Co. A vorsichtig weiter Richtung Geraer Straße vor. Die nachfolgende Co. G, 2./304, die bei ihrem Vormarsch von zwei Panzern unterstützt wird, beginnt mit der Bekämpfung der Widerstandsnester. Gegen 16.00 Uhr (B) stehen alle Kräfte des 1./304 in der Oberstadt und säubern systematisch das Stadtgebiet. Als problematisch erweist sich lediglich die Verbindung vom CP des 1./304 zu den Kompanien auf der anderen Seite des Flusses. Immer wieder müssen Fernmelder entsandt werden um unter Beschuss defekte Leitungen über den Fluss zu reparieren.

Die Co. A, die von der Geraer Straße in Richtung der Kasernen vorrückt, wird immer wieder durch Heckenschützen beschossen und die Infanteristen suchen Schutz in Nischen und Mauervorsprüngen. Die *„History of the 304th Infantry Regiment"* wird später schreiben: *„In keiner anderen Stadt hatte das Bataillon so viele zivile Scharfschützen wie in Zeitz angetroffen. Einige waren in der Uniform der Eisenbahner, Polizei und Post. Andere waren zivil gekleidet."* Viele Zeitzer, die Augenzeugen der Besetzung wurden, werden hingegen später das Verhalten der

Amerikaner als *„übertrieben ängstlich"* bezeichnen, Aber wer will schon kurz vor Schluss Opfer einer verirrten Kugel werden.

Aber es gibt auch andere Ereignisse bei diesem Vormarsch. Aus einer Seitenstraße im Rücken der Kompanie kommt plötzlich hupend ein deutsches Stabsfahrzeug gefahren. Ehe es sich versieht, ist es von amerikanischen Infanteristen umringt, die ihre Waffen auf das Fahrzeug richten. Darin ein verdutzter deutscher Pioniermajor, der in der Annahme war, dass die Stadt noch feindfrei sei. Dieser Irrtum beendet für ihn den Krieg, er geht in Gefangenschaft. Inzwischen beseitigt die Co. G die Widerstandsnester im Bereich der Stephanskirche und des Friedhofes und wird bei ihrem weiteren Vormarsch südwärts durch starkes Feindfeuer aufgehalten.

Die Co. C, 1./304 und die Co. H trifft bei ihrem Vormarsch aus dem Stadtzentrum in Richtung des Krankenhauses in der Umgebung des Goetheparks auf Scharfschützenfeuer aus Gebäuden und von im Park eingegrabenen Schützen.

Am Luftschutzbunker Steintorvorstadt kommt es beinahe zur Katastrophe, als ein deutscher Soldat das Feuer auf einen amerikanischen Panzerkommandanten eröffnet. Erst nachdem Frau Gustl Lamprecht mit der weißen Fahne zum Bunker geht, gelingt es die Soldaten davon zu überzeugen, dass sich im Bunker nur Zivilisten befinden.[98] Im Zeitzer Krankenhaus erwartet das Personal die Amerikaner angetreten auf dem Flur. Dann übergibt Chefarzt Dr. Zitzelsberger das Krankenhaus.[99] Ähnlich unspektakulär läuft die Einnahme des Ausweichgefechtsstandes im Lyzeum ab. Hier ergeben sich Teile des Nachrichtenzuges und des Stabes der Flak.UGr. Zeitz ohne Widerstand zu leisten.[100]

Inzwischen versuchen die Pioniere der Co. C, 25th Armd Engr Bn, die 16.15 Uhr (B) in Grana eingetroffen sind, mühsam in der Nähe der Zuckerfabrik eine Furt für den Übergang des CCR über den Fluss zu bauen. Doch auf Grund anhaltend starkem deutschen Artilleriefeuers aus Richtung der Kasernen und der Flakstellung bei Kuhndorf muss der Bau am späten Nachmittag abgebrochen werden. Im deutschen Feuer sterben die Pvt. Elkins, Huff, Daw und Mockler. Die Sgt. Smallwood und Ord, die Cpl. Lester und Stanko sowie die Pvt. Roberts, Bogner, Memser, Wilkins und Demaris werden verwundet.

Auf Grund des stockenden Vorankommens der Infanteristen in der Stadt erteilt Col. Lagrew um 18.00 Uhr (B) dem CT 50 den Befehl, den Fluss gefolgt von den Panzern des CT 68 zu überqueren.

Räumpanzer der 6th US AD beim Bau eines Flussübergangs Foto: National Archive

Da ein Übersetzen der Fahrzeuge nicht möglich ist, überqueren die Panzerinfanteristen des 50th AIB die Weiße Elster über die Reste der drei Brücken und folgen der Infanteristen des 304th InfRgt. Dabei treffen sie an einigen Stellen auf Widerstand, obwohl das Gebiet bereits durch das 1./304 gesäubert wurde. Ein Platoon Panzerinfanteristen kommt der Co. G zur Hilfe und bis 20.00 Uhr (B) ist der Widerstand überwunden. 30 Deutsche gehen in Gefangenschaft, unter ihnen vier Offiziere.

Am Abend übergibt der CG der 6th US AD, General Grow, die Verantwortung für die Stadt an die 76th US InfDiv. Bis 24.00 Uhr (B) haben die Infanteristen des 1./304 zwei Drittel der Stadt besetzt beendet und dabei 480 Kriegsgefangenen, einschließlich 14 Offizieren gemacht. Alleine die Co. G, 2./304 macht 109 Gefangene.

Eine andere Bilanz zieht die Zeitzer Bevölkerung. Alleine auf dem Johannis- und Stephansfriedhof werden in den Tagen darauf 14 Opfer amerikanischer Granaten und Kugeln beerdigt, die an diesem Tag getötet wurden. Das jüngste der Opfer ist 15 Jahre, das älteste 71.[101] Das Zeitzer Standesamt verzeichnet für den 13. April 37 Gefallene, darunter mindestens 32 Zivilisten.[102]

Gräber von Gefallenen auf dem Zeitzer Michaelisfriedhof Fotos: Möller, 2008

In den besetzten Stadtteilen wird noch an diesem Tag eine nächtliche Ausgangssperre verhängt. Überall werden Sicherungen aufgestellt. Zu groß ist die Gefahr, dass deutsche Truppen in der Nacht in die besetzten Stadtteile zurückkehren. In den anderen Stadtteilen halten die Schusswechsel auch während der Nacht an, so im Bereich der Co. C, 1./304 am Goethepark. [103]

Das CCR beginnt nach der Übergabe der Verantwortung an das RCT 304 mit dem Vorrücken durch die Stadt. Während die letzten Teile seines CT 50 gegen Mitternacht den Fluss überschreiten, rücken Vorauskräfte langsam durch die ungesicherten Stadtgebiete vor, um die südlich der Stadt befindlichen deutschen Flakbatterien zu bekämpfen. Das CT 68 wartet weiter am westlichem Ufer des Flusses darauf, dem CT 50 zu folgen.

Während das verstärkte 1./304 im Tagesverlauf in Zeitz kämpft, bereiten sich die anderen Teile des RCT 304 im Raum Kretzschau auf die Fortsetzung des Vorstoßes zur Mulde vor. Außerdem gilt es die verbliebenen deutschen Widerstandsnester in diesem Abschnitt zu beseitigen. Am Morgen kommt es dabei immer wieder zu Zwischenfällen.

Als am frühen Morgen eine Patrouille der AT Co. des 304th InfRgt mit zwei Jeeps Kretzschau verlässt, gerät sie in der Nähe des Ortes in einen Hinterhalt. Starkes Gewehrfeuer schlägt ihnen aus Richtung des Höhenrückens östlich des Ortes entgegen. Nachdem ein Fahrer verwundet zusammensinkt, gelingt einigen der Männer die Flucht. Die Fahrzeuge bleiben zurück. Acht Mann geraten in Gefangenschaft.[104] In Kretzschau zurückgekehrt berichten die Lieutnant's Wooten und Bliss vom Überfall und Lt.Col. Donald J. Richardson, der Co des 2./304, alarmiert seine Co. F.[105]

Aufgesessen auf Lastwagen fahren sie in Begleitung von zwei Panzern des 2nd Plat. Co. A, 749th Tk Bn und Panzerjägern der Co. C, 691st TD Bn nach Näthern.[106] Bei der Durchsuchung des Ortes ergeben sich ihnen einige Flakhelferinnen. Einen Kilometer südlich des Ortes stoßen sie bei der Durchsuchung der Umgebung auf Widerstand. Von hier aus war die Kolonne bereits bei ihrer Anfahrt beschossen worden. Es ist die Flakstellung an den Tonteichen, welche den Truppen des CCR bereits am Vortag Probleme bereitet hatte. Anscheinend ist eine kleine Gruppe weiter gewillt, den Kampf trotz der mehr als aussichtslosen Lage fortzusetzen. Die Panzer und Panzerjäger fahren in Feuerposition und mit der Unterstützung einer MG Sect. der Co. H wird die Stellung unter Beschuss genommen. Dann schwärmen Capt. Retire's Infanteristen aus und rücken in einer Umfassungsbewegung vor. Als am Mittag das Schießen endet, ergeben sich 95 Soldaten, unter ihnen auch vier weiblich Luftwaffenhelferinnen. Sie hatten sich zuletzt in einem kleinen Wäldchen versteckt und werden nun mit erhobenen Armen nach Kretzschau abgeführt.[107] Dank der stark ausgebauten Stellungen haben sie kaum Verluste zu verzeichnen. Bekannt ist nur der Tod des Flakunteroffiziers Paul Schinke, der am 16. April bei Kretzschau gefunden wird.[108] Zehn 12,8cm Flakgeschütze, eine Radaranlage und ein großer Flakscheinwerfer fallen den Angreifern in die Hände.[109] Kurz darauf finden sie auch die zwei Jeeps und die acht gefangengenommenen Männer der AT Co. wieder. Bis auf den verwundeten Fahrer sind alle unversehrt.

In Kretzschau ergeben sich den Männern der HQ Co des 2./304 im Tagesverlauf zwölf weitere deutsche Flakhelferinnen.[110] Obwohl diese gemäß den Befehlen der Wehrmachtsführung rechtzeitig aus den feindgefährdeten Bereichen zu evakuieren waren, geraten beim Vormarsch der Alliierten immer wieder Flakhelferinnen und Angehörige des weiblichen Wehrmachtsgefolges in Kriegsgefangenschaft. Viele dieser Frauen, die aus bereits vom Feind besetzten Gebieten stammen, ziehen es vor, bei ihrer Truppe zu bleiben, als sich auf den ungewissen Weg in die Heimat zu machen.

Erbeutete 12,8cm Flakgeschütze in der Stellung am Tonweg
Foto: National Archive

Das 3./304, welches in der Nacht zum 13. April den Raum Hollsteitz – Kretzschau erreicht, versammelt sich. In der Nacht befreite amerikanische Kriegsgefangene werden aus Kretzschau in Sicherheit gebracht, da der deutsche Widerstandsherd bei Grana zu diesem Zeitpunkt den Truppen noch erhebliche Sorgen bereitet. Während im Tagesverlauf die Co. I und L entsandt werden, um den Zeitzer Stadtteil Aue zu sichern, marschiert die Co. M mit Panzern des CT 68 von Hollsteitz nach Theißen, wo sich bereits die Co. K befindet. Der Konvoi wird dabei zeitweise durch den Widerstand umgangener deutscher Kräfte aufgehalten.

Der 3rd Plat. Co. A, 749th Tk Bn, der gemeinsam mit dem 2nd Plat. von Osterfeld kommend um 07.00 Uhr (B) Döschwitz erreicht hat, verbleibt im Raum.

Maj.Gen. William R. Schmidt, CG 76th US InfDiv, trifft tagsüber in Kretzschau ein und besucht den Regtl.CP 304 sowie die CP des 2. und 3./304, um Lt.Col. Choquette und seine Kommandeure persönlich in die kommenden Aufgaben einzuweisen.

General Schmidt
Foto: National Archive

Am späten Abend verlegt das RCT 304 seinen Regtl.CP nach Zeitz. Dem 2./304, dass sich mit der HQ Co. und der Co. F bei Kretzschau versammelt hat, wird der Befehl zur Vorbereitung der Verlegung nach Droßdorf erteilt. Von dort aus soll es am nächsten Tag dem Angriff des CCA der 6th US AD zur Mulde folgen. Hierfür kehren die nach Mitternacht in Zeitz abgelöst Elemente des 2./304 nach Kretzschau unter die Kontrolle des Bataillons zurück. Auch die Co. E, die seit dem Vortag Brücken entlang der Saale gesichert hatte, erreicht Kretzschau und vereinigt sich mit dem Bataillon. Das 3./304 geht in die Regtl.Res.

Im Südabschnitt der 76th US InfDiv folgt das RCT 385 mit den Sherman-Panzern der Co. C, 749th Tk Bn und einem Platoon leichter Panzer der Co. D, 749th Tk Bn dem CCA der 6th US AD in den Raum westlich von Zeitz.

Das 2./385 unter Lt.Col. James K. Schmidt rückt mit dem 2nd Plat. Co. C, 749th Tk Bn über Sieglitz, Molau, Schkölen vor und säubert die Orte Seidewitz und Hainchen. Dann geht es weiter und die Orte Nautschütz, Pratschütz, Klein-helmsdorf, Lindau und Roda werden bis 13.15 Uhr (B) besetzt, bevor das Bataillon im Raum Roda - Stolzenhain hält. Hier bereitet es sich darauf vor, motorisiert zu werden, um dem 1st Bn an der linken Flanke des RCT 385 zu folgen.

Das 1./385 (mot.) unter Lt.Col. George C. Clowes überquert mit dem 1st Plat. Co. C, 749th Tk Bn aus dem Raum Apolda kommend die Saale in Camburg und marschiert nach Osten. Im Raum Stolzenhain passiert das 1./385 die Linien des haltenden 2nd Bn und geht parallel auf Walpernhain und Weißenborn vor. Hassel, das bereits am Vortag eingenommen wurde, wird besetzt. Dann rücken die Infanteristen vorsichtig auf das unbesetzte Droyßig vor.

Hier sind seit dem Morgen Explosionen und Feuergefechte aus Richtung der Flakstellung zu hören. Über dem Ort dreht ein amerikanischer Artilleriebeobachter ungestört seine Runden. An vielen Häusern wehen weiße Fahnen. Die Bevölkerung sehnt den Moment herbei, an dem die Amerikaner den Ort besetzen und die Gefahr eines weiteren Beschusses, wie am Vortag, vorüber ist.

Doch in der Mädchenoberschule befindet sich noch immer eine größere Gruppe Napola-Schüler und ihre Erzieher. Als wäre nichts geschehen, laufen die Jungen durch den Ort und grüßen jeden mit dem gewohnten „Heil Hitler“.[111] Angesichts der weißen Fahnen, fordern zwei der Erzieher das Einziehen der Fahnen. Doch nur einige folgen der Aufforderung.[112] Die Angst vor den amerikanischen Granaten ist größer.

Und die Angst ist berechtigt. Wie in einem solchen Fall üblicherweise verfahren wurde, beschreibt die Chronik des 385th InfRgt *„385th in the ETO“*: *„Weiße Fahnen flatterten an den Häusern in Deutschland... Wenn die Fahnen herauskamen, fuhren die Truppen hinein und weiter. Wenn die Fahnen nicht flatterten, wurde die Artillerie gerufen, wurden die Panzerjäger gerufen, die Granatwerfer in Stellung gebracht, wurde alles gerufen, was verfügbar war und wir schickten sie in die Hölle. Ein paar SS-Leute verteidigten manchmal eine Stadt und die Bevölkerung wurde (unfreiwillig) zum Kämpfen gezwungen. Dann ging die Artillerie in Stellung und die Panzerjäger fuhren in der Nähe auf dem freien Feld in Stellung. Dann wurde die Stadt beschossen. Immer noch keine Fahnen? Dann wurde weiter beschossen, was zu beschießen war. Und so weiter. Stadt auf Stadt.“*

Otto Schumann Foto: Heimatverein Droyßig e.V.

Droyßig hat Glück im Unglück. Trotz der weißen Fahnen ist Lt.Col. Clowes vorsichtig. Man hatte ihn vor deutschen Truppen und den Napola-Schülern gewarnt, die sich in der Umgebung befinden sollen.[113] So stellt er dem Bürgermeister bis 12.00 Uhr ein Ultimatum zur Übergabe der Stadt.[114] In Anbetracht der Gefahr verlässt ein Teil der Bevölkerung fluchtartig den Ort in Richtung der amerikanischen Linien bei Weißenborn und Hassel. Die letzten Wehrmachtssoldaten ziehen Richtung Zeitz ab. Jetzt sind nur noch die Napola-Schüler im Ort. Es gelingt dem amtierenden Bürgermeister Otto Schumann deren Erzieher davon zu überzeugen, nichts gegen die amerikanischen Truppen zu unternehmen. Die Vernunft siegt siegt. Dann begibt er sich in Begleitung des Gemeindedieners Franz Selzer zu Fuß nach Hassel und übergibt den Ort Aufgesessen auf dem ersten Panzer, erreichen sie mit den amerikanischen Truppen um 13.00 Uhr den Ort.[115] Außer einigen Schüssen, die zum Angstmachen in die Luft abgegeben werden, passiert nichts.[116] Die Straßensperre am Gasthof „Zum Adler“ wird einfach umfahren und später von der Bevölkerung abgebaut. Mit vorgehaltenen Gewehren durchsuchen die Infanteristen immer noch vorsichtig die Keller und Gebäude.[117] An der Mädchenoberschule ergeben sich die Napola-Schüler. Gemeinsam mit einigen Soldaten und Männern, die im Ort und der Umgebung gefangengenommen wurden, werden sie an der Mauer der Schule aufgestellt und durchsucht. Dann werden die Erwachsenen abtransportiert. Die etwa 40 Napola-Schüler verbleiben in der Mädchenoberschule. Noch am gleichen Tag werden Sie durch ein CIC-Team vernommen.[118]

Sie sind jetzt zwar interniert, haben aber überlebt. Ihre zwei Kameraden, die am Vortag getötet wurden, werden gemeinsam mit einem aufgefundenen, deutschen Soldaten später auf dem Droyßiger Friedhof beerdigt.[119] Doch es werden nicht die letzten Toten bleiben.

Am 22. April kommt es in Droyßig zur Katastrophe. Einer der Schüler berichtet über das, was an diesem Tag geschah: *„Wir wurden zum Waffensammeln in den Wäldern der Umgebung eingeteilt. ... Später wurden die 15 Größten und Stärksten von uns ausgesucht, um den vollen Wagen mit Munition, Handgranaten und Panzerfäusten an eine alte Scheune vor dem Dorf in östlicher Richtung an der Straße nach Zeitz gegenüber dem Friedhof zu bringen und zu entladen. Dies sollte am Sonntag früh, dem 22. April 1945 geschehen. ... Um die Zeit lag ich mit den anderen nicht Eingeteilten im Schlafsaal des Landschulheims und hörte plötzlich eine gewaltige Detonation, so dass die Scheiben zitterten. Ich lief sofort quer über die Äcker Richtung Feldscheune. Als ersten sah ich S.; er hatte einen Unterschenkel verloren, dann E. ohne Unterarm. Beide lagen auf dem Acker und konnten sich nicht erheben. Bei K. war der Fuß kaputt. Die Amerikaner fuhren unverzüglich nach dem bekannt werden alle Verwundeten in Sanitätswagen nach Zeitz ins Krankenhaus. Am Nachmittag kam ein Wagen zurück. Ich war gerade im Schulhof und musste einsteigen, um ihnen den Weg zum Friedhof zu zeigen – und dann mit ausladen."*[120]

Frau Anneliese Hädicke aus Droyßig schildert im Jahr 2001 ihre damaligen Erlebnisse so: *„...hörte ich eine schreckliche Explosion ganz in unserer Nähe. Ich lief auf die Straße und sah einen blutüberströmten Jungen, der nur noch Fetzen am Körper hatte, den Hügel hinunter auf mich zu laufen. Er rief: ‚Helfen sie uns, helfen sie uns!' Dann brach er kurz darauf vor unserem Haus zusammen... An der Feldscheune sah es grauenvoll aus. Tote und schwerverletzte Kinder lagen da in ihrem Blut. ... Die Amerikaner waren schnell mit Sanitätsfahrzeugen da, um die Verwundeten zu versorgen und ins Krankenhaus zu bringen, den Sanitätsfahrzeugen voraus fuhr ein Mannschaftswagen mit Soldaten, die Blut spenden sollten. ... Es war entsetzlich, es war das Schlimmste, was ich im ganzen Krieg gesehen habe."* [121]

Was war genau geschehen? Einem der Jungmannen war beim Abladen des Wagens eine ungesicherte Panzerfaust aus der Hand gefallen. Als diese auf dem Boden aufschlug, kam es zur Explosion und die gesamte Ladung flog in die Luft.[122] Durch die Wucht der Explosion sterben vier der Jungmannen und ein Erzieher, zwei von ihnen gerade 15 Jahre alt. Ein weiterer Jungmann erliegt später seinen schweren Verletzungen. Drei andere werden schwer und sechs leicht verletzt.

Im Mai 1945 verlassen die internierten Jungmannen der N.P.E.A. Naumburg die Droyßiger Mädchenoberschule und kehren nach Hause zurück.[123]

Grabstein für die Gefallenen in Droyßig Foto: Walter Becker

Während Droyßig noch gesäubert wird, setzen die Spitzen des 1./385 an diesem 13. April den Vormarsch nach Mannsdorf gegen leichten Widerstand fort. Dabei wird ein Panzer 200 Meter südlich des Droyßiger Friedhofs in der Nähe der Flak-Baracke von einer Panzerfaust getroffen und zerstört.[124] Um 18.00 Uhr (B) ist Salsitz gesäubert und das Bataillon versammelt sich für die Nacht. Insgesamt macht das Bataillon an diesem Tag 100 Gefangene.

Das 3./385 unter Lt.Col. James C. Leighton überquert am Morgen um 05.30 Uhr (B) die Saale in der Nähe von Dornburg mit Sturmbooten und säubert bis 10.30 Uhr (B) Frauenprießnitz, Wetzdorf und Dothen. Bis 15.40 Uhr (B) werden Tünschütz, Großhelmsdorf und Königshofen genommen und der Vormarsch wird bis 21.00 Uhr (B) in den Raum Wetterzeube fortgesetzt. Das 2./385 folgt am Abend dem 1st Bn von Stolzenhain aus nach Salsitz und überquert die Weiße

Elster über die Brücke am Bahnhof Haynsburg. In der Nacht bezieht das Bataillon Quartier in Katersdobersdorf.

In Droyßig trifft am 13. April gegen 15.30 Uhr (B) der Regtl.CP des 385th InfRgt von Camburg über Schkölen, Böhlitz und Roda kommend ein und bezieht bis zum 15. April 1945 Quartier. Auch der Co.CP, Co. C, 749th Tk Bn erreicht den Ort und quartiert sich in den Häusern ein.

Hinter dem RCT 304 und 385 rückt an diesem Tag das RCT 417 unter Col. George E. Bruner mit der unterstellten Co. B, 749th Tk Bn und einem Plat. Co. D, 749th Tk Bn als Reserve der 76th US InfDiv nach Osten vor.

Das 1./417 beginnt die Bewegung aufgesessen auf den Panzern des 1st Plat. Co. B, 749th Tk Bn aus dem Raum Neidschütz – Boblas und besetzt die Orte Mertendorf, Wettaburg, Beuditz, Droitzen, Löbitz, Görschen, Pretzsch, Korseburg und Schleinitz, unterquert die Autobahn und besetzt Kistritz, Unterkaka, Zellschen, Meineweh, Priesen, Hollsteitz, Gladitz, Streckau und Weidau. Dann rückt das Bataillon gegen Abend nach Aue vor und gerät in einen deutschen Luftangriff. Es gelingt den Männern der Co. D mit ihren schweren Maschinengewehren eines der Flugzeuge abzuschießen.[125] Ohne Verluste erreicht das Bataillon die Auebrücke, wo es hält. Dann bekommt der Bn CO, Lt.Col. Clarence A. Mette, den Befehl, seine Infanteristen zur Ablösung des 1./304 und der Kräfte des CT 50 über den Fluss zu führen. In den späten Abendstunden überquert das Bataillon unter Beschuss die Weiße Elster über die Reste der gesprengten Brücke.

Das 2./417 rückt mit Unterstützung des 3rd Plat. Co. B, 749th Tk Bn aus dem Abschnitt Leislau - Prießnitz nach Osten vor und besetzt die Orte Kleingestewitz, Meyhen, Köckenisch, Casekirchen, Seidewitz, Großgestewitz, Cauerwitz, Utenbach, Kaynsburg, Seiselitz[126], Pitzschendorf, Haardorf, Goldschau, Waldau, Osterfeld, unterquert die Autobahn und besetzt Weickelsdorf, Thierbach, Quesnitz, Kirchsteitz, Döschwitz und erreicht Grana. Bei dem Vorstoß werden insgesamt 173 Gefangene gemacht. Die TF Levy, gebildet aus dem 3./417 (mot) und dem 2nd Plat. Co. B, 749th Tk Bn, bleibt in der Regtl.Res. und bezieht einen Versammlungsraum in der Nähe von Löbitz. Der Regtl.CP verlegt am frühen Morgen von Bergsulza nach Osterfeld und entfaltet um 07.25 Uhr (B) in der Stadt sein Quartier.

Einen wesentlichen Anteil am erfolgreichen Vormarsch leisten die kampfunterstützenden Verbände der 76th US InfDiv. Die DivArty der 76th US InfDiv unterstützt während des Tages den Angriff der Infanterie aus rückwärtigen Stellungen. Das Feuer der 105mm Haubitzen des 302nd FA Bn unterstützt von Kretzschau aus den Angriff des RCT 304, das 355th FA Bn von Zschorgula aus das RCT 385 und das 901st FA Bn von Stellungen bei Neidschütz das RCT 417. Die 416th FA Gp verstärkt mit ihrem Feuer die DivArty der 76th US InfDiv. Das 778th AAA AW Bn unterstützt mit seinen Batterien die Regimenter der Division und sichert die Stellungen der Artillerie. Der Bn.CP erreicht am Abend Quesnitz. Während der Bn.CP des 301st Engr C Bn in Bad Sulza verbleibt, machen ihre Kompanien in vorderster Front der RCT's den Weg für die Infanteristen und Panzer frei. Gleiches gilt für die Aufklärer des 76th Rcn Tp, deren CP in Tromsdorf verbleibt.

Der Bn.CP des unterstellten 749th Tk Bn verlässt um 10.00 Uhr (B) Nirmsdorf und fährt nach Osterfeld. Um 19.00 Uhr (B) befindet sich der Bn.CP in Bonau und die Co. D sowie die Svc Co. 749th Tk Bn erreichen von Oberreissen kommend den neuen Versammlungsraum bei Theißen. Der Bn.CP des 691st TD Bn erreicht Kretzschau. Der Div.CP der 76th US InfDiv verlegt nach Hollsteitz und bezieht Quartier.

Der Gefechtstand des XX. US Corps verlegt nach Weimar, wo er bis zum Abschluss der Kämpfe verbleibt.

Nördlich des Angriffstreifens der 3rd US Army vollenden an diesem Tag die Infanteriedivisionen und die 102nd CavGp des V. US Corps die Besetzung der Region zwischen Querfurt und Naumburg, während das CCA und CCB der 9th US AD, welche auf Grund des starken Widerstandes und fehlender Brückeübergänge entlang der Saale zwischen Schkopau und Weißenfels aufgehalten wurden, südostwärts zur Saale zwischen Leuna und Weißenfels bzw. über Naumburg an Weißenfels vorbei auf ihre ursprüngliche Angriffsroute geleitet werden. Gemeinsam mit dem, bereits westlich der Weißen Elster stehenden, CCR sollen sie zügig zur Phasenlinie „GEORGIA", die durch Leipzig über Groitzsch nach Meuselwitz verläuft, vorstoßen und bei der Fortsetzung des Angriffs die Mulde nicht überschreiten. Die nachfolgende Infanterie soll den umgangenen Widerstand entlang der Saalelinie brechen.

Das CCR der 9th US AD setzt in der Nacht den am Vortag im Raum Obernessa begonnen Vormarsch zur Sicherung von Flussübergängen über die Weiße Elster fort. In drei Kolonnen vorgehend, hat das CCR in der Nacht mit erheblichen Problemen zu kämpfen. Zu den weit vorauseilenden Aufklärungskräften reißt immer wieder der Kontakt ab. Die Aufklärer des Tp. B, 89th CavRcnSq unter Führung von Capt. Atwood und dem unterstellten 2nd Plat. Tp. E, 89th CavRcnSq und 2nd Plat. Co. F, 89th CavRcnSq haben um 00.00 Uhr (B) Trebnitz verlassen und setzen sich vor die Kolonne der TF Schantz, 2nd Tk Bn. Bis 05.30 Uhr (B) kommen sie gerate einmal sieben Meilen voran. Kurz nach der Morgendämmerung trifft um 05.31 Uhr (B) die Aufklärungsspitze bei Zangenberg auf feindlichen Widerstand. Deutsche Sicherungen nutzen den Überraschungsmoment und in weniger als einer halben Stunde verliert der Tp. B einen Jeep und einen Panzerspähwagen M-8 Greyhound. Der Spähwagen wird von einer Panzerfaust getroffen, wobei zwei Soldaten im Fahrzeug verwundet werden. Ein weiterer Soldat wird durch Scharfschützenfeuer verwundet. Während die 75mm Kanonen der M-8 Haubitzen des 2nd Plat. Tp. E, 89th CavRcnSq von Lt. LeVangie 50 Sprenggranaten in Richtung des Feindfeuers verschießen, ziehen sich die Aufklärer zurück. In der Dunkelheit erkennen die Aufklärer nicht, dass vor ihnen in der Nonnewitzer Flur eine kampfbereite Flakstellung liegt, welche eine ernsthafte Gefahr für die nachfolgenden Panzer darstellt. Das ungezielte Granatfeuer führt zu ersten Verluste in der Stellung, wo mehrere Männer durch Splitter verwundet werden.[127] Gegen 06.45 Uhr (B) schwenken die Aufklärer nach Nordosten und erreichen Profen, wo die weiße Fahne am Kirchturm weht. Die Aufklärer sichern dem Bürgermeister zu, dass die Stadt nicht beschossen wird. Vor der Großbatterie Predel der s.Flak.Abt. 662 (o) der Flak.UGr. Zeitz, westlich des Ortes, warnt er sie jedoch nicht. Nachdem die Aufklärer auf der Suche nach einem Brückenübergang weiterfahren erscheint ein Offizier der Flak im Ort und holt die weiße Fahne wieder herunter. Den Bürgern teilt er mit: *„Hier wird bis zum letzten Mann gekämpft."*[128]

Die TF Schantz fährt in der Nacht nach Südosten und schwenkt bei Theißen nach Osten in Richtung der Elsterbrücken, nördlich von Zangenberg. Als sich die Kolonne über Nonnewitz und Unterschwödnitz auf Zangenberg zu bewegt, gerät sie im Morgengrau ohne Vorwarnung vor die Rohre der Flak.

Jetzt eröffnen die, am Rand der Stellung stehenden, Geschütze der aus 36 8,8cm Flakgeschützen bestehenden Großbatterie Nonnewitz aus unmittelbarer Nähe das Feuer in die Flanke der vorrückenden Panzer. Sofort stoppt die Kolonne, die nicht gleich erkennt, woher der Feuerüberfall kommt. Während die Co. B, 2nd Tk Bn und der AG Plat. an der Spitze der Kolonne nach vorne sichert, richten sich die Rohre der Co. A, 2nd Tk Bn nach rechts und die Co. D, 2nd Tk Bn sichert den Rücken und die Trains in Unterschwödnitz. Die Panzer schießen Sperrfeuer Richtung Zeitz und Zangenberg. Im ersten Tageslicht wird Maj.

Schantz klar, dass der Beschuss aus südlicher Richtung kommt. Jetzt nehmen die Sherman-Panzer der Co. A, 2nd Tk Bn unter Führung von Capt. John E. De Roche dieses Gebiet unter direktes Feuer. Einzelne Panzer fahren nach hinten und greifen mit Unterstützung der abgesessenen Infanteristen die Flakstellung südlich von Unterschwödnitz an. Zwischen den Panzern und den Flakgeschützen entwickelt sich ein heftiges Feuergefecht. Inzwischen sind die 105mm Panzerhaubitzen des 73rd AFA Bn unter dem Kommando von Lt.Col. John J. MacFarland bei Pirkau in Stellung gegangen und unterstützen die Panzer mit ihrem Feuer. Ihr Feuer wird durch die Panzer der Co. A geleitet, bis ein Vorgeschobener Beobachter der Artillerie einen ausgezeichneten Beobachtungsposten bezogen hat und die Feuerleitung übernimmt. Der AG Plat. zerstört einige Geschütze, welche in einer Entfernung von mehr als 500 Metern hinter einem Gebäude rechts der Strasse versteckt sind. Die Männer in der Stellung haben mit ihren Geschützen ohne Erdzieleinrichtung und ohne infanteristischen Schutz kaum eine Chance. Im Granathagel der Panzer und Artillerie sterben in der Flakstellung 19 deutsche Soldaten, unter ihnen der 16-jährige Herbert Schmolke.[129] Walter Netzstein aus Alsfeld bei Eisleben verbrennt. Hauptvormann Walter Borde aus dem Sudetenland stirbt, als eine Granate das Nachbargeschütz trifft und die dort lagernde Munition explodiert. Kilian aus dem kleinen Ort Labrun bei Torgau wird in seinem Schützenloch durch eine Handgranate getötet.[130] Auch die Co. A verzeichnet nach den Kämpfen zwei Tote und einen Verwundeten. Gegen 09.00 Uhr (B) ziehen sich die Panzer auf Grund des anhaltenden Widerstandes zurück. In dieser Situation erhält Maj. Schantz den Befehl des CCR zum Rückzug aus diesem Gebiet. Die Aufklärer hatten keine intakten Brücken bei Zangenberg gemeldet. Um 10.30 Uhr (B) schwenkt die Task Force unter dem Schutz des starken Feuers des 73rd AFA Bn nach Norden. Die Nachhut bildet die Co. A, 2nd Tk Bn, welche sich als letzte vom Feind löst. In der Flakstellung bergen die Überlebenden die Toten und Verwundeten. In einem Grab am Südostrand der Stellung finden die Gefallenen ihre letzte Ruhestätte. Doch trotz der Verluste denken die Offiziere nicht an Kapitulation – der Wahnsinn soll weiter gehen. Der Marsch der TF Schantz geht in Richtung Beersdorf, wo sie sich am Mittag mit den anderen Kräften vereinigt. Erstmals seit der Versammlung am vorhergehenden Abend bei Obernessa werden die Männer verpflegt und die Fahrzeuge werden aufgetankt.

Noch mühsamer als die TF Schantz auf der Südroute kommt die TF Deevers in der Dunkelheit voran. Im Bereich des Braunkohlereviers bei Werschen und Gröben verschwinden Straßen immer wieder im Nichts und die Kolonne wird zur Umkehr und Suche nach einer neuen Strecke gezwungen. Bis zum ersten

Tageslicht ist die Kolonne nicht weiter als bis Tackau gekommen. Als sich die TF Deevers über Mutschau nach Döbris bewegt, erhält sie gegen 06.45 Uhr (B) Direktbeschuss und Granaten explodieren in der Nähe der Kolonne.

Jetzt melden sich die Geschütze der 6./s.Flak.Abt. 662 (o) in der Flur Märzen zwischen Predel und Profen zu Wort und feuern aus ihrer Stellung auf die, im ersten Morgenlicht auftauchenden, Fahrzeuge. Die 120 Flaksoldaten und russischen Hilfswilligen der Batterie haben bereits die ganze Nacht an ihren zwölf 8,8cm Flakgeschützen und in den Vorpostenlöchern in Gefechtsbereitschaft ausgeharrt. Die Besatzungen zweier weiterer Batterien mit Italienern und Ungarn, hatten nach Auslösung des Panzeralarms in der Nacht ihre Stellungen unter Zurücklassung der 24 Geschütze verlassen und sich abgesetzt. Die in der Großbatterie befindlichen Luftwaffenhelferinnen waren direkt nach Auslösung des Alarms durch den Batteriechef, Oblt. Möller, entlassen worden. Dieser ist entschlossen, den Befehlen folgend, bis zuletzt zu kämpfen. Das es ihm in seinem Tun Ernst ist, hatte er bereits Anfang April 45 bewiesen, als er einen in der Gastwirtschaft Predel verhafteten Deserteur vor ein selbsteinberufenes Kriegsgericht stellte und zum Tod verurteilte. Nach der Feuereröffnung erwartet man nun den Angriff der amerikanischen Truppen auf die Stellung. Doch dieser bleibt aus. Störfeuer in Richtung der Stellung schießend, rollt die Kolonne weiter.[131]

In dieser Phase erhält Maj. Deevers die Information, dass die TF Shaughnessy des 3./273 den Kontakt zum CCR verloren hat und bei Beersdorf hält. Die TF Shaughnessy hatte in der Nacht eine andere Marschstrecke gewählt und war über Keutschen und Köttichau nach Osten vorgerückt. Bei Beersdorf - Costewitz vereinigt sich die Kolonne des 27th AIB mit dem 3./273 und 2nd Tk Bn. Noch am Vormittag rückt eine Kompanie des 3./273 mit Unterstützung eines Plat. Panzerjäger der unterstellten Co. C, 656th TD Bn über Lützkewitz vor und sichert die Brücke östlich von Greitschütz, wo bereits Kräfte des CT 69 der 6th US AD seit der Nacht stehen.[132]

Die 105mm Haubitzen des 73rd AFA Bn des CCR nehmen im Verlauf des Vormittags, geleitet durch Artilleriebeobachtungsflugzeuge, die Flakstellung Predel unter direkten Beschuss. Wiederholte Versuche, die kleinen einmotorigen Flieger abzuschießen, scheitern. In der Stellung gibt es die ersten Verluste. Ludwig Eibeler aus Berghofen bei Sonthofen ist der erste Gefallene. Als Antwort feuern die Flakgeschütze auf die amerikanischen Truppen im Raum Dobergast. Obwohl ihnen keine Panzersprengmunition zur Verfügung steht und jedes Geschütz nur sechs Aufschlagzünder für die Flakgranaten hat, melden Beobachter Treffer und Brände.[133]

Nachdem das CT 69 am Vormittag den Brückenkopf östlich von Lützkewitz verlassen und den Angriff nach Südosten aufgenommen haben, beginnt am Nachmittag an der Spitze des CCR die TF Schantz aus dem Versammlungsraum bei Beersdorf heraus mit der Überquerung der Weißen Elster über die Trautzschener Brücke. Als sich die Aufklärer des Tp. B, 89th CavRcnSq auf der Zeitzer Straße nordwärts fahrend Groitzsch nähern, kommen sie unter Beschuss durch die am Südrand von Groitzsch eingegrabenen 10,5cm Flakgeschütze der 3. und 4./s.Flak.Abt. 323 und einer RAD-Batterie.

Zwei Aufklärungsjeeps und ein leichter Panzer werden zerstört. Das Flakfeuer verhindert, dass die begleitende Infanterie absitzen kann, um gemeinsam mit den Aufklärern in die Stadt einzudringen. Die Task Force wird gezwungen zu halten und Luftunterstützung anzufordern um den Widerstandsknoten zu bekämpfen. Da keine Luftunterstützung verfügbar ist, nimmt das 73rd AFA Bn aus Stellungen westlich der Weißen Elster die Flakbatterien unter Beschuss. Inzwischen wendet der Rest der Kolonne und zieht sich aus Altengroitzsch südwärts zurück um den Vormarsch auf einer anderen Route fortzusetzen. Erst durch den massiven Einsatz der Feldartillerie gelingt es bis um 16.50 Uhr (B) das Feuer der Flak so zu reduziert, dass sich die Aufklärer und den Panzermännern zurückziehen können.

Inzwischen hat auch die TF Deevers die Weiße Elster über die einzige verfügbare Brücke nördlich von Lützkewitz überquert und gerät gegen 15.00 Uhr (B) zwischen Nöthnitz und Obertitz ebenfalls unter Direktbeschuss durch die 10,5cm Flakgeschütze. Gleichzeitig eröffnen bei Obertitz stehende deutsche Panzerabwehrgeschütze das Feuer auf die Kolonne. Ein Halbkettenfahrzeug und ein Sturmgeschütz werden durch Treffer zerstört. Den Panzern gelingt es einige der Flakkanonen außer Gefecht zu setzen, während abgesessene Infanterie mit Unterstützung der Panzer die Geschütze in Obertitz zum Schweigen zu bringen. Von Obertitz aus setzt die Kolonne den Marsch nach Pödelwitz fort, wo die TF Deevers für die Nacht hält.

Über Langenhain bewegen sich die Spitzen der TF Schantz nach Hohendorf und besetzten den Ort. Die TF Schantz bezieht im Raum Langenhain - Hohendorf Quartier. Der Bn.CP wird in Langenhain errichtet. Um 23.45 Uhr (B) erhält Maj.

Schantz den Befehl, den Angriff am nächsten Tag um 11.30 Uhr (B) fortzusetzen und so weit wie möglich nach Osten zur Mulde vorzustoßen.

Das 3./273, dass seit dem Vormittag die Trautzschener Brücke gesichert hat, folgt als letzter Verband des CCR der TF Deevers, nachdem alle Kräfte des CCR die Brücke passiert haben. In der Nähe von Altengroitzsch geraten auch sie unter schweres Flakfeuer. Lt.Col. Leo W. Shaughnessy gibt seinen Infanteristen den Befehl zum Angriff auf die Stellung und zur Säuberung des Gebietes südlich der Stadt Groitzsch. Nach kurzem aber heftigen Kampf wird die Stellung überrannt. Die Co. L meldet an diesem Tag elf Tote und elf Verwundete. In der Stellung werden nach dem Ende der Kämpfe 17 Gefallene und 16 bis 18 Schwerverwundete geborgen.[134] Die Infanteristen sichern die Stellung und verbleiben für die Nacht.

Das CCA der 9th US AD unter Col. Thomas L. Harrold, das am Vorabend westlich von Weißenfels aufgehalten wurde, alarmiert um 04.00 Uhr (B) seine Einheiten für den Vormarsch zur Weißen Elster. Das 2./273 unter dem Kommando von Lt.Col. Wayne G. Springer, welches dem CCA unterstellt ist, verlässt vor den Panzern um 04.00 Uhr (B) den Raum Zeuchfeld – Markröhlitz und fährt über Naumburg nach Stössen. Weiter geht das Bataillon über Kostplatz, Krauschwitz, Krössuln, Runthal, Unterwerschen, Zembschen, Steckelberg und Großgrimma nach Pegau, wo es um 14.00 Uhr (B) eintrifft.

Dem 2./273 folgen die TF Engeman, 14th Tk Bn, und die TF Collins, 60th AIB. Die Kolonne der TF Engeman passiert vor der TF Collins um 07.20 Uhr (B) die Ablauflinie in Pettstädt. Ohne Probleme marschiert das CCA von Pettstädt über Markröhlitz, Naumburg, Wethau, Stössen, Kostplatz, Krössuln, Teuchern und Runthal. Um 07.50 Uhr (B) werden Kräfte des 60th AIB, die wahrscheinlich die Vorhut der TF Engeman bilden, bei Werschen gemeldet. Weiter geht es über Gosserau – Zembschen in Richtung Weiße Elster. Dann teilt sich die Hauptkolonne des CCA vermutlich im Raum Hohenmölsen in zwei Angriffskolonnen und setzt den Vormarsch mit der TF Collins im Norden und der TF Engeman im Süden fort. Die Marschroute der Task Force Engeman führt durch Steckelberg, Großgrimma, Grunau, Stöntzsch und gegen 11.30 Uhr (B) erreichen Spitzen des Bataillons die Umgebung von Pegau, wo sie sich mit dem 2./273 vereint. Bis 13.00 Uhr (B) haben sich die Hauptkräfte des CCA in Pegau versammelt und beziehen Verteidigungsstellungen nach Norden.

Als nördlichstes Kampfkommando der 9th US AD tritt an diesem Tag kurz vor Tagesanbruch das CCB aus dem Raum Schafstädt zum Angriff nach Süden an und trifft nordwestlich von Braunsbedra - Roßbach auf starkes feindliches Sperrfeuer. Auch der Versuch weiter nach Osten, zur Saale vorzudringen, scheitert am starkem Beschuss. Zu diesem Zeitpunkt erhält der CO des CCB, Col. Johnson, vom Divisionsstab den Befehl, auf der erreichten Linie zu halten und am nächsten Tag über eine, von den Pionieren in der Stadt Weißenfels zu errichtende, Brücke in einen neuen Versammlungsbereich östlich der Stadt zu verlegen.

Der Div.CP der 9th US AD erreicht von Steigra kommend über Gröbitz die Stadt Hohenmölsen und bezieht Quartier in der Stadt.

Im Nordabschnitt des V. US Corps schließen die Verbände der 2nd US InfDiv hinter den Panzern zur Linie Bad Lauchstädt – Mücheln auf. Auch die Verbände der 69th US InfDiv setzen im Rücken der 9th US AD den Vormarsch nach Osten fort.

Das 1./271 unter dem Kommando von Lt.Col. John G. Dunlop Jr., welches sich am Vortag bei Pettstädt versammelt hat, bewegt sich am Morgen südwärts nach Naumburg. Ihr Vormarsch wird durch die Kolonnen des CCA der 9th US AD behindert, welche vor ihnen die Straßen blockieren. Das Bataillon erreicht Naumburg und geht südlich an Weißenfels vorbei nach Osten bis Stöntzsch, wo es gegen 23.30 Uhr (B) ankommt und sich versammelt. Im Raum Weißenfels dauern die Kämpfe des 2. und 3./271 bis zum Abend an.

Das RCT 272 der 69th US InfDiv folgt an diesem Tag ab 09.00 Uhr (B) dem Weg der Panzer des CCR der 9th US AD. Mit dem 1./272 voraus, gefolgt vom 2. und 3./272 erreicht es um 13.40 Uhr (B) die Umgebung von Hohenmölsen, das die Kolonnen des CCA der 9th US AD auf ihrem Weg nach Osten umgangen haben. Da in der Umgebung der Stadt keine Feinde gemeldet werden, werden Patrouillen in die Stadt entsandt. Ein Jeep hält vor dem Rathaus und amerikanische Soldaten dringen in die Diensträume der Stadtverwaltung ein. Kurze Zeit später weht als Zeichen der Kapitulation der Stadt die weiße Fahne am Rathausturm.[135] Während das 1st und 2nd Bn ohne Aufenthalt an der Stadt vorbeifahren, besetzt das 3./272 die Stadt.

Der Vormarsch wird bis zum Abend bis westlich der Weißen Elster fortgesetzt und das Regiment versammelt sich mit dem 1./272 zwischen Beersdorf und

Elstertrebnitz, wo es den Kontakt mit der CCR der 9th US AD herstellt, dem 2./272 in Queisau/Dobergast und dem 3./272 in Köttichau. Das 880th FA Bn folgt dem RCT 272 und verlässt Naumburg gegen 11.25 Uhr (B) nach Jaucha. Dort trifft auch das 955th FA Bn von Bad Kösen kommend ein.

Zwischen Queisau und Beersdorf wird das 1./272 durch die 8,8cm Flakgeschütze der Stellung Predel unter Beschuss genommen wobei ein Pionierfahrzeug zerstört wird. Die Cn Co. des Regiments entkommt nur knapp dem Feuer. Unter dem Schutz des Feuers der Panzerjäger der Co. B, 661st TD Bn marschieren die Infanteristen weiter. Dabei wird ein Flakgeschütz durch das Feuer des 3rd Plat. Co. B, 661st TD Bn zerstört. Am Nachmittag erreicht das Bataillon Beersdorf und hält westlich des Flusses zwischen Beersdorf und Elstertrebnitz, wo es den Kontakt mit der CCR der 9th US AD herstellt. Während die Infanterie weiter vorrückt, nimmt das 880th FA Bn den Feuerkampf mit der Flakstellung auf und bis 20.00 Uhr (B) werden die Geschütze zum Schweigen gebracht.

Das 2./272 verlässt am späten Vormittag hinter dem 1./272 Prittitz und verlegt mit dem Regtl.CP 272 über Obernessa, Dippelsdorf, Gosserau, Werschen, Keutschen, Jaucha, Köttichau, Steingrimma in einen Versammlungsraum bei Queisau – Dobergast. Das 3./272 überquert gegen 12.00 Uhr (B) die Reichsautobahn 9 westlich von Krössuln und bezieht nach dem Erreichen von Köttichau einen Biwakraum.

In der Nacht senden die Bataillone das RCT 272 Patrouillen aus, um die Umgebung nach feindlichen Stellungen zu durchsuchen. Dabei stoßen Patrouillen des 2./272 von Queisau aus auf die Flakstellung Predel, von der ihnen Zwangsarbeiter berichtet hatten. Aufklärungspatrouillen des 3./272 erreichen den Rand der Flakstellung in dem Abschnitt, welcher bereits am Vortag von den Besatzungen verlassen wurde. Ohne weiter vorzudringen ziehen sie sich zurück, da sie annehmen, dass sich die Besatzung auf rückwärtige Verteidigungsstellung zurückgezogen hat. Die Stellung, die den ganzen Tag die amerikanischen Verbände bei ihrem Vormarsch unter Beschuss genommen hatte, war von diesen umgangen worden und bedroht jetzt die Flanke der nachfolgenden Infanterie. Doch noch erteilt der CO RCT 272, Col. Walter D. Buie, keinen Befehl zum Angriff. In der Flakstellung bestattet die Besatzung am Abend den gefallenen Ludwig Eibeler mit einem schlichten Soldatenbegräbnis, während die Vorposten ängstlich und nervös in die Nacht lauschen.

Helden-Gedenken

an unseren lb. unvergeßlichen

Sohn und Bruder

Ludwig Eibeler

Soldat in einer Flakbatterie

—

Geboren am 20. März 1928

gefallen am 13. April 1945

in Predel bei Zeitz (Leipzig)

—

Du hast ihn uns geliehen, o Herr, und er war unser Glück; du hast ihn wieder zurückgefordert und wir geben ihn Dir ohne Murren, aber das Herz voll Wehmut.

Todesanzeige für Ludwig Eibeler Mit freundlicher Genehmigung der Familie Eibeler

Das RCT 273 bleibt in der mobilen Div.Res.. In Naumburg trifft der Div.CP ein.

An diesem 13. April 1945 geschehen zwei Dinge, die sich den amerikanischen Truppen im Abschnitt zwischen Saale und Weißer Elster besonders einprägen werden und die sich wie ein roter Faden durch alle Kriegsberichte und Chroniken ziehen.

Am Abend dieses Tages kommt es im Raum Zeitz zu einem der seltenen größeren Angriffe der Deutschen Luftwaffe auf die amerikanischen Bodenverbände im mitteldeutschen Raum. Im „Dämmerungseinsatz", also im Schutz der untergehenden Sonne, greifen deutsche Flugzeuge zwischen 18.45 und 19.00 Uhr (B) die Panzergruppen entlang der Weißen Elster bei Audigast, Groitzsch, Zeitz, Haynsburg und Wetterzeube an.[136]

In der *„History of the 304th Infantry Regiment"* wird berichtet: *"Gerade war der "Kretzschauer Kessel" bereinigt und die PW's waren abmarschiert, als etwas Neues für Aufregung sorgte. Das war die Luftwaffe, die mit dreizehn Flugzeugen angreift, uns umkreist - angreift, abdreht - und wieder angreift. Für eine volle Stunde war der*

Himmel durchzogen von Leuchtspurgeschossfeuer und den schwarzen Wölkchen der Abschüsse der Flakwaffen des 778th AAA. Es schien, als ob all die aufgestaute Wut der letzten Wochen bei den Männern in einer fürchterlichen Explosion losbrach. Alle verfügbaren Waffen in der Stadt wurde besetzt, und es waren wenigstens ein Dutzend Männer, die zu jeder Waffe hasteten. Jene, die nicht am Auslöser waren, luden Munition nach oder wechselten die heißgelaufenen Läufe aus." Während der Luftangriff kaum Auswirkungen auf die Bodentruppen hat, werden mehrere Flugzeuge durch die amerikanische Luftabwehr abgeschossen.

Die Angaben zur Anzahl der Abschüsse sind jedoch widersprüchlich. So gelingt es dem 778th AAA AW Bn und den schweren MG's des 304th InfRgt vier Flugzeuge abzuschießen. Die Co. D, 1./417 rechnet den Abschuss eines dieser Flugzeuge ihren schweren MG's zu. Das 777th AAA AW Bn der 6th US AD meldet den Abschuss eines Flugzeuges. Ein Flugzeug wird bei Obertitz durch die Co. A, 2nd Tk Bn, 9th US AD, abgeschossen.[137]

Halftrack M 16 mit Vierlingsflak des 777th AAA AW Bn
Foto: Joseph Lalumnia, 777th AAA AW Bn, Archiv Koch, Berlin

Wenig später, um 20.15 Uhr (B), erscheint erneut ein Flugzeug über dem Abschnitt westlich von Zeitz und gerät ebenfalls sofort unter Beschuss. Das Flugzeug der II. Gruppe des KG 200, dass im Schutz der Abenddämmerung irgendwo in Deutschland gestartet war und sich anscheinend auf einem Evakuierungsflug befindet, wird getroffen und gerät in Brand. Auf der Suche nach einer Notlandemöglichkeit kreist das Flugzeug, eine zweimotorige Junkers Ju-88, dreimal brennend über die Dächer von Kretzschau, bevor es in der Nähe des Regtl.CP des 304th InfRgt in der Lehmgrube der Ziegelei zerschellt.[138]

Junkers Ju 88 Foto: Aircraft of the Fighting Powers, England 1940

Aus den Trümmern des Flugzeuges werden der Oberfeldwebel Hans Heinrich Grögor, ein weiterer Soldat und die Leichenteile einer jungen Frau und eines Neugeborenen geborgen. Gemeinsam werden sie am 17. April auf dem Friedhof von Kretzschau beerdigt.[139] Käthe Voigt aus Kretzschau schreibt an diesem 13. April 1945 in ihr Tagebuch: *„Im ganzen war's ruhig, aber am Abend ging die Hölle los. Die Maschinengewehre feuerten auf einen deutschen Flieger, der dann getroffen an Justs Lehmgrube abstürzte und wobei der Flieger mit seiner jungen Frau und einem neugeborenen Kind den Tod fanden.*" Die Vermutung, dass es sich bei der toten Frau und dem Kind um die Familie des Oberfeldwebels handelte, stellt sich erst später als falsch heraus. Die Identität der Frau und des Kindes wurde nie ermittelt.[140]

Für sie kommt der Befehl der 3rd US Army vom 14. April 1945 genau ein Tag zu spät, der den Bodentruppen ab sofort verbietet, auf feindliche Flugzeuge zu schießen, wenn diese nicht angreifen, schießen oder Bomben abwerfen.

Die Grabstätte auf dem Friedhof Kretzschau nach Kriegsende und heute
Fotos: (o.) Fam. Grögor; (re.) Möller, 2008

Hans Heinrich Grögor im November 1939
Foto: Mit freundlicher Genehmigung der Fam. Grögor

Und noch eins wird diesen Tag für die GI's unvergesslich machen. Sie erfahren über Radio vom Tod des amerikanischen Präsidenten Franklin Delano Roosevelt. Er war einen Tag zuvor in Warm Springs verstorben, doch auf Grund der Zeitverschiebung erreicht sie die Nachricht erst einen Tag später. Ein schwerer Schlag für die Alliierten, den Reichspropagandaminister Goebbels im Telefongespräch mit Adolf Hitler mit den Worten kommentiert: *„Mein Führer, ich beglückwünsche Sie. Das Schicksal hat unseren größten Feind niedergeworfen."* Doch der Tod kann die amerikanischen Truppen nicht einmal kurzzeitig stoppen, denn jetzt ist die endgültige Zerschlagung Hitlerdeutschlands mehr als nur ein strategisches Ziel – sie ist das Vermächtnis Roosevelts.

Die Lage der deutschen Truppen im mitteldeutschen Raum nimmt immer dramatischere Formen an. Dem XC. AK[141] der 7. Armee, dass sich am 13. April hinter die Weiße Elster zurückgezogen hat, wird die Div.Nr. 464 (E) des Stellv. Gen.Kdo. IV. AK im Raum Geithain unterstellt. Teile ihrer gepanzerten Gruppe kommen im Raum Audigast - Groitzsch zum Einsatz und ziehen sich nach Verlusten östlich von Groitzsch befehlsgemäß nach Osten zurück. Zu einem ursprünglich bei Zeitz geplanten Einsatz gegen die amerikanischen Panzerspitzen kommt es auf Grund der alliierten Luftüberlegenheit und der Übermacht der feindlichen Panzerverbände nicht.[142]

In der Nacht vom 13./14. April erhält die Div.Nr. 464 (Ers.) den Befehl, alle vor der Zwickauer Mulde stehenden Truppen zurückzunehmen und den Abschnitt ausschließlich Grimma bis einschließlich Penig zur Verteidigung einzurichten.[143] Außerdem wird dem XC. AK die, unter Verwendung des Div.Stab z.b.V. 469, neu aufgestellte Div.Nr. 469 unterstellt. Der Div. Gef.Std. der Div.Nr. 469 bezieht in Hain, nördlich Gera, Quartier. Die Div.Nr. 469 wird am 14. April von Gen.Maj. Eugen Theilacker übernommen, dessen K.Gr. im Raum Erfurt zerschlagen wurde. Dieser, als Div.Nr. 469 bezeichnete Verband, besteht allerdings lediglich aus Resten aufgelöster Garnisonen und Versprengten. Eine Division ist sie nur auf dem Papier.[144] Auch von einer geordneten Führung dieser Truppen durch das XC. Korps kann in keiner Phase die Rede sein. Fehlende Nachrichtenverbindungen zwischen den unterstellten Stäben und der Führung, Unkenntnis über die sich ständig verändernde Lage und Überschneidungen der Zuständigkeitsbereiche bestimmen neben der nicht vorhandenen Kampfkraft und der sinkenden Moral die militärische Gesamtlage. So verbleiben die im Abschnitt des XC. AK befindlichen Flakeinheiten im Raum Böhlen - Zeitz unter dem Kommando der 14. Flak.Div., welche befehlsgemäß dem XXXXVIII. PzK der 12. Armee untersteht, das sich nördlich der Linie Zwenkau - Grimma - Riesa befindet. Auch die Verteidigung entlang der Weißen Elster zwischen Zeitz und der Reichsautobahn 4 nördlich Gera wird nur teilweise dem XC. AK unterstellt und bleibt offiziell unter der Führung des Stellv. Gen.Kdo. IV. AK Dresden.

* * *

---

1 Die 3rd US Army erhält den Befehl zum Angriff Richtung Süden zur Einnahme der „Alpenfestung".

2 Sterberegister der Stadt Groitzsch, Stadtarchiv Groitzsch.

3 Chronik Käferhain.

4 Gem. den Daten zum Flakeinsatz während des Zweiten Weltkrieges beim Dorf Falkenhain v. Johannes Kunisch, Leipzig, 21.04.2000 – Archiv Steinert, Jena.

5 Gem. „21. April 1945 – Die Amerikaner marschieren in Falkenhain ein" v. R. Steinert in „Unsere Heimat", Heft 9/2000.

6 Siehe auch am 12. April, „Chronik der letzten Tage".

7 Gem. Wolfgang Riedel, Zeitz, in MZ v. 20.05.95. Riedel war im April 45 Melder beim HJ-Bann Zeitz und Zeitzeuge der Vorgänge in Haynsburg.

8 Geschichte der Burg Haynsburg.

9 Wolfgang Riedel berichtet von einer Kompanie Wehrmacht. Haynsburger Zeitzeugen berichten in der MZ v. 13.04.95 von einem Lehrgang Fähnriche. Ob diese in Verbindung mit der, von den Amerikanern in Zeitz genannten, Uffz.Schule standen, ist unbekannt. Da diese Schule mehrere Kompanien hatte, ist es aber ohne weiteres möglich.

10 Aus dem überlieferten Augenzeugenbericht einer unbekannten Person über die Eroberung von Haynsburg. Es handelt sich hierbei sehr wahrscheinlich um eine Frau v. Websky, damals Flüchtling im Schloss. Sie berichtet, dass sich ein Flakstab in Haynsburg befand. Es kann sich hier nur um den Stab der s.Flak.Abt. 307 handeln.

11 MZ v. 13.04.95. Artikel v. Angelika Andräs.

12 W. Riedel war bei Breitenbach auf diese Gruppe aus dem Wehrertüchtigungslager getroffen und hatte sich ihr angeschlossen.

13 Gem. „Chronik der letzten Tage".

14 Gem. Riedel. Die Angaben zu den Verteidigungsstellungen entstammen den Tagebuchauszügen aus der MZ v. 13.04.95.

15 Gem. Riedel.

16 Erinnerungen der Gerda Schulz geb. Streit, Sammlung Heimatverein Haynsburg.

17 Zitat aus einem Zeitzeugenbericht aus dem Kirchenarchiv der Kirche Haynsburg von Pfarrer Peter Barth, veröffentlicht in der DNW v. 13.04.90, siehe auch MZ v. 13.04.95. Artikel v. Angelika Andräs.

18 AAR 25th Armd Engr Bn und CCA

19 siehe DNW v. 13.04.90 und MZ v. 13.04.95

20 Gem. dem Artikel „Erst Amerikaner, dann Russen" in der MZ v. 13.04.95 soll es sich dabei unter anderem um ein Fritz Sträßner gehandelt haben.

21 Zitat aus einem Zeitzeugenbericht. DNW v. 13.04.90 und MZ v. 13.04.95.

[22] Heft 06/2005 „Aus den Kriegsjahren – April 1945 – Erinnerungen 2005" des Heimatvereins Aga e.V. Krossen wurde 1991 in Crossen umbenannt.

[23] Gem. Winkler sind keine Panzer auf der schmalen Straße zwischen dem Abzweig Nickelsdorf und Tauchlitz gefahren. Demzufolge muss die Südkolonne die Brücke zwischen Bhf. Krossen und Tauchlitz genutzt haben.

[24] Gem. Winkler, Aga, nutzten nur 5 bis 6 Panzer die Brücke, der Rest durchquerte die Weiße Elster neben der Brücke.

[25] Gem. Riedel traf er am 12.04. am Kinderheim in Katersdobersdorf auf eine Gruppe deutscher Generäle, die gerade den Ort verließen. General Petersen nennt als kurzeitigen Aufenthaltsort seines Stabes Breitenbach. Aus Breitenbach liegen zwar keine Berichte vor, dass sich Generäle im Ort befunden haben, aber es ist nicht auszuschließen. Möglicherweise war Katersdobersdorf nur ein Haltepunkt bei der Verlegung des Gefechtsstandes von Walpernhain nach Breitenbach.

[26] Zitat Riedel aus Artikel in MZ v. 20.04.95.

[27] Riedel berichtet von Panzern, die auf der Straße Richtung Lonzig standen, jedoch nicht, ob sie auch dorthin fuhren. In seinem Zeitzeugenbericht schildert er auch seine Bekleidung, die aus einer italienischen Militärjacke, einem grauen Wehrmachtshemd und einer Überfallhose bestand.

[28] Rolf Zabel in MZ v. 01.03.95.

[29] Heft 06/2005 „Aus den Kriegsjahren - April 1945 - Erinnerungen 2005" des Heimatvereins Aga e.V.. R. J. berichtet von einer Gruppe SS-Leute, die aus dem Forst nach Großaga kamen und weiter Richtung Altenburg gegangen sind. Nach Berichten sollen sich SS im Felsenkeller bei Tauchlitz aufgehalten haben.

[30] Ebenda.

[31] Ebenda. Er stirbt auf unbekannte Weise durch eine Kugel.

[32] Die Kolonne muss in Tauchlitz die Elster überquert haben und bei der Brücke über den Kanal kann es sich nur um den Floßgraben zwischen Tauchlitz und Silbitz handeln.

[33] Heft 06/2005. Mitsching nennt eine Horchgerätestellung, andere Zeitzeugen sprechen von einer Scheinwerferstellung.

[34] Gem. Winkler.

[35] Bericht von F. Mitsching, Ballenstedt, in der MZ. Ausführliche Berichte und Interviews im Heft 06/2005, Heimatverein Aga e.V.

[36] Ebenda.

[37] Ebenda. Einige Zeitzeugen berichten von zwei bis drei Toten. Auch die Todesursache wird unterschiedlich dargestellt. Einige sprechen vom Tod beim Eintreffen der Amerikaner, während ein Zeitzeuge von Erschießung nach der Besetzung spricht. Ein anderer Zeitzeuge spricht von der Tötung des Soldaten bei der Windmühle durch Tieffliegerbeschuss. Offensichtlich trifft jedoch der Bericht von Erich Kutter zu, der in unmittelbarer Nähe zum Todesort wohnte.

[38] Gem. Dieter Winkler, Aga. Bemühungen, die Namen der zwei Gefallenen zu ermitteln, waren bisher ergebnislos. Es gibt keine Eintragungen in den Pfarrbüchern von Januar bis September 1945.

[39] G-2 Bericht der 3rd US Army.

[40] Bericht von Lore Hühnerkopf, Loitzschütz, in der MZ v. 22.04.95.

[41] Bericht von Ingeburg Hubeny, Kleinpörthen, in MZ v. 24.03.95.

[42] Gem. Erhard Schramm, Zetzschdorf, damals Weißenborn, in MZ v. 17.03.05.

[43] Gem. dem Bericht von Heinrich Späte, Kayna, in Zusammenarbeit mit Barbara Ehrlich in MZ v. 30.03.05 und Archiv Volker Thurm, Kayna.

[44] Gem. Erhard Schramm, Zetzschdorf, damals Weißenborn, in MZ v. 17.03.05.

[45] Uhrzeit aus dem Bericht von Frau v. Websky.

[46] Auswertung der Ursache für die Zerstörung des Panzers erfolgte auf Grundlage der überlieferten Bilder durch Herr Oberstleutnant (Bundeswehr) Peter Domes.

[47] Herr Buschendorf aus Haynsburg berichtet von einem Jagdpanzer und drei Toten. Die Bilder aus dem Bestand des Haynsburger Heimatvereins zeigen aber eindeutig einen mittleren Sherman-Panzer. Über die drei Toten ließen sich keine Informationen in den amerikanischen Quellen finden. Im Augenzeugenbericht von Frau v. Websky heißt es, dass ein 16-jähriger die Panzerfaust abgeschossen hat.

[48] Frau v. Websky berichtet von 25 Panzern, die in Feuerstellung gingen und 25 hielten in der Entfernung. Es handelt es sich aber nicht nur um Panzer, sondern auch um gepanzerte Mannschaftstransporter der Panzerinfanterie.

[49] Joachim Mundstock in „Osterfelder Kultur- und Heimatblatt Nr. 22".

[50] Gem. Frau v. Websky.

[51] Erinnerungen der Gerda Schulz.

[52] Erinnerungen der Gerda Schulz.

[53] Gem. Frau v. Websky.

[54] Erinnerungen der Gerda Schulz. Einige sollen bis ins Vogtland und in die Tschechei gekommen sein.

[55] Zeitzeugenbericht, DNW v. 13.04.90 und MZ v. 13.04.95.

[56] Gem. Frau v. Websky.

[57] Auszüge aus dem Haynsburger Kirchenbücher, Kopien der Unterlagen des letzten Pächters der Domäne Haynsburg, Herrn Cornellius, Sammlung Heimatverein Haynsburg.

[58] Gem. dem Artikel v. Angelika Andräs in MZ v. 13.04.45 auf Grundlage der Kirchenunterlagen von Haynsburg erschienen neun Jäger über dem Ort. Dabei handelt es sich wahrscheinlich um die abdrehende deutsche Fliegerstaffel, auf die an anderer Stelle noch eingegangen wird.

[59] Gem. „Chronik der letzten Tage".

[60] Gem. Wolfgang Riedel, MZ v. 20.05.95.

[61] 1 engl. Fuß, 1ft. = 30,48cm.

[62] AAR CCB, 9th AIB und 25th Armd Engr Bn, siehe auch "Ten Days of Armored Exploitation" von Maj. Robert J. Bennett, 1.Mai 1948.

63 Unklar ist, ob es sich dabei um die Zuckerfabrikbrücke handelt oder die Bahnunterführung vor der Brücke.

64 AAR 3rd CavGp, April 1945.

65 Übersicht über Beerdigungen 1945 der St. Nikolai Kirche.

66 Uhrzeit gem. Zabel.

67 Horst Wohlfarth berichtet in der MZ v. 10.03.05, dass die Brücke an der Zuckerfabrik durch aufgelegte Fliegerbomben, die am 11.04. scharf gemacht wurden, gesprengt wurde. Das war gängige Praxis bei allen Brückensprengungen im mitteldeutschen Raum. Es gab zwar nicht genug Sprengstoff und Minen, aber es lagen genügend Bomben auf den Flugplätzen, da die Luftwaffe aus Treibstoffmangel am Boden bleiben musste.

68 Gem. Wohlfarth, Zeitz.

69 Gem. Zabel in MZ v. 07.04.95 und Sonderheft Zeitzer Heimat Nr. 16, S. 88.

70 Ob der Beschuss aus Richtung der Flakstellung bei Grana erfolgte oder aus Richtung der Stadt ist nicht bekannt.

71 Gem. der Unit History 68th Tk Bn, 6th US AD.

72 Gem. Zabel in MZ v. 07.04.95. Im Sonderheft Zeitzer Heimat Nr. 16 nennt Zabel auf S. 87 09.50 Uhr als Zeitpunkt des Signals „Panzeralarm". Der Zeitpunkt 08.00 Uhr scheint eher als zutreffend, da sich zu diesem Zeitpunkt die Angriffspitzen in die westlichen Randbezirke eindrangen. Auch zu den weiteren Zeitangaben gibt es verschiedene Angaben, z.B. in der Festschrift der Kath. Pfarrei Dom St. Peter und Paul, Zeitz, bei Zabel und anderen. Der Autor hat bei den verwendeten Zeitangaben die verschiedenen Aussagen der Zeitzeugen mit den Angaben in den amerikanischen Unterlagen verglichen und daraus die wahrscheinlichste Zeit gewählt.

73 Übersicht über Beerdigungen der St. Nikolai Kirche im Jahr 1945.

74 Gem. Rolf Zabel erhielt Oberst Förster ein Ultimatum gestellt. Wann und in welcher Form dieses übermittelt wurde, ist jedoch unklar. Auch von wem ist nicht belegt. Da es auf amerikanischer Seite üblich war, Städten und Orten ein Ultimatum zukommen zu lassen, wenn man davon ausgehen musste, dass sie verteidigt würden, ist es sehr wahrscheinlich. Da die Verantwortung für diesen Abschnitt bei Col. Lagrew lag, ist davon auszugehen, dass es von ihm kam. Auch der Zeitpunkt des Ultimatums wird unterschiedlich angegeben. Die Festschrift der Kath. Pfarrei Dom St. Peter und Paul nennt ein zweistündiges Ultimatum ab 11.00 Uhr, Zabel nennt in dem Artikel „In der Stunde Null", MZ v. 11.04.05 ein Ultimatum bis 16.00 Uhr.

75 Gem. Zabel in Artikel „Oberst Förster schmiedet einen Plan", MZ v. 07.04.95.

76 Ebenda, sowie Zeitzer Heimat, Sonderheft Nr. 16, S. 88. Es gibt weder klare Beweise für ein Ultimatum, nach für dessen Ablehnung durch Oberst Förster. Da ein Ultimatum, wie bereits beschrieben, wahrscheinlich ist, kann es nur abgelehnt bzw. unbeantwortet geblieben sein.

77 Während der Flaksender „Schneewittchen" nachweisbar als Instrument für die Führung der Flakbatterien im Raum Zeitz existierte, ist die im Tatsachenheft „Geheimsender Schneewittchen" v. R. Peschel, erschienen im Militärverlag der DDR 1962,

veröffentlichte Geschichte im Bezug auf den Wahrheitsgehalt zweifelhaft. Unterlegt mit einigen nachweisbaren Daten, wurde hier gemäß den Direktiven der SED zur Aufarbeitung der Rolle der Kommunisten bei der amerikanischen Besetzung Mitteldeutschlands versucht, die fehlende Befreiung durch die Sowjetarmee durch die Herausstellung des aktiven Beitrags deutscher Kommunisten und Antifaschisten bei der Beendigung des Krieges zu ersetzen. Da in den 50er und 60er Jahren alle Forschungen zum Thema Kriegsende diesem alleinigen Zweck dienten, ist heute kaum noch feststellbar, was wahr und was ideologisch eingefärbt ist. Die damit verbundene Legendenbildung ist ohne Unterlagen und Zeitzeugen schwer korrigierbar. In den amtlichen Archiven befinden sich keinerlei Unterlagen zu den beschriebenen Vorgängen in Zeitz.

78 Gem. dem „Tagebuch von Gustav Lenssen, Sohn und Betreiber der Lackfabrik Hugo Lenssen, Zeitz", zitiert von Günter Braunert in der MZ v. 15.06.95.

79 Gem. Zabel in Artikel „Oberst Förster schmiedet einen Plan", MZ v. 07.04.95.

80 Gem. Klaus-Dieter Kunick in MZ v. 11.07.96.

81 Auszug aus dem Artikel von Eberhard Wirth, Denkmalschutz, Stadtverwaltung Zeitz.

82 Gem. Zabel „In der Stunde Null", MZ v. 11.04.05 erfolgte dies in der Mittagsstunde.

83 Jedes Infanteriebataillon der InfRgt der US Army verfügt neben der HQ Co. über drei Infanteriekompanien, die einen 60mm Granatwerferzug besitzen und eine schwere Kompanie mir schweren Maschinengewehren und 81mm Granatwerfern.

84 In dem Artikel „Der 13. April 1945, die Yankees vor Zeitz", von Günter Brauert in der MZ äußert dieser Zweifel an einer Aussage von Kurt W. in der Zeitzer Chronik, wonach die Eiserne Brücke durch Zerschneiden eines Kabels vor der Zerstörung gerettet wurde. Er vermutet, das Kurt W. dies mit der Eisenbahnunterführung in der Donaliestraße verwechselt hat, die auch zur Sprengung vorbereitet war.

85 Gem. Zabel in der MZ v. 11.04.95 und Sonderheft Nr. 16 Zeitzer Heimat. Ebenfalls Braunert in der MZ.

86 ZEMAG – Zeitzer Eisengießerei- und Maschinenbau-Aktiengesellschaft. Produzent von Maschinen für die Braunkohlenindustrie.

87 Gem. dem Artikel „Der antifaschistische Widerstandskampf im Kreis Zeitz" auf der Internetseite fys-online.de, 1998, soll ein junger Zeitzer das Sprengkabel an der Eisenbahnbrücke an der ZEMAG zerschnitten haben. Entweder waren die Kabel bereits durchtrennt, als die Amerikaner dort eintrafen, oder die Geschichte stimmt nicht. Auf alle Fälle wurden keine der Unterführungen gesprengt. Bereits am 16. Juni 45 wird der Eisenbahnverkehr teilweise wieder aufgenommen.

88 Gem. der „History of the 304th Infantry Regiment".

89 Wohlfarth nennt in der MZ v. 26.04.95 zwei bis drei Panzer, die „History of the 304th Infantry Regiment" nennt erst vier Panzer und später folgt der Rest der zehn Panzer.

90 Zitat aus H. Wohlfarth „Zeitz und das Kriegsende – Scheue Blicke auf die Panzer" in der MZ v. 10.03.2005.

91 Gem. Wohlfarth in MZ v. 10.03.05 lag ein toter Volkssturmmann auf der Brücke.

92 Möglicherweise handelt es sich um das Kloster Posa.

93 „Flugzeugbau in Zeitz" v. Rolf Zabel.

[94] Die Me 263 wurde auch als Ju 248 bezeichnet, da die Erprobung durch Junkers erfolgte, Konstruktion und Produktion erfolgten jedoch durch Messerschmidt. Angaben gem. „Kampfflugzeuge Daten – Fakten – Technik“ Moewig Verlag, Wikipedia und www.luftarchiv.de.

[95] Gem. Rolf Zabel feuerten Ukrainer auf die amerikanischen Truppen. An anderer Stelle werden sie als Russen bezeichnet. Diese waren bis dahin in der Turnhalle der Schule untergebracht. Wahrscheinlich handelte es sich ukrainische Wachmannschaften, die häufig für Gefangenenbewachung eingesetzt wurden. In der Turnhalle befanden sich noch Tage zuvor amerikanische Kriegsgefangene.

[96] Gem. der „History of the 304th Infantry Regiment“. Die kirchlichen Beerdigungsunterlagen nennen am 14.04.45 den Tod des italienischen Zivilarbeiters Pietro Bellinari im „Gemeinschaftslager Moritzburg“

[97] Gem. Zeitzer Heimat, Sonderheft Nr. 16, sowie Zabel in der MZ v. 11.04.95.

[98] Gem. Klaus-Dieter Kunick in MZ v. 11.04.96.

[99] Gem. Gertraude Pöschl in MZ v. 22.04.95.

[100] Gem. Günter Braunert in MZ. Braunert führt hier die Verhaftung des Nachrichtenzugführers, Wachtmeisters Gerhard E. an, der den angeblichen Aufruf zur Kapitulation gesendet haben soll.

[101] Gem. den kirchlichen Beerdigungsunterlagen. Sieben werden als „getötet durch Granaten bei Kampf“ geführt, sechs als „erschossen“. Bei den anderen wurden keine Todesursache angegeben.

[102] Gem. dem Sterberegister des Standesamtes Zeitz. Bestand Stadtarchiv Zeitz. Als Todesursache wird hier fast in allen Fällen „Fliegerangriff“ angegeben, obwohl nachweisbar bei sechs dieser Personen die kirchlichen Friedhofsunterlagen „Tod durch Granaten“ nennen und bei fünf Personen „Erschossen“ steht.

[103] Alle militärischen Informationen zur Besetzung von Zeitz beziehen sich hauptsächlich auf die Unterlagen der 6th US AD und der 76th US InfDiv.

[104] Die „History of the 304th Infantry Regiment“ berichtet von starkem Gewehrfeuer. Lt.Col. ret. Jay Hamilton schreibt von Flakfeuer.

[105] „History of the 304th Infantry Regiment”.

[106] In der History des 2./304 wird nicht von Näthern, sondern von Eisenberg zwischen Kretzschau und Zeitz gesprochen. Dieser Irrtum beruht wahrscheinlich auf die Ausschilderung der Straße nach Droyßig, wo Eisenberg als Richtung angegeben ist. Alle Angaben in der History weisen eindeutig auf Näthern hin.

[107] Gem. Mundstock marschieren sie mit erhobenen Händen durch die Südstraße in Kretzschau.

[108] Es ist nicht überliefert, dass es auf Grund der Kampfhandlungen in der Stellung Tote gab. Ob der aufgefundene Paul Schinke im Zusammenhang mit den Kämpfen getötet wurde, ist nicht bekannt.

[109] Gem. dem AAR 304th InfRgt und dem AAR 749th Tk Bn zwölf Geschütze und 104 Gefangene bzw. 200.

[110] Wahrscheinlich handelt es sich bei ihnen ebenfalls um Angehörige der Flakstellung an den Tonteichen, die aus der Stellung geflohen waren.

[111] Gem. „Chronik der letzten Tage" der N.P.E.A. Naumburg.

[112] Droyßiger Hefte, Heimatverein Droyßig, Heft Nr. 3 vom Juli 1995. Allerdings wird hier von zwei Offizieren gesprochen. Das ist jedoch unwahrscheinlich. Es handelt sich dabei mit großer Sicherheit um zwei von insgesamt vier Erziehern der N.P.E.A. Naumburg, die sich zu dieser Zeit noch im Ort befanden. Sie trugen SA-Uniform. Einer von ihnen war SS-Offizier.

[113] Gem. Konrad Biehl, Droyßig, in MZ v. 05.04.95 sollen die US Truppen nach Napola-Schülern und Naumburger Kadetten gesucht haben.

[114] Droyßiger Hefte, Heimatverein Droyßig, Heft Nr. 3 vom Juli 1995.

[115] Ebenda. Uhrzeit gem. Erwin Kolla, Droyßig in der MZ.

[116] Gem. „Chronik der letzten Tage" wurde in die Luft geschossen.

[117] Gem. Konrad Biehl, Droyßig, in MZ v. 05.04.95.

[118] AAR 385th InfRgt.

[119] Ebenda.

[120] „Chronik der letzten Tage". Alle Namen bekannt.

[121] Zitat im Droyßiger Hefte, Heimatverein Droyßig, Heft Nr. 17 vom Dezember 2001.

[122] Ebenda. Bericht Herbert Postelt, einer der Verwundeten.

[123] Ebenda.

[124] Gem. Gottfried Grünzig, Droyßig, Sohn des Postmeisters, wurde der Panzer am 13. April an dieser Stelle durch die Panzerfaust eines Napola-Schülers zerstört und die Besatzung getötet. Dafür gibt es, außer dieser Aussage und der Tatsache, dass dort noch lange Zeit ein Panzerwrack stand, keine weiteren Beweise. In den amerikanischen Unterlagen konnte hierüber bisher nichts gefunden werden. Gem. Koschig, Droyßig, wurde berichtet, dass der Panzer später in den Wald geschleppt und gesprengt wurde. Der Motor wurde vorher ausgebaut.

[125] Da während dieses Luftangriffs, der später ausführlich behandelt wird, alle Bodentruppen das Feuer auf die Flugzeuge eröffneten, ist schwer feststellbar, wer wie viele Flugzeuge abgeschossen hat.

[126] Seislitz war gem. Mundstock am Vortag von den amerikanischen Truppen umgangen worden und wird erst am 13.04. von Nautschütz aus besetzt.

[127] Zeitzeugenbericht Heinz Baum.

[128] Zeitungsartikel in der MZ v. 10.04.1995.

[129] Grabstelle in der Nonnewitzer Flur.

[130] Artikel von Karl Kockel, Halle in der MZ vom 26.04.95.

[131] Zeitzeugenbericht Werner Ferdinand, Oberhaching, Angehöriger der 5./s.Flak.Abt. 662.

[132] HQ 9th AD - PR Section.

[133] Gem. Ferdinand.

[134] Bericht Helmut Hame, Nöthnitz, niedergeschrieben von Gerhard Sparrwald, Archiv Museum Pegau.

135 Gem. P. Reck, Hohenmölsen.

136 Gem. der „History" des 304th InfRgt griffen 13 Flugzeuge die Bodentruppen an. An anderer Stelle wird bei der 76th US InfDiv von 10 bis 15 Flugzeugen gesprochen. Der AAR des CCA 6th US AD nennt 18 Flugzeuge. Eine deutsche Staffel verfügte in der Regel über 12 Flugzeuge. Es gibt keine näheren Angaben zu den Flugzeugtypen. Bei den abgeschossenen Flugzeugen wird in der Regel von zweimotorigen Ju 88 gesprochen. Der AAR des 749th Tk Bn nennt neben einer Ju 88 auch eine Do 217. Die Angaben zum „Dämmerungseinsätze" beziehen sich auf das Buch „Jagdgeschwader 301/302 Wilde Sau". Welcher Verband den Angriff geflogen hat, ist nicht bekannt.

137 Gem. dem Bericht des 778th AAA AW Bn wurden vier Ju 88 abgeschossen. Auch in der „History of the 304th Infantry Regiment" wird von vier abgeschossenen Flugzeugen gesprochen. Das HQ 2./304 meldet den Abschuss von drei Ju 88 und die „History" des 2,/304 spricht von zwei Abschüssen bei Kretzschau. Wenn die am häufigsten genannte Zahl von 13 Flugzeugen zutrifft und später bei Haynsburg 9 Flugzeuge gesichtet wurden, ist die Zahl von vier Abschüsse am wahrscheinlichsten. Im überarbeiteten AAR des 749th Tk Bn der 76th US InfDiv nennt Hamilton den Angriff erst am 14. April, was unwahrscheinlich ist, da in allen anderen Unterlagen der 13. April genannt wird.

138 Gem. den Aussagen des Sohns des Piloten, teilte der Pfarrer von Kretzschau nach dem Krieg der Witwe mit, das die Maschine dreimal über dem Ort gekreist sein, bevor sie abstürzte.

139 Die letzte bekannte Verwendung des Oberfeldwebels Heinrich Grögor war die II./KG 200. Diese war bis zum 10.04.45 in Burg stationiert, bevor der Platz nach einer Bombardierung unbenutzbar wurde. Grögor war Angehöriger des Fliegertechnischen Dienstes und war daher möglicherweise vor diesem Flug bei der Technischen Staffel der I./KG 200 in Finow. Wer die Maschine geflogen hat, ist ebenfalls unklar. In den Kirchenunterlagen wird als zweiter toter Soldat, ein Gefreiter Rudi Ruß genannt. Er war wahrscheinlich Besatzungsmitglied, da die Maschine ursprünglich vier Mann Besatzung hat. Ruß wurde später umgebettet.

140 Gem. dem Eintrag in den Kretzschauer Kirchenunterlagen und dem Tagebuch der Käthe Voigt. Auf dem Grabstein auf dem Friedhof Kretzschau steht noch heute fälschlicherweise der 14.04.45 als Todestag. Das war wahrscheinlich der Tag der Bergung der Toten aus dem Flugzeugwrack. Das Tagebuch der Käthe Voigt und die amerikanischen Angaben zu dem Abschuss nennen eindeutig den 13.04.45 als Absturztag.

141 In der offiziellen Literatur wird meist die Schreibweise LXXXX. AK verwendet, obwohl die richtige Schreibweise für die Zahl 90 auf lateinisch XC ist. Gen. Petersen, der Komm.Gen. des XC. AK, verwendet in seinen Unterlagen die korrekte Schreibweise XC.

142 Heinz Baum, April 1945 Flaksoldat in Nonnewitz, berichtet von einer „PzDiv Zeitz", auf deren Entsatz sie warten sollten. Gem. des Zeitzeugenberichts des Panzerfahrers H. K. aus Crimmitschau (Name bekannt) erreichte er mit einigen Kameraden Anfang April 1945 von Kamenz kommend über Leisnig die Stadt Borna, wo sie alte Fahr-

schulpanzer Pz II übernahmen und am 06.04. nach Kohren-Sahlis/Streitwald verlegten. Von dort verlegten sie einige Tage später nach Großstolpen, östlich von Groitzsch, wo sie am 13.04. eintrafen und Stellung bezogen. Dort befanden sich bereits einige deutsche Panzer. Beim Anrücken der amerikanischen Truppen setzte sich sein Panzer über Altenburg Richtung Erzgebirge. Bei Großstolpen wurden nach seinem Bericht mehrere deutsche SFL und Pak zerstört. Bei dieser Panzereinheit handelte es sich sehr wahrscheinlich um die Pz.Ers.Abt. 18 des W.Kr. IV, welche gemeinsam mit der Pz.Ausb.Abt. 18 Anfang März von Kamenz in den Raum Borna verlegt wurde. Der Stab soll sich in Frohburg und die Ausb.Abt. in Gnandstein befunden haben. Der G2-Bericht des 749th Tk Bn nennt 400 Mann und 50 Panzer der Pz.Ausb.Abt. 18 im Raum Borna. Die Pz.Ausb.Abt. 18 war für den Pz.Ausb.Vbd. „Böhmen" vorgesehen, der am 28.03.45 in der „Leuthen"-Bewegung mobilgemacht und in den Raum Bautzen zur Ausb.Div. 464 der Korps.Gr. Moser der 4.PzA verlegt wurde. Die Pz.Ers.Abt. ging zur Div.z.b.V. 464.

143 BA-MA Gen.d.Inf. Petersen, ZA 1/857, B-507.

144 Ebenda.

V. Die Einnahme von Zeitz und der Kampf um die Flakstellungen

Geheime Tagesberichte der Deutschen Wehrmachtsführung vom 14. April 1945:

H.Gr. G, 7. Armee, XC. AK:
Ein Feindangriff aus dem Raum Pegau nach NO wurde hart Zwenkau abgewiesen. Gegen aus Groitzsch nach NO vorgehenden Feind wurde ein Flankenangriff durchgeführt, durch den der Gegner 22 Panzer verlor. Über Borna drangen Feindkräfte bis hart W Colditz vor. 6 Feindpanzer wurden vernichtet. In Zeitz sind Kämpfe noch im Gange. ....

Am **Sonnabend**, dem **14. April 1945**, setzt das XX. US Corps der 3rd US seinen Angriff mit der 4th und 6th US AD voraus, gefolgt von der 76th und 80th US Inf-Div, fort.

Das CCB und das 86th CC der 6th US AD, welche sich nach wie vor in der Zone des V. US Corps befinden, setzen am Morgen zum Stoß nach Südosten an. Ihr Hauptziel ist die Rückkehr unter das Kommando der 6th US AD. Dabei kommt es erstmals seit der Unterstellung unter die 9th US AD zu Kontroversen mit General Leonard, dem CG der 9th US AD, denn dieser erteilt dem CCB den Befehl zur Einnahme von Altenburg. Doch das ist nicht im Interesse von General Grow, dem CG der 6th US AD, in dessen Angriffstreifen die Stadt liegt. Noch bevor es zur Konfrontation kommt, verliert der Befehl jedoch seine Wirksamkeit, denn das CCB erreicht die Zone der 3rd US Army und kehrt somit unter das Kommando der 6th US AD zurück.

Das CT 44, das am Vortag nur wenige Fortschritte gemacht hatte, verlässt, gefolgt vom 128th AFA Bn, um 05.00 Uhr (B) Groitzsch und fährt durch Cöllnitz in den Sammelraum des CCB bei Lucka, wo es um 09.00 Uhr (B) ankommt. Hier vereint es sich mit dem CT 69, um ihm nach Südosten zu folgen.

Das CT 69 verlässt, gefolgt vom 231st AFA Bn, um 10.00 Uhr (B) den Raum Lucka mit dem Ziel Zwickauer Mulde. Über Hagenest, Wildenhain und Lehma fahren die Panzer südostwärts zurück in die Divisionszone der 6th US AD und erreichen ohne Halt Windischleube, wo sie auf Gewehr- und Panzerfaustfeuer treffen. Dann schwenkt die Kolonne nach Osten und rückt bis Carsdorf vor, wo sie auf Grund der einbrechenden Nacht halten.

Das CT 44 folgt dem CT 69 südostwärts über Ramsdorf, Wildenhain, Breitingen und Haselbach nach Treben und schwenkt dort auf eine parallele Route. Über Fockendorf, Pahna, Eschefeld, Roda, Niedergräfenhain erreicht die Kolonne Geithain. Der Stab der Div. z.b.V. 464, der bisher im Raum Geithain lag, hatte sich hinter die Muldelinie zurückgezogen, nachdem auch der Korpsstab am Vortag um 16.00 Uhr Lehma in Richtung Grünlichtenberg bei Waldheim verlassen hatte.[1] Flankenkräfte des CT 44 besetzen von Süden her Frohburg und gehen über Greifenhain nach Roda, wo sie sich der Hauptkolonne anschließen. Am Abend setzt das CT 44 den Marsch fort und in der Nacht gelingt es Vorauskräfte die Brücke über die Zwickauer Mulde in Rochlitz intakt zu sichern. Infanterie und Panzer werden zur Einrichtung eines Brückenkopfes über den Fluss geschickt. Der CP CCB geht nach Stollsdorf.

Das 86th CC bewegt sich ab 06.15 Uhr (B) den Befehlen folgend nach Südosten. Nach der Rückkehr in die Zone der 6th US AD übernimmt es den linken Flankenschutz des Corps und bewegt sich entlang der Nordroute des CCB, wo es den Kontakt zur 9th US AD hält. Um 16.45 Uhr (B) erreicht es die Stadtränder von Geithain. In dieser Phase erhält der CG der 6th US AD, General Grow, den Befehl zum Halt an der Mulde.

Südlich von Zeitz beginnt um 07.00 Uhr (B) das CCA der 6th US AD mit der Kolonne des CT 15 auf der Nordroute und der Kolonne des CT 9 auf der Südroute seinen Angriff.

Um 06.45 Uhr (B) versammelt der CO CT 9, 9th AIB, Maj. Morse, seine Kompaniechefs und erteilt die Befehle für den weiteren Vormarsch. Um 07.15 Uhr (B) setzt sich die Kolonne von Droßdorf aus in Bewegung und rückt über Nedissen und Großpörthen vor. In der Umgebung von Wildenborn trifft die Vorhut um 08.40 Uhr (B) auf schweren Widerstand durch deutsche Panzerjagdtrupps. Sherman - Panzer und zwei Plat. Panzerinfanteristen der Co. A, 9th AIB, rücken abgesessen vor um den Widerstand zu beseitigen. Dabei erhalten sie starkes Feindfeuer aus Richtung Wildensee. Die 8,8cm Flakgeschütze der Großbatterie der s.Flak.Abt. 307 (o), Flak.UGr. Böhlen-Zeitz, zwischen Wildensee und Wildenborn nehmen, unterstützt durch leichte 2cm Flak und Granatwerfer, die anrückende Kolonne unter Beschuss.[2] Erst wenige Tage vorher hatte man die Geschütze der Wildenseer Batterie mit Hilfe von KZ-Häftlingen gehoben und erdkampffähig gemacht.[3] Der Vormarsch kommt zum Halten. Das 274th AFA Bn der 193rd FA Gp, das den Vormarsch des CT 9 direkt unterstützt, geht in Stellung und nimmt die erkannte Flakstellung unter Beschuss. Währenddem schwenkt die Co. B, 9th AIB nach Süden und rückt unter Umgehung des Widerstandes über Großpörthen und Wittgendorf nach Mahlen vor. Beide Orte waren bereits am 13. April von Einheiten der 4th US AD erreicht worden, die aber ohne Aufenthalt weiterzogen. Um 11.15 Uhr (B) wird das CT 9 durch die zurückgebliebenen Teile verstärkt und um 11.50 Uhr (B) werden dem CT die Co. E und F des 2./304 sowie ein Plat. 81mm Granatwerfer, ein Plat. schwere MG und die Cn Co. unterstellt.

Gegen 11.50 Uhr (B) erreichen die Panzerinfanteristen der Co. B in Schützenkette über das freie Feld vorgehend aus Richtung Westen den Ort Kayna, wo weiße Fahnen wehen. Von Roda her folgen die Panzer und Halftracks. Als die Soldaten vorsichtig, nach allen Seiten sichernd, in den Ort vordringen, hören sie plötzlich aus einzelnen Häusern laute Rufe: *„Do not fire, here are good people – schießt nicht, hier wohnen gute Leute“* Dann öffnen sich die Türen und aus den Häusern kommen ihnen freudenstrahlende Gestalten in amerikanischen Uniformen entgegen. Glücklich fallen sie den überraschten Panzerinfanteristen in die Arme. Es sind amerikanische Soldaten, die zu einer Gruppe von zirka 200 bis 300 amerikanische Kriegsgefangenen gehören, die wenige Tage zuvor aus Zeitz evakuiert worden waren. Unter der Bewachung von vier älteren Landesschützen waren sie auf dem Marsch nach Altenburg, als sie am 12. April bei einer Rast auf dem Schützenplatz in Kayna in einen amerikanischen Tieffliegerangriff geraten waren.

Einige Jagdbomber, deren Angriffsziel die Flakstellungen bei Wildenborn und Nißma waren, hatten vor der Rittergutscheune in Kayna einen Panzerspähwagen und einige Wehrmachtsfahrzeuge ausgemacht und die in der Nähe lagernde Kolonne der Kriegsgefangenen für deutsche Truppen gehalten. Ihre verzweifelten Versuche, die anfliegenden Jagdbomber durch Winken und Rufen zum Abdrehen sie bringen, waren erfolglos geblieben. Als die ersten Geschosse der Bordkanonen im Ort einschlugen, hatten sie in den Kellern der umliegenden Häuser Schutz gesucht. Zehn Bomben waren im Ort eingeschlagen und hatten zu Zerstörungen geführt. Zwei der Bomben hatten das Schützenhaus am Schützenplatz getroffen, obwohl es als Behelfslazarett gekennzeichnet war. Zum Glück wurde niemand dabei getötet. Das Gebäude brannte bis auf die Grundmauern nieder. Zwei weitere Bomben hatten die Quellmalz’sche Mühle am Kirchplatz getroffen und in der Weinbergstraße töteten die Bomben den Umsiedler Franz Löhrer.[4] Dann war der Spuk vorbei. Als der Dorfgendarm Schumacher und die Bewacher die, überall in Kellern und Häusern verstreuten, Kriegsgefangenen zum Weitermarsch zusammentreiben wollten, war es kleinen Gruppen von ihnen gelungen, sich mit Hilfe der Bewohner zu verstecken. Erst nachdem die Kolonne unter Bewachung von drei Mann in der Nacht den Ort in Richtung Altenburg verlassen hatte, waren die verbliebenen aus ihren Verstecken hervorgekommen. Doch was sollten sie jetzt machen? Noch war die Gefahr, durch deutsche Truppen, Polizei oder überzeugte Nazis entdeckt oder verraten zu werden, zu groß. Aber der, vom Feuerschein erhellte, westliche Nachthimmel und das immer lauter werdende Donnern der Geschütze kündete von der, sich unaufhörlich nähernden, Front. So hatten sie sich entschlossen, in Kayna zu bleiben und hier auf ihre Befreiung zu warten. Erst als anschwellende Motorengeräusche an diesem 14. April das Heranrücken der amerikanischen Kolonnen ankündigten und die ersten Soldaten zwischen den Häusern auftauchten, hatten sie ihre Verstecke auf dem Friedhof, in den Kellern und auf den Dachböden verlassen und sich als Dank für die Hilfe durch die Bevölkerung schützend vor ihre Helfer gestellt.[5]

Während die Co. B in Kayna steht, meldet gegen 14.15 Uhr (B) der Vorgeschobene Beobachter des 274th AFA Bn, dass die Geschütze der Flakstellung Wildenborn zerstört und die Masse der Besatzung verwundet oder getötet wurde. Als vom CT 15 die Nachricht kommt, dass die Panzer die Stellung angreifen, beginnen die Co. A, 9th AIB, die Comd Sect und die unterstellten Panzer mit dem Marsch. Sie folgen der Route der Co. B über Großpörthen, Wittgendorf nach Mahlen. In Kayna vereinigt sich das CT 9. Gegen 16.10 Uhr (B) setzt sich die Kolonne des CT 9 erneut in Marsch und rückt Richtung Zettweil vor. Doch schon hinter dem Ortsausgang von Kayna zwingt Panzerabwehrfeuer den Rcn Plat. an der Spitze der Kolonne in Deckung. Eine deutsche Pak am Kreuzweg Kayna – Zettweil nimmt die amerikanischen Truppen unter Beschuss. Die nachfolgende Comd Sect zieht sich sofort in den Schutz des Dorfes zurück. Eine zweite deutsche Pak am Ende des Steingrunds nimmt amerikanische Fahrzeuge ins Visier, die sich über die Jägerstraße dem Wasserbehälter nähern. Dabei wird ein, mit Munition beladenes, Halbkettenfahrzeug des AG Plat. am Waldrand unterhalb des Wasserbehälters getroffen und geht in Flammen auf. Jetzt wird die Situation für die Kaynaer Bevölkerung noch einmal gefährlich. Die Wut über den plötzlichen Beschuss bekommen die in der Nähe befindlichen Bewohner zu spüren. Ruppig werden sie zum verlassen der Häuser aufgefordert.[6] Während die Verwundeten versorgt werden, stoppt Maj. Morse auf Grund der unklaren Lage den Vormarsch und sein CT 9 versammelt sich in Kayna. Inzwischen setzen sich die deutschen Panzerjäger, die zur Pz.Jg.Ers.u.Ausb.Abt. 4 gehören, Richtung Osten ab.[7]

Die Kämpfe südlich von Zeitz

Panzerinfanteristen der 6th US AD besetzen ein Dorf östlich der Weißen Elster

Die Dorfbevölkerung räumt eine Straßensperre aus Baumstämmen zur Seite.

Fotos: National Archive

Um 17.00 Uhr (B) werden deutsche Geschütze bei Dobraschütz gemeldet.[8] Feindliches Feuer wird auch von Naundorf her beobachtet. Daraufhin wird Luftunterstützung angefordert. Um 18.30 Uhr (B) schwenkt das CT 9, ohne weiter zu versuchen, Richtung Zettweil vorzurücken, nach Süden und weicht dem feindlichen Widerstand über Roda, Bröckau, Pölzig, Sachsenroda und Hartha aus. Eine kleine Gruppe marschiert von Kayna über Wernsdorf, Tanna und Oberkossa, dass ähnlich wie Wittgendorf und weitere Orte südlich von Roda bereits am Vortag von der 4th US AD passiert wurde. In Dobitschen, das ein deutscher Stab kurz zuvor fluchtartig verlassen hat, vereinigen sich die Kräfte des CT 9 und beziehen um den Ort ein Biwak für die Nacht.[9] Das 274th AFA Bn folgt dem CT 9 nach Oberkossa. Im Tagesergebnis meldet das CT 9 insgesamt 74 deutsche Gefangene.

Das CT 15, 15th Tk Bn, verlässt am Morgen seinen Versammlungsraum bei Breitenbach und passiert in Droßdorf die dort versammelten Truppen des 2./304 der 76th US InfDiv. Über Rippicha rücken die Panzer nach Geußnitz vor. Hier gerät die Kolonne, wie zuvor die Südkolonne, unter direkten Beschuss aus Richtung Wildensee - Wildenborn und hält. Ein deutscher Beobachter auf dem Turm der Kirche in Geußnitz leitet zielsicher das Feuer der Flakgeschütze. Hinter den Panzern fahren die Haubitzen des 212th AFA Bn über Röden nach vorne in Stellung und erwidern das Feuer. Erst als der Kirchturm von Geußnitz getroffen wird, lässt der gezielte Beschuss nach.[10] Ein deutscher Soldat, der als Melder zur Poststelle eingesetzt ist, die sich neben der Kirche befindet, stirbt bei dem Beschuss auf dem Kirchenvorplatz.[11] Gegen Mittag dringen die Panzer in Geußnitz ein. Deutsche Soldaten, die am Nachmittag des Vortages westlich von Geußnitz Stellung bezogen hatten, waren zum Glück für den Ort am Morgen geflohen.[12] Im Ort ergeben sich den Panzersoldaten in einem Bunker am Schwanenteich mehrere Flaksoldaten der Flakstellung, die hier Schutz gesucht hatten. Dann setzt sich die Kolonne wieder in Bewegung und rollt nach Wildenborn. Beim Eindringen in das Dorf wird vor dem Großpörthener Tor des Rittergutes ein junger deutscher Soldat erschossen.

Das Tor zum Rittergut in Wildenborn
Foto: Möller, 2009

Dann gehen die Panzer hinter dem Wildenborner Wasserturm in Feuerposition und nehmen die Flakstellung unter direkten Beschuss. Ein Geschütz der Wildenseer Flakbatterie erwidert auf Befehl eines Leutnants das Feuer, trifft einen der Panzer aber nur an der Kette. Die nächste Panzergranate zerstört das Geschütz vollständig. Ein Flaksoldat stirbt, ein Zweiter namens Böttger wird schwer verwundet und wird zum Verbandsplatz in das Scheider'sche Gut in Wildensee gebracht.[13] Mit Unterstützung der Artillerie werden bis 14.15 Uhr (B) die Geschütze der Flakstellung zum Schweigen gebracht. Dabei erhalten auch die Scheune und der Stall des Scheider'schen Gutes Treffer und brennen ab.[14] Rauchwolken stehen über der Stellung, als die Panzer gegen 15.20 Uhr (B) in sie eindringen. Die meisten Luftwaffen- und RAD-Bedienungen der 2./s.Flak.Abt. 458, der 7./s. RAD Flak.Abt. 357 und einer dritten Batterie haben zu diesem Zeitpunkt bereits die Stellung verlassen und sind trotz eines, am Morgen durch einen Offizier vom Stab der 14. Flakdivision Leipzig per Motorrad überbrachten, Durchhaltebefehls geflohen.[15] Die Verbliebenen gehen über Geußnitz in die Kriegsgefangenschaft. In der Stellung werden fünfunddreißig Geschütze erbeutet.[16] Später bergen Anwohner sieben tote deutsche Soldaten in der Stellung und Umgebung und beerdigen sie am 17. April auf dem Friedhof Geußnitz.[17] Während begleitende Infanterie die Umgebung der Flakstellung nach versteckten Deutschen absucht, kommt es zwischen 16.00 und 18.00 Uhr zu einem deutschen Gegenangriff aus Richtung Stockhausen, der aber im amerikanischen Abwehrfeuer zusammenbricht. Zwei Wochen später findet man auf Schramm's Feld an der Bockwitzer Ecke einen gefallenen deutschen Soldaten und beerdigt ihn auf dem Geußnitzer Friedhof.[18]

Dann rollen die Panzer weiter über den Geußnitzer Berg auf Würchwitz zu. Hier hatte eine Gruppe deutscher Soldaten, die am 13. April unter Führung eines Offiziers mit Fahrrädern und Panzerfäusten aus Borna eingetroffen war, Stellung bezogen. Als sie kurz darauf wieder abrückten, gerieten sie in der Nähe des Bauerngutes von Werner Schneider unter Tieffliegerbeschuss, wobei ein junger Soldat getötet wurde. Nachdem ihm der Offizier die Erkennungsmarke abgenommen hatte, fuhren sie Richtung Spora davon. Der Tote wurde am gleichen Tag von Bauern nach Lobas gebracht, wo er nachts als unbekannter Soldat heimlich beerdigt wurde.[19] Jetzt schlagen Granaten in Würschwitz und dem benachbarten Lobas ein. Einige Gebäude gehen in Flammen auf. Als sich die Panzer querfeldein gegen 19.00 Uhr Würschwitz nähern, wehen weiße Fahnen. Gutsbesitzer Schneider hisst auf dem Glockenturm ein weißes Bettlaken.[20] Ohne Aufenthalt geht es weiter Richtung Spora, wo auf dem Kirchturm ebenfalls die weiße Fahne weht. Vor dem Ort kommt es zu einem Feuerwechsel mit einer Gruppe deutscher Soldaten, wobei der Oberfeldwebel Bräutigam aus Plauen und der Unteroffizier Einer aus Dresden getötet werden.[21]

Grab des unbekannten Soldaten auf dem Friedhof in Lobas Foto: Möller

Erneut geraten die vorausfahrenden Aufklärungskräfte unter Flakbeschuss. Jetzt feuern aus Richtung Nißma die 8.8cm Geschütze der ebenfalls zur s.Flak.Abt. 307 (o) gehörenden „Hermann – Göring - Flakstellung“ zwischen Nißma und Kleinröda auf die Fahrzeuge. Die Stellung war in den Jahren 1943/44 auf der Anhöhe zwischen Röda und Nißma entstanden und umfasste Ende 1944 drei Batterien mit 36 Geschützen. Hinzu kommen eine Flakscheinstellung mit Holzattrappen bei der Leesener Delle und eine Scheinwerferstellung bei Posa. Ein mit Glühbirnen beleuchtetes Scheinwerk Richtung Tegkwitz bis Schlauditz und die Raketen-Startanlage „Wilder Max“ zum Verschießen von Christbäumen an der Kreuzung nach Leesen und Meuselwitz ergänzen die Anlagen zum Schutz der DEA Rositz.[22]

An diesem 14. April befinden sich nur noch 31 intakte Geschütze in der Stellung, die jetzt den Kampf mit den anrückenden amerikanischen Truppen aufnehmen.[23] Noch in der Nacht vom 11./12. April hatte man vier Geschütze der 8./Flak.Abt. 307 auf Behelfslafette verladen und unter dem Kommando des Batteriechefs, Hptm. Theiß, zur Reichsautobahn 9 bei Lösau, nordöstlich von Weißenfels, gebracht, um dort durchbrechende Panzer aufzuhalten. Ein weiteres Geschütz war bei der Beladung beschädigt worden und blieb zurück.[24]

Doch die Geschütze feuern nicht nur auf die amerikanischen Truppen. Auch der Kirchturm von Spora mit der weißen Fahne wird unter Beschuss genommen. Gemäß dem Flakkanonier Gerhard Richter erhält das Geschütz, welches sich in Schussrichtung der Kirche befindet, den Befehl zum Schießen. Aber die Granaten treffen nicht, ob gewollt oder ungewollt, keiner weiß es. Ob der Befehl zur Beschießung des Kirchturms gegeben wurde, weil man dort amerikanische Beobachter vermutete oder ob die Granaten der weißen Fahne galten, ist nicht überliefert. Beides ist in diesen Tagen möglich. In Spora fahren die Panzer in

Deckung und erwidern das Feuer. Das 212th AFA Bn folgt gegen 17.00 Uhr (B) den Panzern nach Würschwitz. Gemeinsam mit sechs amerikanische Haubitzen, die bei Wittgendorf im Pfarrholz in Stellung gehen, eröffnen sie am Abend das Feuer und schicken bis gegen 21.00 Uhr ihre Granaten in Richtung der Flakstellung.[25] Dabei trifft eine Granate in Zettweil die Scheune von Engelmann's.[26] Auf Grund des Widerstandes und der einbrechenden Dunkelheit hält die Kolonne des CT 15 für die Nacht.

In der Nacht werden von der Flakstellung Nißma Patrouillen in die Umgebung ausgesandt, um einen Überraschungsangriff zu verhindern. Man vermutet einen Angriff aus Richtung Neu-Poderschau. Doch die Patrouillen kehren ohne Feindkontakt zurück.[27] Trotz der aussichtslosen Lage sind die Batterieoffiziere, Hptm. Schenk und Oblt. Gnann, nicht bereit aufzugeben. Lediglich die wenigen verbliebenen Flakhelfer werden noch in der Nacht nach Hause geschickt.[28] Doch nicht alle folgen diesem Angebot. Fanatischer Siegesglaube, falsches Ehrgefühl oder Angst vor dem Danach halten sie von diesem Schritt ab. Gründe für sinnlose Entscheidungen gibt es in diesen Tagen viele. Für den letzten Kampf stapeln die jungen Kanoniere die Granaten in den Stellungen neben den Geschützen.[29] Ängstlich horchen die Posten in ihren Schützenlöchern in die Nacht, wo immer wieder das Rasseln von Panzerketten und Motorengebrumm von der Nähe des Feindes zeugen.

Die Co. B, 25th Armd Engr Bn, die den Vormarsch des CCA begleitet, verlässt mit dem 3rd Plat. um 07.45 Uhr (B) Wetterzeube und wird bereits nach kurzem Marsch durch die haltende Kolonne des CT 15 gestoppt. Erst nachdem das CT die Flakstellung bei Wildensee genommen hat, folgen am Nachmittag die Pioniere und zerstören die 35 Flakgeschütze. Um 19.00 Uhr (B) Abend setzt die Co. B den Marsch fort, wird aber erneut zum Halt und zur Umkehr gezwungen, da jetzt der Vormarsch bei Nißma zum stocken kommt. Außerhalb von Droßdorf warten die Pioniere auf den nächsten Tag.

Das CCR der 6th US AD, dass am Vorabend in der Verantwortung für die Einnahme der Stadt Zeitz durch die 76th US InfDiv abgelöst wurde, entsendet nach Mitternacht Patrouillen zum Südrand der Stadt, um den Marschweg für den kommenden Morgen zu erkunden. Dabei erreichen Patrouillen um 03.20 Uhr (B) die Kasernen in der Wiener Straße [Friedensstraße], wo ihnen heftiges Abwehrfeuer entgegen schlägt.

Die Aufnahme der USAAF vom 18. April 1945 zeigt die Infanterie-Kasernen und Teile der Artillerie-Kaserne in der Wiener Straße.
Luftaufnahme: Nr. 4212, Luftbilddatenbank Ingenieurbüro Dr. Carls, Estenfeld

Das Stabsgebäude der Infanterie-Kaserne Ansichtskarte Sammlung Möller

Die Panzerinfanteristen sehen sich erstmals den Hauptkräften der Verteidiger von Zeitz direkt gegenüber. Zirka 200 Offiziersanwärter der Uffz.Schule Zeitz sowie Flaksoldaten der s.Flak.Abt. 662 unter Führung von Oberst Förster haben sich in den Kasernen verschanzt, um den sinnlosen Kampf fortzusetzen. Nach einem Feuergefecht, bei dem es gelingt, ein 8,8cm Flakgeschütz zu zerstören, werden sie zur Umkehr zwingen.[30]

Als dann die Hauptkräfte des CT 50 am frühen Morgen die Kasernen erreichen, entwickeln sich sofort im Bereich des Bauvereins und der Kasernen heftige Kämpfe.[31]

Die Co. B, 50th AIB, die in die Artillerie-Kaserne eindringt, wird durch starkes Abwehrfeuer gezwungen, in Deckung zu gehen. Die Verteidiger haben sich in den Gebäuden verschanzt. Der junge amerikanische Soldat Hudson Wirth schreibt in seinem Bericht *„I was a Eighteen Year Old Infantry Replacement"* später: *„Bei unserer Fahrt durch Zeitz geriet unsere Co. B, 50th Armd Infantry in eine verteidigte deutsche Ausbildungseinrichtung. Die großen dreistöckigen Backsteingebäude waren von einigen offenen Flächen umgeben, welche wohl als Exerzierplatz dienten. Wir warfen uns hinter einen kleinen Damm an der Ecke eines Gehölzes, dass zwischen die Gebäude hineinragte."* Ein übersandtes Kapitulationsangebot wird abgelehnt.

Der Innenbereich der Artillerie-Kaserne mit dem Wirtschaftsgebäude. Im Hintergrund ein Gebäude der Infanterie-Kaserne. Foto: Sammlung Möller

Auf der Bornstraße, der Leipziger Straße[32] und an der Wilhelmshöhe [Sophienhöhe] gehen die 105mm M 3 Haubitzen der Cn Co. und die 81mm Granatwerfer der Infanterie in Stellung, um den Angriff zu unterstützen.[33] Von Kloster Posa schießt Artillerie über das Krankenhaus hinweg auf die Kasernen.[34]

Bei Tageslicht ruft der CO CT 50 P-47 Jagdbomber zur Hilfe. Die Panzerinfanteristen kennzeichnen das Gebäude in der Artillerie-Kaserne, wo man den deutschen Kommandanten vermutet, mit Rauchgranaten. Dann greifen die Jagdbomber an. Nachdem eine Bombe das Dach des Gebäudes durchschlagen hat, hört das Schießen auf. Jetzt erhalten die Panzerinfanteristen der Co. B, 50th AIB den Befehl, das danebenliegende Gebäude des heutigen Finanzamtes zu stürmen. Unter dem Schutz des Feuers ihrer Kameraden rennen sie in Gruppen von zwei bis drei Mann über den Exerzierplatz.

Blick von der Westseite des Exerzierplatzes der Artillerie-Kaserne auf die Unterkunftsgebäude an der Wiener Straße Ansichtskarte Sammlung Möller

Hudson Wirth schreibt: *"Unser 2nd Lieutenant Zugführer hatte uns das Kommando gegeben, dass es für uns an der Zeit war, den freien Exerzierplatz zu überqueren. Zwei andere und ich rannten auf das Gebäude zu. Um uns herum überall Schießereien. Wir rannten so schnell wir konnten um den Schutz der Backsteinwände des Gebäudes zu erreichen. Wir hielten an einer Versorgungsrampe zum Kellergeschoss, als wir um die Ecke den Abschuss einer Bazooka hörten. Es war eine Infanteriegruppe auf der Rückseite des Gebäudes, die den Fehler machte, sich in einer kleinen Gruppe zu versammeln. Ein Deutscher feuerte vom Dach aus auf sie und tötete und verwundete alle".*[35] Neben Wirth wird der Pvt. Peter Boetchner aus Milwaukee von einer Kugel getroffen und bleibt schwer verwundet liegen. Jetzt sind sie nur noch zu zweit. Nun haben sie die Wahl, zu fliehen und dabei getroffen werden oder Schutz in dem Kellergang zu suchen, ohne zu wissen, was hinter der Stahltüre auf sie wartet. Sie entscheiden sich für letzteres und stürmen hinein, nachdem sie zwei Handgranaten in den Flur geworfen haben. Doch anstatt des erwarteten Widerstandes hören sie die Rufe *„Nicht schießen – don't shoot"*. Sie haben Glück. Nacheinander ergeben sich 120 Deutsche, die im Laufschritt den Exerzierplatz nun in die entgegengesetzte Richtung überqueren. Kurz darauf ist das Gebäude besetzt.

Inzwischen haben auch die Infanteristen des 2./417, die gemeinsam mit dem 1./417 nach Mitternacht begonnen haben, das 1./304 in der Stadt abzulösen, aus Richtung Immanuel-Kant-Straße/Moskauer Straße und Wiener Straße die Kasernen erreicht. Ohne Widerstand wird die Infanterie-Kaserne besetzt. Im Felleisenweg fahren sieben M 36 „Jackson" Panzerjäger der unterstellten Co. A, 691st TD Bn und vier Sherman-Panzern des 3rd Plat. Co. B, 749th Tk Bn auf. Kurz darauf greifen auch Männer der Co. F und G des 2./417 mit Unterstützung der Granatwerfern der Co. M, 3./417 die Artillerie-Kaserne aus östlicher und südöstlicher Richtung an.

Panzer und Panzerjäger vor dem Haus der Familie Pohl im Felleisenweg
Foto: W. Pohl, Bremen, ehemals wohnhaft in Zeitz

Panzerjäger M-36 „Jackson" der Co. A, 691st TD Bn (Vordergrund) und Sherman-Panzer der Co. B, 749th Tk Bn (Hintergrund) warten im Felleisenweg auf den Angriffsbefehl auf die Artillerie-Kaserne

Angehörige der Co. A, 691st TD Bn vor dem Haus der Familie Pohl im Felleisenweg Fotos: W. Pohl, Bremen

Um 07.00 Uhr (B) erhält das CCR den Befehl, mit dem CT 68 die Weiße Elster südlich von Zeitz zu überqueren und sich östlich der Stadt mit dem CT 50 zu vereinen. Dann soll es dem CCA nach Altenburg folgen. Doch noch sind Teile des CT 50 bei den Kasernen gebunden.

Gegen 10.00 Uhr (B) ziehen sich die letzten Truppen das CT 50 aus dem Bereich der Artillerie-Kaserne zurück und überlassen dem 2./417 die Bekämpfung der verbliebenen Widerstandsnester. Ab Mittag verlassen die Panzerinfanteristen die Stadt, die nun endgültig unter die Kontrolle der 76th US InfDiv geht. Da das CT jedoch nicht in der Lage ist, den Vormarsch an diesem Tag fortzusetzen, versammelt es sich am südöstlichen Stadtrand. Die Männer sind durch die Kämpfe am vorangegangenen Tag ausgelaugt und müssen sich neu organisieren. Lt.Col. Albert N. Ward meldet 700 Gefangene als Resultat der Kämpfe. [36]

Leichter Stuart – Panzer der 6th US AD in Zeitz Foto: National Archive

In der Artillerie-Kaserne gehen inzwischen die Kämpfe weiter. Mit Feuerunterstützung der Artillerie, Panzerjäger, Panzer und Granatwerfer erobern die Infanteristen der Co. F und G, 2./417 bis zum Abend fast alle Gebäude. Oberst Förster gelingt im letzten Moment die Flucht durch einen Tunnel in das letzte unbesetzte Gebäude. Hier verteidigt er sich mit einer Gruppe von zirka 100 Mann bis zum nächsten Tag. Bei der Säuberung der unmittelbaren Umgebung der Kaserne gelingt es dem 2./417 in den Schützengräben in einem nahegelegenen Obstgarten noch einmal 15 Gefangene zu machen. Am Ende dieses Tages meldet das 2./417 insgesamt 300 Gefangene.

Über Opferzahlen der Kämpfe dieses Tages in Zeitz gibt es auf beiden Seiten keine verbindlichen Angaben. Das Sterberegister der Stadt Zeitz verzeichnet acht Tote durch Kampfhandlungen, darunter drei Frauen und ein Kind. Auch die Unterlagen der Kirche St. Nikolai und St. Stephan nennen an diesem Tag Opfer unter der Zivilbevölkerung. Dem stellvertretenden Vorsitzenden des Kirchenvorstandes der Katholischen Pfarrei Dom St. Peter und Paul in Zeitz durchtrennt bei den Kämpfen im Kasernengebiet eine Kugel die Halsschlagader. Er stirbt sofort.[37]

Kriegsgräber auf dem Zeitzer Michaelisfriedhof
Foto: Möller, 2008

Das CT 68 des CCR, das keine Übersetzmöglichkeit in der Umgebung von Zeitz finden konnte, gruppiert sich so um, dass es den Kampf aus der Bewegung führen kann und fährt von Grana aus südwestwärts. Die Aufklärung, die der Kolonne vorausfährt, besteht an diesem Tag aus der Co. D, 68th Tk Bn (ohne einem Plat.), dem Rcn Plat., einer Sect. mittlerer Panzer und einer Sect. Pioniere des 1st Plat. Co. C, 25th Armd Engr Bn. Die Spitze der Kolonne bildet als Vorhut eine Infantry Company (ohne zwei Plat.), und ein Plat. Panzer. Die nachfolgenden Hauptkräfte bestehen aus zwei mittleren Tk Co. mit aufgesessener Infanterie, dem Mort Plat., dem 1st Plat. Co. C, 25th Armd Engr Bn und Sanitäts- und Versorgungselementen. Den Abschluss der Kolonne bildet die Rückensicherung aus einem Platoon der Co. D, 68th Tk. Bn. Die Sturmgeschütze marschieren zwischen der Vorhut und den Hauptkräften, um sofort die Vorhut bei der Bekämpfung auftretende Widerstandsherde unterstützen zu können. Nachdem Lt.Col. Davall keine Möglichkeit findet, mit seinen Hauptkräften bei Haynsburg die Weiße Elster zu überqueren, rollt die Kolonne weiter nach Süden und geht in Wetterzeube über den Fluss. Dann schwenkt sie nach Nordosten. Südöstlich von Zeitz wird die Co. B, 68th Tk Bn, die das CT 50 in Zeitz unterstützt hat, wieder aufgenommen. Die Umgebung säubernd, geht das CT 68 weiter nach Gleina, wo eine größere Gruppe alliierter Kriegsgefangener befreit wird und Gefangene gemacht werden. Zwischen Gleina und Sabissa wird die Kolonne aus Richtung Nißma beschossen und drei Panzer werden getroffen.[38] Noch vor Einbruch der Dunkelheit wird der Kontakt zum CT 50 hergestellt.[39] Anschließend werden die Orte Sabissa, Zipsendorf und die Eisenbahnbrücke in der Nähe des Ortes gesichert. Über Meuselwitz erreicht die Kolonne Rositz und besetzt die Stadt. Westlich von Altenburg trifft die Aufklärung auf Gewehr- und Panzerfaustfeuer und die Vorhut rückt nach vorne. Doch Anbetracht der Nacht wird sie wieder zurückgezogen.[40] Gegen 23.00 Uhr (B) trifft der CP in Rositz ein und um 23.45 Uhr (B) hat sich das CT auf dem Höhenrücken, der Altenburg überblickt, versammelt, um auf die Infanterie zu warten.

Aufklärung an der Nordflanke des CCR erreicht gegen 11.30 Uhr aus Richtung Techwitz den Ort Rehmsdorf, wo weiße Fahnen aus den Fenstern hängen. Ohne auf Widerstand zu treffen, fahren zwei Aufklärungspanzer, gefolgt von sechs Jeeps in den Ort. Der Volkssturm, der alarmiert worden war und mit Panzerfäusten und Karabinern ausgerüstet, zur Verteidigung nach Zeitz marschieren sollte, hatte sich trotz Drohungen des Ortsgruppenleiters aufgelöst. Der unmittelbare Flakschutz des BRABAG - Werkes Tröglitz hatte schon lange vorher die Gegend verlassen. So waren die, mit je vier 3,7cm Flak ausgerüsteten, Züge der lei.Flak.Bttr. 1/729, die im Herbst 1943 um das Werk stationiert wurden, im November 1944 abgezogen und den Großbatterien der Flak.UGr. Zeitz zugeteilt worden. Im Dezember 1944 wurden sie dann wieder in Zeitz zur Flak.Bttr. z.b.V. 6552 zusammengefasst und an die Westfront verlegt.[41] Aber obwohl niemand Rehmsdorf verteidigt, fordert der amerikanische Einmarsch Opfer. Ein deutscher Soldat, der trotz mehrfacher Aufforderung stehen zu bleiben, zu fliehen versucht, wird erschossen.[42] Warnschüsse, die abgegeben werden töten ein Pferd.[43] Dann nehmen die GI's den Rehmsdorfer Gendarmen Weber fest und lassen ihn auf dem ersten Spähpanzer aufsitzen. Ohne langen Aufenthalt fährt die kleine Gruppe in Richtung Wuitz – Altenburg weiter, wo sie den Gendarmen laufen lassen.[44]

Das bei Rehmsdorf befindliche Außenlager „Wille“ des KZ Buchenwald entdecken die Aufklärer nicht. Bereits am 30. September 1941 hatte man begonnen, erste KZ-Häftlinge für den Arbeitseinsatz im BRABAG Werk Tröglitz in Rehmsdorf und Köderitz unterzubringen.[45] Im Dezember 1944 entstand in Rehmsdorf ein Barackenlager für 450 KZ-Häftlinge. Am Bahnhof des Werksgeländes wurde das sogenannte „Judenlager“ errichtet.[46] Bis April 1945 hatte sich die Anzahl der Lagerinsassen auf annähernd 4000 erhöht.[47]

Wurden die Häftlinge anfangs für den Ausbau des Werkes eingesetzt, so verlagerte sich der Schwerpunkt ihres Einsatzes mit den zunehmenden Luftangriffen auf die Beseitigung der Bombenschäden und den Wiederaufbau der zerstörten Anlagen. Gemeinsam mit drei Kompanien des tschechischen Landesbaubataillons L 13 der Organisation Todt sollten sie die Treibstoffproduktion in Gang halten. Erst mit dem letzten Luftangriff am 31. März 1945 endete ihr Einsatz. Während die zuletzt verbliebene 5. Kp des Bataillons in der Schule am Zeitzer Nicolaiplatz interniert und nach einem Ausbruchsversuch in Richtung Protektorat evakuiert wurde, begann man am 6. April auch im KZ-Außenlager mit dem Abtransport der Häftlinge.[48]

Nach Untersuchungen der Mahn- und Gedenkstätte Buchenwald aus den 80er Jahren war die Masse der Häftlinge am 9. April mit der Eisenbahn nach Wittenberg abtransportiert worden. Teile dieses Transportes erreichten später das KZ Bergen-Belsen. Am 11. April betrug die Stärke des Lagers Rehmsdorf noch 2208 Häftlinge. Am 13. April war das Lager endgültig aufgelöst und ein Großteil der verbliebenen Häftlinge in offenen Güterwagen in Richtung Leitmeritz/ Theresienstadt verlegt worden.[49] Wie viele dort ankamen, ist ungewiss. Die verbliebenen SS-Wachmannschaften des Lagers, die ursprünglich bei Altenburg Verteidigungsstellungen beziehen sollten, wurden entlassen und setzten sich ab.[50] Auf den Transporten kamen eine größere Anzahl von Häftlingen durch Hunger, Entbehrungen und die Kugeln der SS-Bewacher um. Das Schicksal der KZ-Häftlinge des AL Tröglitz ist somit symbolisch für das der Mehrzahl der KZ-Außenlager. Ab Anfang April bewegen sich unzählige Kolonnen vorn KZ-Häftlingen auf Evakuierungsmärschen kreuz und quer durch Mitteldeutschland. Tote, zurückgelassen in den Straßengräben, kennzeichnen ihre Routen. Viele von ihnen erreichen ihr Ziel, die großen Vernichtungslager, nie. Der Weg einiger Kolonnen verliert sich im Nichts. Glück haben die, welche von den angreifenden alliierten Verbänden eingeholt und befreit werden.[51] Am 18. Juni 1945 öffnen Soldaten der 69th US InfDiv, die ab Mitte Mai 1945 die Region Zeitz als Besatzungstruppe okkupiert haben, ein Massengrab in einer Sandgrube bei Tröglitz und exhumieren 400 Leichen. Die meisten von ihnen waren erst kurz vor dem Eintreffen der Amerikaner erschossen worden.[52] Einer der berühmtesten jüdischen KZ-Häftlinge des Werkes Tröglitz, der spätere ungarische Literatur-Nobelpreisträger Imre Kertész, setzt später in seinem Buch „Roman eines Schicksalslosen" den Opfern ein literarisches Denkmal. Er war als Jugendlicher über das KZ Auschwitz und Buchenwald ins KZ-Außenlager Gleina gekommen und musste wie die Häftlinge aus Rehmsdorf im Werk Tröglitz arbeiten.[53]

Die Co. C, 25th Armd Engr Bn unter Capt. Henry G. Geel jr. verlässt den Biwak um 13.30 Uhr (B) und geht um 15.30 Uhr (B) in einen Versammlungsraum nördlich von Sautzschen. Um 16.45 Uhr (B) wird der Raum verlassen und um 21.30 Uhr (B) wird Rositz erreicht. Der 3rd Plat. Co. C, 25th Armd Engr Bn transportiert mit einer Squad Nachschub für das CT 68 durch die Furt bei Wetterzeube.

Gegen 21.00 Uhr (B) entfaltet der Div.CP der 6th US AD in Zeitz, um von hier am nächsten Tag die letzte entscheidende Etappe des Angriffs zur Mulde zu führen.

Die 76th US InfDiv beginnt in der Nacht vom 13./14. April in Zeitz mit der Ablösung der Kräfte des RCT 304 durch das RCT 417. Auf dem Regtl.CP. 304th InfRgt in Kretzschau erhält Col. Chougette während eines Besuchs durch Maj.Gen. Schmidt und dessen Stellvertreter, Brig.Gen. Wollfley, den Befehl, die Weiße Elster südlich von Zeitz zu überschreiten und der 6th US AD zu folgen.

Als erstes verlässt das 2./304, ohne die Co. G und H, am frühen Morgen den Raum Kretzschau und geht nach Droßdorf, wo es sich aufteilt und dem CCA der 6th US AD nach Osten folgt. Die Bn Command Group nimmt, gefolgt vom 212th AFA Bn, die Nordroute hinter dem CT 15 des CCA. Vereinzeltes Gewehrfeuer bei Geußnitz bleibt unbeachtet. Nahe Ölsen schließt sich die Co. G, die sich gemeinsam mit der Co. H in Zeitz befunden hat, der Kolonne an. Die Kompanie hatte um 01.00 Uhr (B) die Stadt verlassen und war mit dem 1./304 nach Kretzschau gefahren, von wo aus sie dem Bataillon folgte. Die Co. H schließt sich erst später mit dem CCR an. Auf der Südroute folgt die Co. E und F dem CT 9 des CCA. Die vorausgehende Co. F trifft bei Mahlen auf Abwehrfeuer und eine gesprengte Brücke und rückt nach einer kurzen Verzögerung weiter bis Dobitschen vor, wo sie für die Nacht hält. Co. E folgt ab 14.00 Uhr

(B) aufgesessen auf Lastwagen nach Dobitschen, wobei sie unterwegs ebenfalls durch Feuer deutscher 8,8cm Flak aufgehalten wird. Auch sie versammelt sich bis zum nächsten Morgen in Dobitschen.

Das 1./304, das sich mit dem CCR in Zeitz befindet, wird in der Nacht abgelöst und verlässt bis gegen 12.30 Uhr (B) mit den letzten Kompanien des 1./304 und dem unterstellten 1st Plat. Co. A, 749th Tk Bn die Stadt. Das Bataillon versammeln sich in Kretzschau, wo es motorisiert wird und den Auftrag erhält, dem CCR nach Osten zu folgen und Altenburg einzunehmen. Nach der Überquerung der Weißen Elster versammeln sich die Infanteristen in der Nähe von Droßdorf und verbringen die Nacht auf freiem Feld.

Das 3./304 (mot) befindet sich weiterhin als Regtl.Res. im Versammlungsraum Kretzschau – Döschwitz - Theißen. Kräfte des Bataillons unterstützen die Pioniere des 301st Engr C Bn in Zeitz, bei der Errichtung einer Treadway-Brücke[54] zwischen der Aue- und Dreierbrücke und dem Bau von Brückenstegen wobei sie immer wieder unter Beschuss geraten. Deutsche Artillerie versucht mit Störfeuer den Bau von der Brücken über die Weiße Elster zu verhindern. Nach dem Erhalt des Befehls, mit dem RCT 304 der 6th US AD zu folgen, verlässt es den Raum Kretzschau und überquert mit den Hauptkräften die Weiße Elster südlich der Stadt. Die Co. M, die ursprünglich von Theißen aus den Fluss in Zeitz überqueren sollte, wird gezwungen die Route zu ändern, da noch keine Fahrzeugbrücke in der Stadt zu Verfügung steht. Sie folgt den Hauptkräften des Bataillons.

Neben dem 1st und 3rd Bn versammeln sich auch die anderen Teile des Regiments bei Droßdorf. Die AT Co. geht nach Droßdorf und die Cn Co. nach Rippicha. Als letztes trifft die unterstellte Co. C, 749th Tk Bn um 23.45 Uhr (B) in Droßdorf ein. Der Regtl.CP stellt in Droßdorf den Kontakt zur Comd Gp der 6th US AD her. Die HQ Co. 304 verhaftet in Droßdorf einen Schullehrer, welcher die Stadt mit 15-jährigen Hitlerjungen verteidigen wollte.[55] Somit haben alle Teile des RCT 304 den Kontakt zur 6th US AD hergestellt.

Diese Kontaktaufnahme geschieht jedoch nicht immer problemlos. Bei der ständigen Bewegung und den häufig unterbrochenen Fernmeldeverbindungen geht immer wieder der Kontakt zwischen den Truppen und Stäben verloren. So ist der Einsatz von Meldern und Kontaktpatrouillen oftmals die einzige Möglichkeit zur Übermittlung von Befehlen und Informationen. Und das ist mit Gefahren verbunden, da sich noch immer versprengte deutsche Truppen zwischen den amerikanischen Verbänden bewegen. Dies bekommt auch der S 2 Offizier des

304th InfRgt, Maj. Clark, zu spüren, als er sich mit einer Squad des I&R Plat. des 304th InfRgt und einer weiteren Squad unter Führung von Lt. Cloud in der Nacht vom 13./14. April von Kretzschau aus auf getrennten Routen auf den Weg macht, um den Kontakt zwischen dem RCT 304 und der 6th US AD herzustellen. Während Lt. Cloud, der mit einigen Jeeps und einem M 8 Halftrack des 76th Rcn Trp unterwegs ist, erst einen Verbindungsoffizier und später einen Stabsoffizier der 6th US AD trifft und nach einigem hin und her den Kontakt herstellen kann, hat Maj. Clark weniger Glück. Bei der Suche nach dem CP des 3./304 gerät seine Gruppe mit drei Jeeps in einen Hinterhalt. Bei einem Halt an der Kreuzung einer angeblich „sicheren" Straße eröffnen 30 bis 40 eingegrabene Deutsche das Feuer. Als die Männer aus den Jeeps springen und im Straßengraben Deckung suchen, wird Maj. Clark's Fahrer, Pfc. John N. McInerney, tödlich getroffen. Auch der Pfc. Walter Stern stirbt noch im Jeep. Jetzt feuern die Deutschen mit Panzerfäusten auf die Jeeps. Pfc. Walter Maier und Sgt. Ridley werden verwundet. Im Schutz des schweren MG's des zweiten Jeeps gelingt dem Pfc. David mit dem dritten Jeep die Flucht. Maj. Clark ergibt sich angesichts der aussichtslosen Lage mit seinen Männern einem deutschen Leutnant. Doch die Gefangenschaft dauert nicht lange. David, der inzwischen auf Kräfte des CCR getroffen ist, kehrt mit diesen zum Ort des Überfalls zurück und kurze Zeit später sind die Männer befreit.[56]

Das RCT 385 setzt den Vormarsch im Süden der Divisionszone fort. Das 1./385 besetzt Kleinosida und fährt dann mit dem 1st Plat. Co. C, 749th Tk Bn aus dem Raum Mannsdorf - Salsitz zur Brücke über die Weiße Elster am Bahnhof Haynsburg und überquert den Fluss. Dann besetzt das Bataillon Großosida und nimmt Bergisdorf gegen starken Widerstand. Bei ihrem weiteren Vormarsch erobern die Infanteristen den Sendemast des Flaksenders der Flak.UGr. Zeitz südlich der Einmündung der, von Bergisdorf kommenden, Straße in die Reichsstraße 92 von Zeitz nach Gera. In Rasberg kommt es, wie zuvor in Bergisdorf, zu Haus-zu-Haus-Kämpfen. Weiter geht der Vormarsch nach Kuhndorf. Im Knittelholz finden die Infanteristen in einem, in den Berg getriebenen, Bunker neben Bewohnern der Zeitzer Bergsiedlung auch eine Anzahl französischer Zwangsarbeiter.[57] Nordöstlich von Kuhndorf stoßen sie auf die verlassene Stellung der Flak-Großbatterie Kuhndorf der Flak.UGr. Zeitz.[58] Deren 3./s.Flak.Abt. 437 hatte mit ihren 10,5cm Flak bereits im Februar 1945 an die Oderfront verlegt. Die aus italienischen Freiwilligen bestehende zweite Batterie hatte ihre Munitionsvorräte verschossen und war in der Nacht unter Entledigung ihrer Uniformen geflüchtet.[59] Acht Geschütze werden erbeutet.[60] Um 21.45 Uhr (B) besetzt das Bataillon Geußnitz, dass die Panzer bereits passiert haben.

Das 2./385 besetzt von Dietendorf aus die Orte Droßdorf, Frauenhain, Röden, Zetzschdorf und Großpörthen. In den Orten, die am Vortag und in der Nacht noch nicht besetzt worden waren, verläuft die Besetzung unspektakulär und ruhig. Letzte versprengte deutsche Soldaten sind angesichts der starken Truppenbewegungen in der Umgebung längst getürmt oder verstecken sich im Zeitzer Forst. Überall hängen weiße Fahnen aus den Fenstern und die Bevölkerung wartet gespannt auf die Besetzung. So erschrickt auch keiner, als am Vormittag einige Jeeps auf den Dorfplatz von Frauenhain fahren und die Soldaten mit vorgehaltener MPi die Häuser durchsuchen.[61] Dann fahren sie weiter. Das Bataillon trifft während des Tages nur auf leichten Widerstand und um 21.45 Uhr (B) hat das Bataillon Wildenborn erreicht. Das 3./385 (mot), das aus der Regtl.Res. kommt, wird nach dem Passieren des Sektors des 2nd Bn in der Nähe von Haynsburg durch die Kolonnen des RCT 304 und der 6th US AD bei Rippicha aufgehalten.

Das RCT 417 übernimmt nach Mitternacht die Verantwortung für Zeitz vom RCT 304. Während das 2./417 das CT 50 beim Kampf um die Kasernen unterstützt und die südlichen Teile der Stadt besetzt, sichert das 1./417 die nördlichen Stadtteile. Der Regtl.CP 417 erreicht inzwischen von Osterfeld kommend Zeitz und Col. George E. Bruner richtet seinen Beobachtungsposten in einem Gebäude ein, das die Kaserne überragt. Von hier aus will er sich persönlich ein Bild von den Kämpfen in diesem Bereich machen. Das 3./417 (mot) als TF Levy verbleibt weiter in der Regtl.Res. und verlegt in einen Versammlungsraum in der Umgebung von Gladitz. Das RCT 417 meldet an diesem Tag, dass in Zeitz 1000 französische Zwangsarbeiter und in einem nahegelegenen Kriegsgefangenenlager 250 Russen befreit wurden.

Der Div.CP der 76th US InfDiv erreicht von Molau kommend um 18.00 Uhr (B) Hollsteitz, wo er Quartier bezieht. Bis zum Abend haben die Pioniere des 301st Engr C Bn im Divisionsabschnitt drei Brückenstege über die Weiße Elster gebaut. Der Bn.CP 301st Engr C Bn befindet sich in Kirchsteitz. Die Co. D, 749th Tk Bn und die Svc Co. 749th Tk Bn befindet sich in Theißen.

Die DivArty unterstützt während des gesamten Tages die Aktivitäten der Infanteristen. Das RCT 304 wird durch das 302nd FA Bn von Droßdorf aus unterstützt. Das 355th FA Bn unterstützt des RCT 385 von Zschorgula aus und das 901st FA Bn das RCT 417 von Meineweh und später von Kretzschau aus.

Angelehnt an die 3rd US Army setzt auch die 1st US Army ihre Offensive in Richtung Mulde in großer Breite fort. Im nördlichen Angriffstreifen der 1st US Army erreicht die 104th US InfDiv des VII. US Corps um 18.00 den Stadtrand von Halle. Die 3rd US AD des gleichen Corps geht nördlich an Halle vorbei und erreicht die Elbe westlich von Dessau. Im südlichen Angriffstreifen nehmen beim V. US Corps die vorderen Teile der 9th US AD den Angriff aus dem Elsterabschnitt nach Osten wieder auf. Das am weitesten östlich stehende CCR der 9th US AD setzt ab 11.30 Uhr (B) mit der TF Deevers im Norden und TF Schantz im Süden den Angriff fort.

Um 12.00 Uhr (B) verlässt die TF Deevers, 27th AIB, Pödelwitz und fährt über Droßdorf nach Heuersdorf, wo es zu einem unvorhergesehenen Halt kommt. Vorauskräfte stellen fest, dass sich ein Tagebau an der Stelle befindet, wo die Karte eine Straße anzeigt. Da die amerikanischen Streitkräfte als Vorlage für ihre eigenen Karten deutsche Generalstabskarten des Jahrganges 1936 nutzen, sind insbesondere die umfangreichen Änderungen auf Grund der Tagebauaufschlüsse im mitteldeutschen Raum nicht eingezeichnet. Die Kolonne hält, bis die Aufklärer eine neue Strecke gefunden haben. Dann fährt die Task Force nach Deutzen und besetzt kurz darauf Röthigen.

Südlich der TF Deevers rückt die TF Schantz des CCR an diesem Tag aus dem Raum Langenhain - Hohendorf bis Regis-Breitingen vor, das kampflos besetzt wird. Die Aufklärer erreichen mit Spitzen um 19.00 Uhr (B) Treben, durch das zuvor die Kolonnen des CCR der 6th US AD gegangen sind. Die TF Shaughnessy, 3./273, welche dem CCR weiter unterstellt ist, säubert am Vormittag die Umgebung der Flakstellung Groitzsch und den Ort Altengroitzsch und verlegt dann geschlossen nach Wildenhain, wo sie für die Nacht hält.

Das CCA der 9th US AD verbleibt bis zum Mittag im Sammelraum Pegau und säubert die Umgebung nördlich der Stadt. Dabei liefert sich die amerikanische Artillerie Feuerduelle mit der deutschen Flak bei Zwenkau und Eythra.[62] Doch es ist nicht der Auftrag des CCA, die Stellungen zu bekämpfen. Um 12.10 Uhr (B) empfängt Col. Harrold den Befehl der Division zur Vorbereitung auf den weiteren Angriff Richtung Osten. Das verstärkte CCA soll sich hierfür wie bisher in zwei Kolonnen gliedern. Das 14th Tk Bn folgt dem unterstellten 2./273 auf der Südroute gemeinsam mit dem HQ CCA, Die zweite Kolonne, die Nordkolonne, bildet das 60th AIB. Während die TF Collins und das 2./273 ihre Sammelräume bei Pegau verlassen, beginnt das 14th Tk Bn mit dem Rückzug aus den vorgeschobenen Stellungen und versammelt sich.

Nachdem die amerikanischen Soldaten auch Audigast verlassen haben, rücken die deutschen Truppen sofort nach und um 08.00 Uhr hat der Ort wieder eine deutsche Besatzung. Während die amerikanischen Truppen südlich des Ortes nach Osten rollen, verbleibt Audigast in den nächsten Tagen erst einmal von weiteren Vorfällen verschont.

In Pegau hat zu diesem Zeitpunkt bereits das 60th AIB und das 2./273 mit dem Angriff begonnen. Gegen 14.00 Uhr (B) passiert die TF Collins, 60th AIB, an der Spitze des CCA die Ablauflinie. Sie fährt durch Groitzsch und schwenkt in Wischstauden nach Osten auf die befohlene Route. Gegen Abend erreichen sie den Raum Kieritzsch – Trachenau. Das 2./273 marschiert um 14.00 Uhr (B) in Stöntzsch los. Das Bataillon rückt über Groitzsch, Wischstauden, Brösen und Pödelwitz nach Droßdorf vor. Das 27th AIB des CCR hat zu diesem Zeitpunkt den Raum bereits verlassen. Über Neukieritzsch und Bergisdorf erreicht die Kolonne Kleinzössen wo es für den Rest der Nacht hält. Das 14th Tk Bn verlässt erst am Abend Pegau und erreicht auf der Südroute über Groitzsch, Brösen, Pödelwitz, Droßdorf nach Neukieritzsch, wo es nach Mitternacht anhält.

Während das CCA und CCR der 9th US AD an diesem Tag bereits die Weiße Elster überquert haben, beginnt das CCB erst jetzt befehlsgemäß aus dem Raum westlich von Weißenfels mit der Verlegung nach Osten.

Die Panzer des 19th Tk Bn des CCB verlassen den Versammlungsraum nördlich von Zeuchfeld und fahren über Markwerben nach Weißenfels, wo die Saale über eine Pontonbrücke überquert wird. Da die Stadt noch nicht vollständig besetzt ist, wird eine Route entlang des Südrandes der Stadt gewählt. Vor den Panzern erreichen die Aufklärer über Langendorf, Aupitz, Granschütz, und Taucha um 10.30 Uhr (B) den neuen Versammlungsraum östlich von Muschwitz. Das 19th Tk Bn versammelt sich in Webau und errichtet einen Außenposten in Göthewitz. Um 13.00 Uhr (B) haben alle Einheiten ihre Räume bezogen und Sicherungen ausgestellt. Das 52nd AIB des CCB überquert hinter den Panzern die Saale und versammelt sich bei Poserna. Das unterstellte 3./38 der 2nd US InfDiv, marschiert an dritter Stelle des CCB nach Pobles. Hier versammelt es sich für die Nacht und beginnt mit der Vorbereitung auf seinen neuen Auftrag. Der CP des CCB erreicht gegen 15.00 Uhr (B) Göthewitz und stellt Arbeitsbereitschaft her. Der Div.CP der 9th US AD verbleibt in Hohenmölsen.

Im Rücken der Panzerverbände des V. US Corps folgen die Infanteristen der 69th und 2nd US InfDiv und säubern die umgangenen Feindstellungen.

Das 1./271, das in der Nacht in Stöntzsch eingetroffen ist, verbleibt in der Versammlung, da das CCA der 9th US AD vor ihnen die Brücke bei Pegau überquert. Das 2./271 InfRgt der 69th US InfDiv meldet bis zum Abend die vollständige Einnahme von Weißenfels. Der Regtl.CP 271 befindet sich gegen 23.45 Uhr (B) drei Kilometer nordnordöstlich von Hohenmölsen bei Muschwitz. Das 3./271 fährt aus dem Raum Markröhlitz auf Grund der begrenzten Kapazität der Pontonbrücke bei Weißenfels über Naumburg nach Plotha und erreicht um 12.19 Uhr (B) bei Werschen die Kreuzung nach Hohenmölsen. Über Granschütz und Muschwitz erreichen die Kompanien die Umgebung von Starsiedel und Werben, wo sie sich versammeln. Den Befehl zur Einnahme von Lützen kann das Bataillon auf Grund des angetroffenen Widerstandes und der einbrechenden Dunkelheit nicht erfüllen. Die Infanteristen halten für die Nacht in Rahna.

Das RCT 272 der 69th US InfDiv verbleibt während des ganzen Tages in seinem Versammlungsraum westlich der Weißen Elster und säubert die Umgebung. Das 2./272 entsendet in den frühen Morgenstunden Aufklärer zu der, in der Nacht von Patrouillen entdeckten, Flakstellung im Raum nordwestlich von Predel. Diese stoßen zwischen Predel und Profen auf die Vorposten der Flakstellung und bestätigen die erhaltenen Informationen.

Daraufhin erhält das 2nd Bn unter Lt.Col. Wayne G. Springer den Befehl zur Erstürmung der Stellung. Zur Verstärkung werden ihm die Co. B, 777th Tk Bn und der 2nd Plat. Co. B, 661st TD Bn der Task Force Red, 1./272, unterstellt. Ein kleines Verbindungsflugzeug der Feldartillerie startet am Morgen und erscheint kurz darauf über der Flakstellung. Die unterstützende Artillerie nimmt jetzt die Stellung bis gegen 11.00 Uhr (B) unter Beschuss. Dann tritt eine Ruhepause ein. Währenddessen beginnen die Infanteristen mit der Umgruppierung für den Angriff. Um 14.30 Uhr (B) dröhnt die Luft erneut. Das 880th FA Bn unter Lt.Col. George W. Landis und das 955th FA Bn beginnen mit der Artillerievorbereitung für den Angriff und bis 17.05 Uhr (B) liegt die Stellung unter massivem Trommelfeuer.[63] Zur Feuerleitung klettert Lt. Beatty, der Vorgeschobene Beobachter des 880th FA Bn, mit einem Funker auf einen hölzernen Turm, von wo aus man die Stellung gut überblicken kann. Das war nötig geworden, nachdem einige der Flakgeschütze die Ausgangsstellung der Co. F am Rand des Tagebaus und die, in der Nähe befindliche, Förderbrücke unter Beschuss genommen hatten. Erst nachdem das Feuer im Ziel liegt, verlassen sie den Turm ziehen sie sich wieder aus dem Ort zurück. Während zweieinhalbe Stunden Granate um Granate in der Stellung einschlägt sitzen die Masse der Bedienungen der Flakgeschütze mit eingezogenem Kopf in ihren Deckungen. Nur einige Geschützbesatzungen erwi-

Werner Ferdinand
Foto: privat

dern das Feuer. Selbst die russischen Hiwis, welche nicht, wie in anderen Stellungen, bereits bei der Annäherung der Amerikaner geflohen waren, harren an den Geschützen aus. Einige der Geschützstellungen erhalten Treffer und die dort lagernde Munition explodiert. Es gibt Tote und Verwundete.[64] Der Flaksoldat Werner Ferdinand schreibt: *„Es ist die Hölle auf Erden. Das Krepieren der Geschosse, der Knall der Abschüsse, der Krach der, in die Luft fliegenden, Munition und die Abschüsse unserer zeitweilig schießenden Geschütze mischen sich zu einem einzigen Orkan."*

Inzwischen sind die Panzer und Panzerjäger der Co. B, 777th Tk Bn und der 2nd Plat. Co. B, 661st TD Bn, welche um 16.00 Uhr (B) Elstertrebnitz verlassen haben, auf der Straße Queisau – Beersdorf aufgefahren. Nachdem die Panzer einen Bogen gemacht und den Floßgraben überquert haben, beginnt der konzentrierte Angriff. Nebeneinander greifen die Infanteristen der Co. E und F des 2./272, gedeckt durch das Feuer des Granatwerferzuges der Co. H, von Profen her die Stellung an, während die Panzerjäger den Angriff der Panzer von Norden unterstützen. Dabei verschießen alleine die Panzerjäger 114 76mm Granaten. Wildes Abwehrfeuer ist die Antwort darauf. Einige der Panzer bleiben beschädigt liegen.[65] Ein amerikanischer Maschinengewehrtrupp nimmt aus 300 Meter Entfernung von der Förderbrücke des Braunkohletagebaus die Stellung unter Beschuss.[66] Lt. Hassler, Platoon Leader der Co. F, und T/Sgt. Bailey bilden ein Scharfschützentrupp und nehmen die Stellungen unter gezieltes Gewehrfeuer. Um 17.37 Uhr (B) meldet die Infanterie das Eindringen in die Stellung, wo sich ein heftiger Nahkampf entwickelt. Dabei werden auch Panzerfäuste gegen die Infanteristen eingesetzt. Erkannte Schützenlöcher werden von den Panzern mit ihren Ketten eingedreht. Dann wird die Stellung überrannt und bis 19.00 Uhr (B) kapitulieren die letzten Flaksoldaten.

Ferdinand schreibt hierzu: *„Mit einem Schlag ist der ganze Zauber vorbei. Wir sind alle vollkommen betäubt. Als ich nach kurzer Zeit einen Blick aus meinem Loch werfe, da... die amerikanischen Truppen sind zu Hunderten bereits im Angriff, keine 100 Meter mehr entfernt. Kurz hinter der Infanterie rollen zu Dutzenden Sherman-Panzer. Ich schaue mich um, von allen Seiten greifen sie unsere Batterie mit großem Menschen- und Materialaufwand an. Da beginnt auch schon ein wildes Feuer. Mit unse-*

ren paar Schuss Karabiner-Munition können wir nicht viel ausrichten. Unsere Lage ist hoffnungslos. Ein paar eigene Geschütze beginnen zu feuern. Schließlich wird mein Kamerad Osten, der eng neben mir hockt, am linken Arm durch ein Explosivgeschoss schwer verwundet. Auf einmal stehen die Amis vor unserm Loch. Ich nehme meinen Kameraden unter den Arm und führe ihn nach hinten, Richtung Braunkohlewerk. Der begleitende Neger haut mich mehrmals mit seinem Gewehrkolben ins Kreuz, vermutlich, weil ich die Arme nicht erhoben habe. Ich schaue zurück, zwischen den Geschützen wimmelt es bereits von braunen Gestalten. Immer noch fliegt Munition in die Luft und einige Geschützstände brennen. Überall sehe ich meine Kameraden mit erhobenen Händen, zum Teil verwundet, zurückgehen.“ [67]

Erbeutetes 8.8cm Flakgeschütz in der Stellung Predel Foto: 69th Infantry Division Ass.

Im Resultat des Beschusses und der Kämpfe dieses Tages sterben in der Stellung sieben Soldaten der 5./662, unter ihnen der erst 16-jährige Günter Illmann. Der Batteriechef, Obltn. Möller, entzieht sich der Gefangennahme indem er sich erschießt. Nach amerikanischen Meldungen werden in der Stellung und der unmittelbaren Umgebung mehrerer hundert deutsche Kriegsgefangene gemacht und 36 8,8cm Flakgeschütze erbeutet. Die History des 272nd InfRgt berichtet von 474 POW, darunter drei Offiziere und vier Frauen.[68] In der Stellung gratuliert Col. Walter D. Buie, der CO des 272nd InfRgt, persönlich Lt.Col. Springer zur erfolgreichen Aktion. In der Nacht räumen die Infanteristen die Flakstellung, in der noch immer Brände lodern und Munition explodiert, und kehren in den Versammlungsraum zurück. Die Co. B, 777th Tk Bn fährt nach Elstertrebnitz zurück. Die Gefangenen werden noch in der Nacht zur Gefangenensammelstelle in Dobergast gebracht, von wo aus sie über Naumburg, Heiligenstadt, Welda/Hessen nach Sinzig am Rhein abtransportiert werden.[69]

Während das 2./272 die Flakstellung bei Predel bekämpft, verbleiben die anderen Teile des RCT 272 in ihren Versammlungsräumen. Das 1./272, das am Vortag den Raum Elstertrebnitz - Beersdorf erreicht hatte, übernimmt im Tagesverlauf die Sicherung der Trautzschener Elsterbrücke.

Das 3./272, welches sich im Versammlungsraum Köttichau befindet, sendet eine starke Patrouille nach Süden aus, um Hinweisen der Bevölkerung über eine Flakstellung am Rand von Theißen nachzugehen. Nach diesen Angaben ist die Stellung nur von einer Handvoll Männern besetzt. In einem Kilometer Entfernung von der Stellung hält die Patrouille, um zu überlegt, wie die Besatzung der Stellung überwältigt werden kann. In diesem Moment laufen ihnen aus dem benachbarten Dorf kommend, sieben deutsche Soldaten in die Arme, die sich sofort ergeben. Einer der Gefangenen, der etwas englisch spricht, berichtet im Verhör, dass die Stellung aus drei kampfbereiten Batterien besteht und die Besatzung zur Verteidigung bereit ist. Diese Informationen werden sofort über Funk dem Bataillon mitgeteilt und die Patrouille erhält den Befehl zum Rückzug. Nur fünf Minuten später und die Patrouille wäre in ihr Unglück gelaufen. Auf Grund der Informationen wird der Angriff auf den nächsten Tag verschoben. Die Männer in der Flakstellung haben, ohne es zu wissen, eine letzte Gnadenfrist erhalten. Erst der nächste Tag wird für die, nunmehr letzte, Stellung der Flak.UGr. Zeitz das Ende bringen.

Das RCT 273 verlegt als Div.Res. der 69th US InfDiv an diesem Tag bis 15.30 Uhr (B) nach Teuchern und versammelt sich.

Im Nordabschnitt des Angriffsstreifens des V. US Corps setzt die 2nd US InfDiv mit zwei Regimentern die Besetzung des mitteldeutschen Industriezentrums Schkopau - Merseburg – Leuna fort.

Das 38th InfRgt erhält den Befehl, wegen des hartnäckigen Widerstandes im Raum westlich Merseburg - Leuna, die Saale in Weißenfels zu überqueren und einen Sammelraum bei Dehlitz, nördlich der Stadt, zu beziehen. Hierzu werden dem RCT 38 das 3./9 unterstellt. Vorausabteilungen verlassen befehlsgemäß am

Mittag den Abschnitt der 2nd US InfDiv in Richtung Süden. Ihnen folgt das 1st Bn unter dem Kommando von Lt.Col. Tom C. Morris. Erste Teile des Bataillons erreichen um 16.30 Uhr (B) Weißenfels. Die Masse des RCT 38 wird über Freyburg nach Weißenfels umgeleitet. Am späten Nachmittag staut sich die Kolonne des 1./38 auf der Leipziger Straße stadtauswärts auf Grund heftigen Flakbeschusses. Nachdem das Feindfeuer nicht nachlässt, befiehlt der CO des 38th InfRgt, Col. Boos, die Einstellung des Vormarschs für die Nacht. Der Angriff soll erst im Schutz der Morgendämmerung fortgesetzt werden.

Geheime Tagesberichte der Deutschen Wehrmachtsführung vom 15. April 1945:

AOK 12, XXXXVIII. PzK:
Vom Norden drang der Feind in Halle ein und stieß bis zum Dom vor; in der Stadt wird gekämpft. Ammendorf ging verloren. Im Vorstoß auf Leipzig erreichte der Feind den W-Rand Schkeuditz, den SW-Rand Markranstädt und drängte die eigenen Sicherungen aus dem Raum Großkorbetha bis hart W Lützen zurück. Über Grimma, das vom Feind genommen wurde, stieß er nach NO bis Mutschen und von dort nach SO weiter vor.

H.Gr. G, 7. Armee, XC. AK:
Im Raum Colditz – Rochlitz wurden etwa 100 Panzer erkannt. Im Vorstoß nach O drang der Gegner bis hart W Geringswalde vor. ...

Das XX. US Corps der 3rd US Army baut an diesem **Sonntag**, den **15. April 1945**, seine Erfolge vom Vortag weiter aus.

Das CCB der 6th US AD, das bereits am Vortag die Mulde erreicht hat, säubert die Stadt Rochlitz und sichert den Brückenkopf über die Zwickauer Mulde. Dann rückt sein CT 44, 44th AIB, nach Nordosten Richtung Zettlitz und das CT 69, 69th Tk Bn, Richtung Erlau weiter bis zur Haltelinie vor.

Im Abschnitt des CCA der 6th US AD setzt das CT 9, 9th AIB, am Morgen den Vormarsch von Dobitschen, südwestlich von Altenburg, fort und erreicht am Mittag die Zwickauer Mulde bei Lunzenau. Mit eingeschalteten Sirenen preschen die Panzer des CT 9 in die Stadt hinein und besetzen eine intakte Brücke über die Zwickauer Mulde. Trotz des Haltebefehls an der Mulde fährt die Kolonne weiter und erreicht um 15.00 Uhr (B) Mittweida, wo sie kein Widerstand antrifft.

Dann werden Gruppen entlang des Flusses Zschopau entsandt, die drei Brücken bei Lauenhain, Mittweida und Sachsenburg besetzen.

Das CT 15, 15th Tk Bn, des CCA, dass am Vortag südlich von Zeitz, bei Spora, aufgehalten wurde, gerät am Morgen mit Beginn der Bewegung erneut unter Beschuss durch die deutsche 8,8cm Flak bei Nißma. Obwohl nur noch eine Batterie feuerbereit ist und die Besatzungen der anderen beiden Batterien geflohen sind, sind die verbliebenen Flaksoldaten entschlossen, den ungleichen Kampf aufzunehmen.[70] Wieder sind die Panzer zum Halten gezwungen. Luftbeobachter der Artillerie kreisen über der Stellung und leiten das Feuer der bei Wittgendorf und Ölsen stehenden Feldartilleriebatterien. Die Stellung wird mit weißem Phosphor markiert. Dann greifen 15 P-47 „Thunderbolt" - Jagdbomber der 9th US Army Air Force die Stellung an.[71] Bei der Beschießung werden nach amerikanischen Meldungen 20 Geschütze zerstört. Nach dem dreistündigen Feuerduell rollen Sherman-Panzer über die Hauptstraße von Norden nach Nißma hinein und greifen querfeldein die letzte kämpfende Batterie nördlich der Wegkreuzung Nißma - Zettweil - Neuposa an.[72] Mit Unterstützung der unterstellten Panzerinfanteristen dringen sie in die Stellung ein. Panzervernichtungstrupps stellen sich ihnen am Rand der Stellung entgegen. Dabei stirbt mindestens ein deutscher Soldat unter den Ketten eines Panzers. Die Abschüsse einzelner Flakgeschütze, deren Besatzung auf Grund fehlender Erdzielvorrichtung durch das Rohr visieren, vermischen sich mit den Abschüssen der Panzer und Gewehr- und Maschinengewehrsalven. Der Zwillingsbruder des Richtkanoniers Gerhard Richter, der 16-jährige Kanonier Rudolf Richter, dessen Geschütz bis zum Schluss schießt, wird von einem Feuerstoß niedergemäht und verblutet. Überall in der Stellung ist der Ruf „Hands up" zu hören und verängstigte Gestalten tauchen mit erhobenen Händen aus den Laufgräben und Geschützständen auf. Mit vorgehaltenen Gewehren werden sie erst durchsucht und dann abgeführt.[73] In der Stellung bleiben 31 Flaksoldaten als Resultat der zweitägigen Kämpfe tot zurück.[74] Die Überlebenden werden nach Eisenberg gebracht, von wo aus sie nach vier Tagen und Nächten im Regen auf freier Wiese in die großen Gefangenenlager abtransportiert werden.[75] Pioniere der Co. B, 25th Armd Engr Bn zerstören die eroberten Geschütze. Der G 2 Bericht der 3rd US Army meldet um 18.00 Uhr (B) 31 zerstörte Geschütze.

Zu diesem Zeitpunkt hat das CT den Vormarsch bereits wieder aufgenommen und folgt über Altenburg dem Weg des CT 9 nach Osten. Hinter Königshain schwenkt das CT 15 nach Süden und übernimmt am Abend vom CT 9 die Brücke bei Sachsenburg.

Die Flakstellung Nißma nach der Eroberung am 15. April 1945
Foto: National Archive

A b s c h r i f t

Berlin-Wilmersdorf, den 15.4.1958
Hildegardstr. 5

An die
Deutsche Dienststelle
Berlin - Wittenau
Postfach

Unser Zeichen : K 8161 stets angeben
Betrifft : R i c h t e r , Rudolf, geb. 26.9.1928 in Mährisch-Schönberg - EM.: -11635- Schw.Flak Ers.Abt.37 Breslau
Bezug : Ihr Schreiben vom 19.3.58 - Ref.IV/42/Nißma

Auf unsere Rückfrage erhalten wir durch das Pfarramt Spora Kr.Zeitz folgende Auskunft :

" Am 15.April 1945 wurde in Nißma Kreis Zeitz von der Flakstellung Wachtmeister Graf, die Gefreiten Hölger und Wittig und die Kanonier Dinkart, Jahns, Pitschmann, Morgentahl, Möhrke, Richter und Morgenstern durch feindliche Bomben getötet.
Die Soldaten wurden am 17.April 1945 auf dem kirchlichen Friedhof in Nißma unter Leitung des Pfarrers Masch aus Zipsendorf kirchlich bestattet. Nähere Angaben wurden dem Pfarramt nicht gemacht.

Das gemeinsame Grab der Gefallenen befindet sich nahe der Kirche."

Antwortschreiben der Deutschen Dienststelle auf die Anfrage von Gerhard Richter über den Verbleib seines Bruders Schreiben: privat

In der zerstörten Flakstellung Nißma beginnen derweil die Bewohner der umliegenden Dörfer mit Handwagen und Tragen mit der Bergung der Toten.[76] Unter den Toten befinden sich auch die beiden Batterieoffiziere, Hptm. Arno Schenk und Obltn. Walter Gnann.[77] Mindestens sieben der Toten waren nicht älter als 16 bis 17 Jahre. Zwei der Toten können nicht mehr identifiziert werden. Auf dem Friedhof Nißma und Großröda finden sie ihre letzte Ruhe.[78] Gemeinsam mit den Flaksoldaten wird auch ein SS-Mann beerdigt, der im Dorf von den Amerikanern erschossen wird.[79] Die Geschütze werden in den kommenden Jahren verschrottet und die Geschützstände zugeschüttet. Nichts soll mehr an diese Zeit erinnern. Erst Jahrzehnte später gerät die Stellung noch einmal ins allgemeine Interesse. Bei Erderschließungsarbeiten für eine neue Kiesgrube stößt man im Herbst 1991 im Bereich der Stellung auf Munitionsreste. Im Januar 1992 werden auf der sachsen-anhaltinischen Seite der Flur durch den Kampfmittelbergungsdienst Magdeburg etwa 200 Flak- und Panzerabwehrgranaten sowie Panzerfäuste geborgen. Weitere Munition ruht wohl noch heute im Boden des thüringischen Teils der Flur.[80]

Das CT 68, 68th Tk Bn, des CCR, welches seit dem Vortag auf dem Höhenrücken vor Altenburg auf die Infanteristen des RCT 304 gewartet hat, um den Angriff auf die Stadt fortzusetzen, entsendet Patrouillen in Richtung der Stadt, welche keine deutsche Truppen mehr vorfinden. Letzte Reste der Garnison Altenburg haben sich in der Nacht abgesetzt.

Um 06.30 Uhr (B) fährt ein Verbindungsoffizier des CCR dem 3./304 entgegen, dass 07.00 Uhr (B) Droßdorf verlassen hat, und führt das Bataillon, das sich in der Regtl.Res. des 304th InfRgt befindet, in den Sammelraum für den Angriff. Um 08.30 Uhr (B) erteilt der CO CCR, Lt.Col. Lagrew, dem CT 68, 68th Tk Bn, den Befehl zum Angriff in einer nördlichen Flankenbewegung, während sich das CT 50 südlich von Rositz versammeln soll. Das 3./304 erhält den Auftrag, durch die Stellungen des CT 68 hindurchzugehen und mit einer Kompanie entlang der Hauptstraße nach Norden vorzurücken. Ein Kompanie soll nach Süden und der unterstellten Rcn Co., 603rd TD Bn entlang der Bahnstrecke auf die Stadt vorgehen. Als Angriffsbeginn wird 11.00 Uhr (B) festgelegt. Doch es kommt zu keinen Kämpfen. Oberbürgermeister Grimm hat zu diesem Zeitpunkt Altenburg bereits zur offenen Stadt erklärt.

Ohne auf Widerstand zu treffen marschieren die Infanteristen in die Stadt ein. Das CT 68 folgt und unterstützt die Infanterie bei der Durchsuchung der Stadt. Dann übernimmt die Infanterie die Bewachung verschiedener wichtiger Einrichtungen und Lager in der Stadt, darunter die HASAG Fabrik, in der noch immer große Mengen der dort hergestellten Panzerfäuste lagern. Im Außenkommando HASAG Altenburg des KZ Buchenwald finden die Amerikaner nur noch wenige Häftlinge vor. Die Masse der Häftlinge war am 12. April Richtung Erzgebirge evakuiert worden.[81] In der Nähe des Flugplatzes wird das Kriegsgefangenenlager STALAG IV E befreit. Der unterstellte 3rd Plat. Co. C, 25th Armd Engr Bn zerstört im Bereich des Flugplatzes einige verlassene Flakgeschütze. Der, dem 3./304 unterstellte, 3rd Plat. Co. A, 749th Tk Bn, der mit seinen Panzern das begleitende 364th FA Bn nach Rositz eskortiert hat, wo es Feuerstellung bezieht, vereint sich in der Stadt mit dem Bataillon.

Um 12.45 Uhr (B) erhält das CT 68 den Befehl zur Fortsetzung des Angriffs mit dem Ziel Mittweida. Ohne auf Widerstand zu treffen, marschiert es über Windischleuba, Dolsenhain, Kohren, Rathendorf und Corba nach Wechselburg, wo die Brücke vor der Kolonne gesprengt wird. Die Kolonne schwenkt nach Süden und findet schnell eine andere Brücke, einige Kilometer südlich in der Nähe von Cossen. Dann folgt es dem Weg des CT 50 über Wiederau und Thalheim.

Das CT 50, das dem CT 68 von Rositz nach Altenburg gefolgt ist, geht dort an den haltenden Panzern vorbei und fährt weiter über Neuenmorbitz, Penig, Lunzenau und Wiederau nach Thalheim. Um 17.30 Uhr (B) geht die Kolonne mit den Panzern der Co. B, 68th Tk Bn voraus nach Erlau und um 20.30 Uhr (B) versammelt sich das CT in der Nähe von Lauenhain.

In der Nähe von Lastau stellen die Aufklärer des Tp. A, 86th CavRcnSq an diesem Tag den festen Kontakt zur 9th US AD her. Der Div.CP eröffnet um 17.00 Uhr (B) in Rochlitz. Die 6th US AD hat bis zum Abend mit allen Kräften die befohlene Haltelinie erreicht und beginnt mit der Sicherung ihres Abschnittes gegen deutsche Gegenangriffe. Ab jetzt heißt es für die Männer um Maj.Gen. Grow *„Warten auf die Rote Armee.“*

Der nachfolgenden 76th US InfDiv erteilt das XX. US Corps den Auftrag, den Raum hinter den Panzern zu säubern und dann Teile der 6th US AD in den Brückenköpfen an der Zwickauer Mulde und Zschopau abzulösen.

Am Nachmittag erreicht das 1./304 aus dem Raum Kretzschau kommend Altenburg, das vom 3./304 gesichert wird. Um 19.00 Uhr (B) folgt es mit dem 1st Plat. Co. A, 749th Tk Bn voraus dem CT 68 nach Osten. Um 23.45 Uhr (B) erreicht das Bataillon Mittweida und errichtet eine Verteidigungslinie mit einigen Brückenköpfen entlang des Flusses Zschopau.

Das 2./304 folgt wie am Vortag dem CCA bis in den Raum südlich von Altenburg. Im Raum Modelwitz – Ehrenberg – Stünzhain – Kotteritz ergibt sich ihnen ein bataillonsstarkes Regiment. 400 Mann unter Führung eines Oberstleutnants gehen in Kriegsgefangenschaft. Dann folgt das Bataillon geschlossen dem CT 9 der 6th US AD.

Die selbstständigen Kompanien des RCT 304 und die unterstellte Co. A, 749th Tk Bn folgen dem 1./304 in der Nacht zum neuen Regimentsabschnitt an der Zschopau. Der Regtl.CP bezieht in Altenburg Quartier.

Das 385th InfRgt setzt ab 08.00 Uhr (B) den Vormarsch an der rechten Flanke der 76th US InfDiv fort. Das 1./385 rückt mit dem 1st Plat. Co. C, 749th Tk Bn am Morgen aus dem Raum Geußnitz nach Osten vor. Eine Kolonne erreicht am späten Vormittag Bockwitz, wo in der Nacht bereits eine amerikanische Patrouille auf der Suche nach deutschen Soldaten erschienen war. Im Ort wehen weiße Fahnen. Eine Gruppe Volkssturmmänner im Alter von 55 bis 65 Jahren, die am Vormittag des 13. April mit Panzerfäusten bewaffnet erschienen war, um den Ort zu verteidigen, hatte sich schon wenige Stunden später abgesetzt, nachdem ihr Führer verschwunden war. Am 14. April war dann ein deutscher Offizier auf einem Motorrad erschienen, der ihnen sagte: *„Wenn ihr euch eure Buden nicht zusammenschießen lassen wollt, hängt ,ne weiße Fahne heraus!“*[82] Im Ort ergibt sich ihnen ein Sanitäter mit mehreren Verwundeten, der zu einer deutschen Einheit gehört, die Tage zuvor mit Lastwagen in den Ort gekommen war. Sie hatten ihn bei ihrem Abzug in der Nacht zum 13. April zurückgelassen. Dann gehen die Infanteristen Richtung Würschwitz weiter. Um 12.00 Uhr (B) wird Lobas besetzt, das am Vortag während der Besetzung von Würschwitz beschossen, aber nicht besetzt worden war.[83] Dann nimmt das Bataillon um 14.20 Uhr (B) Zettweil, dass seit dem 13. April zwei Tote durch Bomben und Beschuss zu beklagen hatte.[84] In Nißma wird es durch das 2./385 überholt und geht anschließend nach Pöhla in die Regtl.Res., wo es sich reorganisiert.

Das 2./385 folgt von Wildenborn aus mit dem 2nd Plat. Co C, 749th Tk Bn den Elementen der 6th US AD durch Lindenberg, Kayna, Zettweil, Pöhla und Kostitz. Die Co. F an der Linken des Bataillons befreit in Großröda 150 amerikanische und 250 russische Kriegsgefangene.[85] Dann werden Kreutzen, Tegkwitz und Gödern besetzt. Das 3./385, welches am Vortag bei Rippicha durch die

Kolonnen des 304th InfRgt und der 6th US AD aufgehalten wurde, rückt motorisiert mit dem 3rd Plat. Co. C, 749th Tk Bn aus dem Raum Haysnburg nach Osten vor, passiert das 1st Bn bei Nißma und erreicht um 15.45 Uhr (B) Zechau. Das Bataillon erreicht nach der Säuberung einiger Objekte in seinem Abschnitt gegen 19.00 Uhr (B) Altenburg. Der Regtl.CP trifft um 18.00 Uhr (B) in Zechau ein.

Das RCT 417 beendet an diesem Tag die Säuberung von Zeitz und stößt mit dem 1./417 im Norden und dem 3./417 im Süden entlang der linken Flanke des XX. US Corps hinter den Panzern nach Osten. Das 1./417, das die Säuberung des Nordteils von Zeitz fortgesetzt hatte, rückt mit dem 1st Plat. Co. B, 749th Tk Bn als Task Force über Rehmsdorf, Wuitz, Mumsdorf, Rusendorf, Wintersdorf, Pflichtendorf, Trebanz, Pöschwitz, Primmelwitz, Fockendorf, Pahna und Eschefeld nach Roda vor. In Wuitz werden dabei wahrscheinlich die Flakhelferinnen Ilse Scholz und Martha Steuer Opfer der durchziehenden Kolonne. Sie werden auf der Straße Altenburg - Zeitz von Panzern überfahren.[86] Dann passiert das Bataillon auf dem Weg nach Osten die Vorhut des 304th InfRgt. Teile des Bataillons säubern bis 20.00 Uhr (B) die Wälder nördlich von Lehma.

Das 2./417, das als einzige amerikanische Einheit in Zeitz auch während der Nacht im Feuergefecht mit den Verteidigern im Kasernengebiet der Stadt stand, rüstet sich am Morgen zum letzten Sturm. Doch bevor der Angriff beginnt, bitten die Verteidiger plötzlich um Verhandlungen. Aufgeben wollen sie nicht, doch sie bitten um einen zeitweiligen Waffenwiderstand um ihre Verwundeten sicher abtransportieren zu können. Dem wird zugestimmt und kurz darauf wird mit dem Abtransport von annähernd 200 Verwundeten aus dem letzten verteidigten Gebäude der Artillerie-Kaserne begonnen. Ein wiederholtes Kapitulationsangebot lehnt Oberst Förster jedoch ab. Dafür gestattet er auch seinen unverletzten Männern das Gebäude zu verlassen, wenn sie nicht mehr kämpfen wollen. Eine kleine Gruppe verlässt daraufhin mit erhobenen Händen das Gebäude. Für sie ist der Krieg beendet. Doch nicht alle Verteidiger sind so vernünftig. Noch während die letzten Verwundeten herausgetragen werden, fallen Schüsse aus dem Gebäude. Die Verteidiger haben den Waffenstillstand selber beendet. Jetzt fahren die Panzer und Panzerjäger in Linie auf. Eine knappe Stunde nehmen sie gemeinsam mit der Artillerie und den Granatwerfern der Infanterie das Gebäude unter Beschuss. Doch erscheint endlich die weiße Fahne. Die letzten Verteidiger der Offiziersanwärterschule Zeitz ergeben sich unter Führung von Oberst Förster.[87] Förster, ein Oberstleutnant und vier weitere Offiziere sowie 100 Mann gehen in Gefangenschaft.[88] Um 14.00 Uhr enden an diesem Sonntag endgültig die Kampfhandlungen in Zeitz.[89] Noch einmal verzeichnet das Sterberegister der Stadt Zeitz sechs Tote durch Kampfhandlungen.

Deutsche Kriegsgefangene der 76th US InfDiv im Steinsgraben in Zeitz
Foto: National Archive

Nach einer kurzen Pause wird das Bataillon motorisiert und zur TF Barre umgebildet. Es löst die TF Levy, 3./417, als Regtl.Res. ab und verbleibt zur Aufrechterhaltung der Ordnung in Zeitz. Für Zeitz beginnt in diesem Moment die Phase der amerikanischen Besatzungszeit.

Das 3./417 geht mit dem 2nd Plat. Co. B, 749th Tk Bn in Zeitz durch die Linien des 2./417 hindurch und besetzt östlich von Zeitz die Orte Burtschutz, Hainichen und Gleina-Puschendorf. Dann rückt es über Kadischen, Sprossen, Zipsendorf, Ölsen, Brossen, Penkwitz, Prehlitz, Meuselwitz, Kriebitzsch, Gorma, Rositz und Fichtenhainichen vor und umgeht Altenburg nördlich über Gerstenberg, Knau, Windischleuba. Weiter geht der Vormarsch über Dolsenhain und Gnandstein nach Köhren. Der Regtl.CP verlässt am Abend Zeitz und geht nach Meuselwitz. Der Div.CP der 76th US InfDiv verlegt zum Ende des Tages nach Gorma.

Hinter den Kampfdivisionen des XX. Corps erreichen die Corpstruppen die eroberten Gebiete. So trifft an diesem Tag das 736th FA Bn mit seinen 155mm Haubitzen von Großgestewitz kommend in Weißenborn ein.

Die Divisionen des V. US Corps beginnen mit der Umsetzung des, am Vortag erhaltenen, Befehls zur Einnahme von Leipzig. Hierzu sollen Teile der Panzer die Stadt in einer südlichen Schwenkbewegung umgehen und östlich und nördlich der Stadt alle Zugänge blockieren während die anderen Teile zur Muldelinie vorstoßen. Die 69th US InfDiv setzt die Säuberung ihres Abschnittes von isolierten Widerstandsnestern fort und bewegt sich hinter der 9th US AD mit dem Ziel vorwärts, schnell mit Teilen die südlichen und südöstlichen Außenbezirke von Leipzig zu erreichen und Positionen für den Angriff in die Stadt hinein zu beziehen. Die 2nd US InfDiv soll aus dem Raum Merseburg – Leuna zügig aufschließen und sich von Westen Leipzig nähern.

Im Abschnitt Hainichen – Kitzscher – Stockheim bezieht das CCA, 9th US AD Verteidigungsstellungen für die Nacht. Das CCB, 9th US AD erhält im Versammlungsraum östlich von Weißenfels den Auftrag, dem CCA zu folgen und Borna zu säubern. Die TF Prince, 52nd AIB, beginnt den Marsch, mit der Co. A, 52nd AIB und zwei Plat. der unterstellten Co. C, 19th Tk Bn voraus, bei Granschütz und folgt der Marschstrecke des CCA, das Borna im Norden umgeht, über Pegau, Groitzsch und Droßdorf bis in den Raum hart nördlich von Borna. Ihnen folgt das 3./38 mit den Panzern der unterstellten Co. A, 19th Tk Bn aus dem Raum Pobles – Muschwitz. Das CCB der 9th US AD hat sich nach Abschluss dieser Bewegungen bis 24.00 Uhr mit seinen gepanzerten Hauptkräften im Raum Borna - Thräna - Wyhra - Zedtlitz versammelt, während sein 3./38 die Stadt Borna sichert. Hier erteilt der CO des CCB, Col. Harry W. Johnson, seinen Bataillonskommandeuren die Befehle für die Fortsetzung des Angriffs am nächsten Tag. Das CCR hat mit der Einnahme der zwei Muldebrücken im Bereich Colditz – Lastau am Abend das Tagesziel erreicht. Noch in der Nacht wird mit den Vorbereitungen zum Ausbau der Brückenköpfe und zur endgültigen Einnahme der Stadt Colditz begonnen.

Hinter den Panzerspitzen der 9th US AD kommen die Infanteriedivisionen des Corps mit der Bekämpfung feindlicher Gruppierungen in ihrer Zone langsam in Richtung Leipzig voran. Der Befehl des Corps verlangt von der, an der Südflanke des Corps vorrückenden, 69th US InfDiv schnell die Außenbezirke von Leipzig zu erreichen und dort Positionen für den Angriff zu beziehen.

Das RCT 272 setzt im Tagesverlauf die Säuberung des Gebietes westlich der Weißen Elster zwischen Zeitz und Pegau von letzten verbliebenen Widerstandsnestern fort, sichert den Übergang über die Weiße Elster bei Trautzschen und bereitet sich auf den Angriff auf Leipzig vor.

Am Morgen nähert sich nördlich von Zeitz das Ende für die letzte verbliebene Großbatterie der Flak.UGr. Zeitz in der Nonnewitzer Flur. Nach der Vervollständigung der Aufklärungsergebnisse vom Vortag erteilt Lt.Col. Edward J. Thompson in den frühen Morgenstunden den Infanteristen seines 3./272 den Befehl zur Einnahme der Ausgangstellungen für den Angriff. Um 06.00 Uhr beginnt das 880th FA Bn, geleitet von zwei Luftaufklärern, aus seiner Stellung bei Jaucha mit der Artillerievorbereitung. Unterstützung erhalten sie von den schweren Werfern eines Plat. Co. A, 86th Cml Mort Bn, deren Geschosse jaulend ihre Bahnen Richtung Stellung ziehen. Inzwischen haben zwei Plat. Panzer der Co. B, 777th Tk Bn von Beersdorf aus, den Raum Köttichau erreicht und die Infanteristen der Co. I und L, 3./272 sitzen auf. Um 07.00 Uhr stößt als letztes der 3rd Plat. Co. B, 661st TD Bn von Lützkewitz kommend zum Bataillon. Nachdem alle Kräfte zum Angriff versammelt sind, bewegt sich die Kolonne nach Nonnewitz. Um 08.30 Uhr erreichen die Spitzen Unterschwödnitz. Jetzt liegen die Gebäude und Geschützstände der Stellung keine 600 Meter vor den Infanteristen. Die zehn Sherman-Panzer der Co. B, 777th Tk Bn fahren nebeneinander zum Angriff auf und die fünf Panzerjäger des 3rd Plat. Co. B, 661st TD Bn beziehen an der rechten Flanke Stellung. Ein Platoon Granatwerfer und eine Section schwerer Maschinengewehre der Co. M gehen bei Unterschwödnitz in Feuerposition. Noch immer liegt die Stellung unter Artilleriebeschuss, das jetzt von einem vorgeschobenen Beobachter geleitet wird. Die Granaten schlagen präzise in der Stellung ein, wo Gebäude brennen, Munition in die Luft fliegt und Flakgeschütze durch die Wucht der Explosionen aus ihren Sockeln gehoben werden. Dann lässt das Artilleriefeuer nach und die Männer der Co. I unter Capt. Sewell und der Co. L von Capt. Benard rücken im Schutz der Panzern vor. 200 Meter von den letzten Gebäuden des Ortes entfernt kommt über Funk der Befehl zum Sturmangriff und zwei Platoon stürmen ausgeschwärmt mit Gebrüll auf die Stellung zu. Ein deutsches Maschinengewehr an der Rechten eröffnet das Feuer, wird aber schnell zum verstummen gebracht. Wild um sich schießend erstürmen die Infanteristen die Stellung. Noch im Laufen werfen sie Handgrananten in Schützenlöcher und Unterstände. Die nachfolgenden Panzer vollenden das Werk und drehen mit ihren Ketten erkannte Schützenlöcher zu. Der 15-jährige Flakhelfer Rudi Ömichen aus Delitzsch überlebt, weil ihn der Geschützführer Heinz Baum in ein Schützenloch stößt und dieses mit einem Betondeckel verschließt.[90]

Verzweifelt feuern einzelne Flakgeschütze auf die Angreifer. Gezielte Schüsse auf die Luftvorholer der Geschütze bringen sie zum Schweigen.[91] Einige der jungen Luftwaffensoldaten und RAD-Männer wehren sich mit Gewehren und Panzerfäusten. Als die Angreifer die erste Gebäudereihe erreichen, verstummt das Feuer. Zwei deutsche MG-Schützen werden erschossen als amerikanische Infanteristen eine Baracke stürmen und sie beim Wechseln des Laufs ihres Maschinengewehrs überraschen. Überall tauchen jetzt erhobene Hände auf. Die Überlebenden ergeben sich. Einige sind verwundet, andere stehen unter Schock. Als einer der Plat.Sgt.'s „Deutscher komm raus!" in einen Unterstand ruft, ergeben sich ihm 55 Mann und zwei Luftwaffenhelferinnen ohne Widerstand.

Heinz Baum (re.) am Geschütz
Foto: privat

Karl Kockel schildert in der Mitteldeutschen Zeitung vom 26. April 1995 die Erlebnisse des Geschützführers Heinz Baum aus Altenburg, der als Angehöriger der RAD-Abteilung 6./156 das Ende der Stellung erlebte, so: *„Das Unheil brach dann unvermittelt, aber mit voller Härte am Sonntag schon ab sechs Uhr über die Kameraden her. Mit einem höllischen Feuer, bei dem die Erde bebte, Rauch- und Dreckschwaden in der Luft hingen, schossen die Amerikaner die Stellung sturmreif. Kaum war der Donner der Kanonen verhallt, erklang das Rasseln der Panzerketten, erscholl der Siegesschrei der Infanterie."*

Systematisch durchsuchen die Infanteristen die Stellung, während die Panzer Sicherungspositionen am Rand der Stellung beziehen. In der Luftwaffenbatterie am Südrand der Stellung ergeben sich ihnen im Bunker neben dem Kommandogerät eine Gruppe Flakhelfer.[92] Unter ihnen der 16-jährige Herbert Baum, dessen Bruder Heinz Baum nur einige Meter entfernt in der RAD-Batterie gefangengenommen wird. Der Batteriechef der Flakhelfer, Hptm. Knospe, war noch vor dem Eindringen der Amerikaner durch einen Bauchschuss verwundet und abtransportiert worden.[93] Um 10.20 Uhr (B) meldet Lt.Col. Edward J. Thompson die Einnahme der Stellung. Der letzte Widerstandsherd zwischen Zeitz und Pegau ist drei Tage nach dem ersten Eintreffen der Amerikaner beseitigt. Insgesamt fallen den Männern 36 8,8cm Flakgeschütze der s.Flak.Bttr. z.b.V. 5553, der 6./s.Flak.Abt. 662 und der 6./RAD-Abt. 156 in die Hände. 248 Gefangene, einschließlich dreier Offiziere, werden in der Stellung und Umgebung gemacht.

Während die Masse der Gefangenen zusammengetrieben und zu einem Bauernhof in der Nähe der Bahnstation gebracht wird, kümmern sich Sanitäter um die Verwundeten beider Seiten. Fünfzehn Schwerverwundete werden in die Nonnewitzer Schule transportiert. Einige der Leichtverletzten, wie Heinz Baum, der am Hals getroffen wurde, werden zuerst in ein Lazarett nach Weißenfels gebracht. Von Theißen aus erfolgt der Abtransport der Kriegsgefangenen in das Sammellager im Heeresverpflegungsamt Naumburg und weiter zu den Rheinwiesenlagern. Auch Heinz Baum folgt nach seiner Entlassung aus dem Lazarett seinem Bruder in das Lager Sinzig. Wiedersehen werden sie sich aber erst Monate später zu Hause in Altenburg.

Mutige Bewohner von Theißen begeben sich am Nachmittag in die Stellung und bergen 21 Tote, die jüngsten von ihnen sind, wie der RAD-Arbeitsmann Peter Stelzner, gerade einmal 15 Jahre alt.[94] Mit einem Karren werden die Toten auf den Friedhof Theißen gebracht, wo man sie am nächsten Tag beerdigt.[95] Doch auch die Männer des 272nd InfRgt haben Verluste an diesem Tag. Einer von ihnen ist Tec 5 Edward W. Sell aus Illinois. Er findet sein Grab auf dem großen amerikanischen Soldatenfriedhof Margraten in den Niederlanden.

Nach der Säuberung der Umgebung der Stellung und der Ortschaften Bornitz, Draschwitz und Zangenberg versammelt sich das 3./272 am Nachmittag bei Theißen und beginnt mit der Vorbereitung zum Abmarsch in den Raum Pegau, um von dort den Angriff in Richtung Zwenkau aufzunehmen. Die Panzerjäger kehren zu ihrer Kompanie nach Elstertrebnitz zurück.

Das 1./272, das während des Tages in seinem Versammlungsraum bei Beersdorf verblieben war, überquert nach dem Abmarsch der letzten rückwärtigen Kolonnen des CCR der 9th US AD die Weiße Elster und versammelt sich nördlich von Gatzen. Das 2./272 wartet seit der Einnahme der Flakstellung Predel am Vortag weiter im Raum Reuden auf neue Befehle.

Das RAD – Lager in Reuden im Jahr 1937 Ansichtskarte Sammlung Möller

Das RCT 273, dessen 2nd und 3rd Bn weiter der 9th US AD unterstellt sind, verbleibt mit dem 1./273 als Div.Res. im Raum Teuchern. Die Co. B, 1./273 setzt ihren Auftrag fort und bewacht das PW Camp in der Heeresanstalt Naumburg und das PW Camp Bad Bibra, während die Co. C mit je einem Platoon den Flugplatz Kölleda, ein Flugfeld bei Hassenhausen und ein Munitionslager in Weißenfels sichert. Die AT Co. des Regiments erhält den Befehl nach Weißenfels zu gehen, um dort die Co. G, 2./271 bei der Sicherung der Stadt abzulösen und die Military Government in der Stadt zu übernehmen. Der unterstellte 1st Plat und das HQ Co. C, 777th Tk Bn und die Co. C, 661st TD Bn sichern den Regtl.CP des 273rd InfRgt in Teuchern. Das unterstellte 881st FA Bn verbleibt in seiner Stellung in Gröben. Patrouillen und Sicherungsposten des Regiments greifen in der Umgebung der Stadt immer wieder versprengte deutsche Soldaten auf, die versuchen, sich durch die amerikanischen Linien nach Hause abzusetzen. Für sie endet der Weg in die erhoffte Freiheit in den Kriegsgefangenensammelstellen. Wie ihre, im Kampf gefangenen, Kameraden kommen auch sie erst nach Monaten wieder frei. Dennoch gelingt es einer großen Anzahl deutscher Soldaten durch die feindlichen Linien hindurch nach Hause zu gelangen.

Die 2nd US InfDiv kommt bei der Säuberung des Industriezentrums Schkopau – Merseburg – Leuna voran und ihr 38th InfRgt beginnt aus dem Raum Weißenfels mit dem Vorstoß nach Nordosten, in den Rücken der deutschen Kräfte östlich der Saale.

Mit der Vernichtung der letzen großen Flakstellungen des Flak.Rgt. 120 Böhlen-Zeitz der 14. Flak.Div. im Raum Zeitz und der Kapitulation der Reste der Garnison Zeitz unter Oberst Förster endet der Widerstand der Kräfte des Stellv. IV. AK, W.Kr. Dresden, und des XC. AK der 7. Armee zwischen Weißer Elster und Mulde im gesamten Abschnitt zwischen der Linie Groitzsch - Borna - Grimma und einer Linie entlang der Reichsautobahn 4 nördlich von Chemnitz. Das XC. AK zieht sich mit den Resten der Div. z.b.V. 464 hinter die Mulde und Zschopau zurück und stellt südlich von Grimma den Kontakt zum XXXXVIII. PzK der 12. Armee her. Von seinem Gef.Std, südöstlich von Waldheim, aus versucht Gen.d.Inf. Petersen mit seinen Kräften eine Verteidigungslinie entlang der Flussläufe aufzubauen und nach Osten den Anschluss zu den, vor der russischen Front zurückweichenden, Kräften der 4. PzA westlich von Dresden herzustellen. Lediglich kleinere Kampfgruppen der Div. z.b.V. 464, die sich nicht vom Feind lösen können, leisten gemeinsam mit den verbliebenen Verbänden der 14. Flak.Div. nördlich der oben genannten Linie weiter Widerstand.

* * *

---

[1] BA-MA, Gen.d.Inf. Petersen ZA 1/857 B-507.

[2] Die Stellung befand sich zwischen Wildensee und Wildenborn. Lindenberg, wie öfters genannte, war zu weit weg. Gem. Czoßek, Rehmsdorf sollen sich in der Stellung Wildenborn 8 x 10.5cm Geschütze und in Lindenberg 4 x 10.5cm Geschütze befunden haben. Volker Thurm, Kayna, nennt bei Geußnitz und Wildensee je 12 x 8,8cm Flak und bei Wildenborn 12 x 10,5cm russische Beuteflak. Die amerikanischen Unterlagen melden die Eroberung von 30 bzw. 35 Geschützen Kaliber 8,8cm.

[3] Volker Thurm „500 Jahre Wildensee", 2008.

[4] Gem. dem Zeitzeugenbericht von Heinrich Späte, Kayna, Hptm. der Artillerie, April 1945 verwundet zu Hause. Ergänzt durch den Artikel von Barbara Ehrlich und Heinrich Späte in der MZ v. 30.03.05 und den Unterlagen von Herrn Volker Thurm, Kayna. In Späte's Haus versteckten sich 12 Amerikaner bei dem Bombenangriff. Es liegen in Kayna keine Informationen über gefallene amerikanische Soldaten vor. Siehe auch „Kriegshandlungen um Kayna" v. Barbara Ehlich, im Auftrag des Heimatvereins Kayna.

[5] Ebenda.

[6] Gem. Späte. Siehe auch AAR 9th AIB.

[7] Angehörige dieser Einheit werden im G 2 Bericht der 3rd US Army bei Geußnitz gemeldet. Dieser Verband kam in kleine Kampfgruppen aufgeteilt entlang der gesamten

Frontlinie zwischen Zeitz und Böhlen zum Einsatz. Das CT 9 meldet an diesem Tag 6 Verwundete.

[8] AAR 9th AIB. Gem. Späte gab es keine deutsche Geschützstellung bei Dobraschütz. Möglicherweise handelt es ich um die Art.Ers.u.Ausb.Abt. aus Altenburg.

[9] Gem. Späte. Um welchen Gefechtstand es sich handelte, ist bisher unbekannt.

[10] Ebenda.

[11] Volker Thurm „500 Wildensee", 2008.

[12] Ebenda.

[13] Ebenda.

[14] Ebenda.

[15] Gem. dem Zeitzeugenbericht von Gerhard Richter, Heiligenhaus, Flakkanonier in Nißma. Welche Batterie sich als dritte in der Stellung befand, ist nicht bekannt. Ursprünglich befand sich noch die 3./458 in Wildenborn, sie wurde aber im Frühjahr 1945 nach Berlin verlegt. In Frage kommt die s.Heimat.Flak.Bttr 207/IV, die gem. Steinert im Dezember 1944 von Dresden in die Nähe von Wernsdorf bei Kayna verlegt haben soll oder eine Batterie, die gem. den Unterlagen des Räumdienstes Ende 1944 von Loitsch weg verlegt wurde. Wohin, ist unklar. Der Bericht über den Durchhaltebefehl wurde der Festschrift „500 Jahre Wildensee" von Volker Thurm, Kayna, 2008 entnommen.

[16] Das CT 15 meldet 35 zerstörte 8,8cm Geschütze. Das 274th AFA Bn meldet die Zerstörung von 30 Geschützen durch Beschuss.

[17] Gem. Späte.

[18] Volker Thurm „500 Jahre Wildensee", 2008.

[19] Bericht der Lehrerin M. Friedrich, Archiv Volker Thurm, Kayna. Sie bezieht sich dabei auf den Kurzbericht von Ernst Kahnt, Würchwitz. Bei den Soldaten kann es sich um Angehörige der Pz.Jg.Ers.u.Ausb.Abt. Borna gehandelt haben, die u.a. mit Pak bei Kayna im Einsatz waren.

[20] Ebenda.

[21] Gräberunterlagen Dr. Drosihn.

[22] „Bomben auf Starkenberg" v. Konrad Mälzer in der OTZ v. 15.02.2005. Mälzer nennt als einziger die Bezeichnung „Hermann-Göring-Flak-Stellung".

[23] Gem. Richter erfolgte der Schusswechsel mit Fahrzeugen am Horizont, nicht mit Panzern. Barbara Ehrlich nennt 30 Geschütze in der Stellung.

[24] Gem. Werner Erbe, Flaksoldat in der 8./307, Interview Möller 2003.

[25] Gem. Richter und Späte.

[26] Kriegshandlungen um Kayna v. Barbara Ehrlich.

[27] Gem. Richter.

[28] Gem. Späte, Kayna soll ein Hauptmann die Flakhelfer am 14. April nach Hause geschickt haben. Im April 45 befanden sich nur noch wenige Flakhelfer in den Batterien. Die Masse war im März 45 nach Hause geschickt worden um sie zur Wehrmacht einzuziehen.

[29] Ebenda.

[30] Gem. AAR CCR.

[31] Gem. Zabel.

[32] Zu DDR-Zeiten – Dr. Flörsheim-Straße.

[33] Gem. Zabel und Sonderheft Zeitzer Heimat Nr. 16.

[34] Gem. Gertraude Pöschl in MZ v. 22.04.95.

[35] Übersetzung J. Möller. Unklar ist, ob es sich bei dem bombardierten Gebäude um das Stabsgebäude an der Südkante des Exerzierplatzes handelt. Die Standartbauten der Wehrmacht besitzen an der Stirnseite des Gebäudes eine Rampe, die nach unten zum Kellerflur führt.

[36] Der AAR des 417th InfRgt nennt 500 Gefangene beim CT 50.

[37] Artikel Kath. Pfarrei Dom St. Peter und Paul Zeitz v. Johannes Werner anlässlich der Gründung des Bistums Zeitz vor 1025 Jahren im Jahr 1992.

[38] Gem. Czoßek, Zeitzeuge aus Rehmsdorf. An diesem Tag melden die amerikanischen Truppen in diesem Raum keine Verluste an Panzern. Möglicherweise wurde das Einschwenken der Panzer des CT 15 für den Angriff auf Nißma und das damit verbundene Verschwinden der Panzer als Treffer gewertet.

[39] Im Buch "The Super Sixth" heißt es, dass das CT 68 bei "Wilden" den Kontakt zum CT 50 herstellte. Hier liegt sicher eine Verwechselung vor. Es ist unwahrscheinlich, dass der Kontakt bei Wildensee oder Wildenborn hergestellt wurde, da sich dort das CT 15 befand. Einen anderen Ort mit „Wilden" gibt es dort nicht.

[40] AAR 68th Tk Bn.

[41] Gem. Horst Wohlfarth, Zeitz, MZ v. 12. u. 14.07.1995 und dem Manuskript „Schüler im Krieg – Eine Zeitzer Mittelschulklasse als Luftwaffenhelfer im Einsatz 1944/45" v. Dez. 1995.

[42] Ebenda.

[43] Bericht von Kurt Rauschenbach, Rehmsdorf, v. 01.01.65, Archiv Czoßek.

[44] Das erste Erscheinen der Amerikaner soll sich gemäß Czoßek am 12.04.45 ereignet haben. Zu diesem Zeitpunkt befanden sich aber noch keine amerikanischen Truppen östlich der Weißen Elster.

[45] Zeitzer Heimat , Sonderheft Nr. 16 v. Rolf Zabel, 2005.

[46] „Das Lager von Rehmsdorf" v. Karl Fischer, 27.08.2003.

[47] Zeitzer Heimat Sonderheft Nr. 16.

[48] Artikel „Tschechen wohnten in der Berufsschule" in MZ v. 16.03.195. In der Schule am Nicolaiplatz waren zuerst die 1.,2. und 5. Kp unter Führung deutscher Offiziere und Unteroffiziere untergebracht. Die 1. Kp geht später nach Hamburg und die 2. Kp nach Merseburg. Im Zeitzer Heimat Sonderheft Nr. 16. wird von tschechischen Zivilarbeitern der OT in der Moritzburg geschrieben. Hier sind wahrscheinlich die Angehörigen des Landesbaubataillons gemeint.

[49] Diese Angaben beziehen sich auf Forschungen der Mahn- und Gedenkstätte Buchenwald, die 1985 im Buchenwaldheft Nr. 16 veröffentlicht wurden. Nach den Forschungen von Czoßek und der Heimatstube Rehmsdorf gibt es jedoch Abweichungen bei den Angaben zu den einzelnen Transporten. Gemäß dem Bericht von Karl Fischer

über das Lager Rehmsdorf sollen einige Häftlinge nach dem Abmarsch der SS-Bewacher alleine im Lager zurückgeblieben sein. Sie wurden Tage später von den Amerikanern abtransportiert.

50 Verhörprotokoll des Lagerleiters, Archiv Gedenkstätte Rehmsdorf.

51 Buchenwaldheft Nr. 16.

52 2. Teil des Berichts von Günter Braunert in der Zeitzer Zeitung v. 22.02.95. In Zeitzer Heimat Sonderheft Nr. 16 spricht Zabel von insgesamt 5781 Toten von der Entstehung des Lagers bis zu dessen Auflösung.

53 Gem. Bericht Karl Fischer.

54 Die Treadway-Brücke war eine der am meisten eingesetzten Pontonbrücken der US Army.

55 Bei dem Lehrer kann es sich entweder um den Hauptzugführer Müller der N.P.E.A. Naumburg gehandelt haben, der am 15.04.45 bei Rippicha gefangengenommen wurde oder aber um jenen kriegsversehrten Offizier und Ausbilder aus dem Wehrertüchtigungslager Breitenbach, auf den W. Riedel am 12.04. in der Nähe von Koßweda traf. Dieser befehligte eine Gruppe von 15 bis 17-jährigen Hitlerjungen, die zuletzt bei den Kämpfen um Haynsburg gemeldet wurde.

56 „History of the 304th Infantry Regiment".

57 Gem. Margarete Fiedler in der MZ v. 15.05.95.

58 Südlich des Wehrmachtsschießstandes am Waldhaus in Richtung Kuhndorf, Nähe des Trigonometrischen Punktes an der Wegekreuzung gem. Zabel. Der genaue Standort wurde einer Luftaufnahme der USAAF vom 18.04.45. entnommen.

59 Gem. Wohlfarth hat ein Zeitzeuge aus Kuhndorf von diesen Vorgängen berichtet. Gem. Zabel entledigte sich die Besatzung im Kuhndorfer Tal ihrer blauen Uniformen. Die italienischen Freiwilligen trugen die blaue italienische Armeeuniform.

60 Gem. der Auswertung der Luftaufnahmen vom 18.04.45 war eine Batteriestellung leer, in der zweiten befanden sich acht Geschütze.

61 Gem. Wohlfarth.

62 Neue Heimatstimme Zwenkau 5/2005.

63 Übereinstimmung mit dem Zeitzeugenbericht von Ferdinand.

64 Zeitzeugenbericht Ferdinand.

65 Ebenda.

66 Ebenda.

67 Ebenda. Es handelt sich hierbei um den „Fifth Platoon" der Co. F, 2/272, der aus Afroamerikanern bestand.

68 Der AAR der Division nennt mehr als 300 Gefangene, die History des 777th Tk Bn nennt 200.

69 Gem. Ferdinand.

70 Gem. den Erinnerungen der Nißmaer, aufgeschrieben von Dr. Drosihn.

71 In „Kriegshandlungen um Kayna" werden 15 Tiefflieger genannt.

72 Ebenda.

73 Gem. Richter.

[74] Gräberübersicht Dr. Drosihn. In den verschiedenen Eintragungen in den Kirchenunterlagen und den Grabübersichten gibt es einige Namensdifferenzen. Einige der genannten Toten wurden wahrscheinlich später umgebettet.

[75] Gem. Richter.

[76] Artikel „Nißmaer gedachten der Kriegstoten“ in der MZ v. 08.05.95.

[77] Gem. Späte soll der Chef der Nißmaer Flak vor Eintreffen der Amerikaner Selbstmord begangen haben.

[78] Unterlagen des evangelischen Pfarramtes Spora und der Gemeinde Spora und Kleinröda, Archiv Drosihn.

[79] Gem. den Unterlagen des evang. Pfarramtes Spora wird als Todestag der 14.04.45 genannt. Ein anderer Eintrag nennt kein Datum, aber den Hinweis „SS-Mann von Amerikanern im Dorf erschossen“. Der Tod des SS-Mannes kann im Zusammenhang mit einer bisher unbestätigten Geschichte von Heinrich Späte stehen. Späte berichtet, dass vier versprengte SS-Männer nach der Einnahme der Flakstellung Nißma einen amerikanischen Zahlmeister getötet und einen Jeep gestohlen haben sollen. Indem sich zwei als amerikanische Bewacher verkleideten, soll ihnen die Flucht Richtung Altenburg gelungen sein. Siehe auch Berichte von Winkler über einer Gruppe von SS-Leuten in Tachlitz und Aga.

[80] Artikel „200 scharfe Granaten lagerten tief in der Nißmaer Flur“ in Heimat-Kurier 1992, Archiv Drosihn.

[81] Buchenwald Heft 16, 1983.

[82] Volker Thurm „825 Jahre Bockwitz“, 2008. Vermutlich handelt es sich um den gleichen Offizier, der der Flakstellung Wildenborn den Durchhaltebefehl übermittelt hat.

[83] Bericht der Lehrerin M. Friedrich, Archiv Volker Thurm, Kayna.

[84] Gem. Barbara Ehrlich und Heinrich Späte, Kayna.

[85] Möglicherweise handelt es sich bei den 150 amerikanischen Kriegsgefangenen um die Kolonne, die am 12. April in Kayna lagerte.

[86] Meldung ortsfremder Soldatengräber Friedhof Wuitz und Nißma v. 28.12.48.

[87] Schilderung aus „We ripened fast – History of the 76th Infantry Division”.

[88] Angaben gem. AAR 417th InfRgt.

[89] Uhrzeit gem. Festschrift der Kath. Pfarrei Dom St. Peter und Paul Zeitz von 1992.

[90] Gem. Heinz Baum, Altenburg.

[91] Gem. Herbert Baum, Altenburg.

[92] Im März 1945 wurden überall die Flakhelfer des Jahrgangs 1927 nach Hause geschickt, während der Jahrgang 1928 teilweise in den Stellungen verblieb und aus den Flakhelfern Flaksoldaten wurden. Außerdem verblieben oftmals die jüngeren Flakhelfer in den Stellungen, deren Wohnorte im bereits, vom Feind besetzten, Gebiet lagen.

[93] Interview mit Herbert Baum, 21.11.08.

[94] In dem Zeitungsbericht v. Kockel in der MZ v. 26.04.95 wird von 27 Toten gesprochen. Dabei wurden die in Theißen gefallenen Soldaten zu den Toten der Flakstellung dazu gezählt.

[95] MZ v. 26.04.95.1

VI. Die amerikanische Besatzungszeit

Am Sonntag, dem 15. April 1945 enden um 14.00 Uhr nach fast drei Tagen die Kampfhandlungen im Stadtgebiet und der unmittelbaren Umgebung von Zeitz. Wenn es auch noch einige Tage dauert, bis am 9. Mai 1945, 00.05 Uhr mit der Kapitulation der Wehrmacht der Zweite Weltkrieg in Europa endgültig zu Ende geht, beginnt mit diesem Tag für Zeitz eine neue Zeit. Johannes Werner wird 1992 in der Katholischen Festschrift anlässlich der Gründung des Bistums Zeitz den Zeitzer Pfarrer Wittelsbach zitieren, der diesen Moment so erlebte: *„Wie ein Traum waren die Tage nach dem Fall der Stadt. Diese Stille, ohne Hast das Leben überhaupt. Nur der Donner der Panzer und von LKW-Kolonnen.“* [1]

Die befreiten Kriegsgefangenen Hibbs aus Cleveland, Ohio und Byard aus St. Louis, Missouri klettern über die Trümmer der Eisernen Brücke Foto: National Archive

Doch die Stadt hat einen hohen Blutzoll gezahlt. Das Ende des, von Hitler propagierten, „Tausendjährigen Reiches“ vor den Augen mussten noch einmal unnötig viele Menschen ihr Leben lassen, bloß weil eine kleine Gruppe überzeugter

Fanatiker nicht einsehen wollte, dass der Krieg hoffnungslos verloren war. Das Sterberegister des Standesamtes Zeitz verzeichnet für die Zeit vom 10. April bis Anfang Mai 1945 insgesamt 107 Sterbefälle in Folge von Kampfhandlungen. Berücksichtigt man die Tatsache, dass die meisten der annähernd 100 Opfer des Angriffs auf den Güterbahnhof am 10. April 1945 nicht in Zeitz standesamtlich beurkundet wurden, was auch für einen Großteil der gefallenen Soldaten gelten dürfte, so beläuft sich die Gesamtzahl der Todesopfer der letzten Kriegstage alleine für das Stadtgebiet von Zeitz auf geschätzte 250 Tote.[2] Hinzu kommen die Gefallenen der Kämpfe um die Flakstellungen und in der Umgebung der Stadt. Nicht zu vergessen auch jene Opfer, die, wie im KZ Außenlager Rehmsdorf, noch kurz vor Kriegsende auf den Evakuierungsmärschen umkamen.

Doch jetzt gilt es, das Weiterleben zu organisieren und die Schäden an der städtischen Infrastruktur zu beheben. Noch während die Kämpfe im Südteil der Stadt anhalten, wird durch die amerikanischen Truppen mit der Wiederherstellung der zivilen Verwaltung begonnen. Als Erstes übernimmt die G-5 Abteilung der 76th US InfDiv die Verantwortung für die zivile Verwaltung der Stadt. Die, als erstes Instrument der Sicherung und Aufrechterhaltung der Ordnung, geschaffene Kommandantur bildet später den Grundstein für die Installation der Military Government. Bereits am 14. April wird auf ihre Weisung der kommissarische Oberbürgermeister Biebend durch Baudirektor Schmidt abgelöst. Am 15. April wird die Wilhelmshöhe Lazarett. Einen Tag später, am 16. April, übernimmt der ehemalige Oberbürgermeister Rath wieder die Dienstgeschäfte und Baudirektor Biebend wird Chef der Polizei im Stadt- und Landkreis.

Gemeinsam mit den amerikanischen Truppen geht die Polizei jetzt massiv gegen Plünderer vor. Noch während der Kämpfe war es überall im Stadtgebiet im großem Umfang zu Plünderungen durch die Bevölkerung und befreite Zwangsarbeiter und Kriegsgefangene gekommen. Davon sind insbesondere die Zuckerfabrik, das Bahnhofsgelände, das Postamt, die Museen und Geschäfte der Stadt und die umliegenden Rittergüter betroffen.[3] Gleichzeitig wird mit der Beseitigung gefährlicher Erbschaften im Stadtgebiet begonnen. So werden drei Fliegerbomben aus den begehbaren Entwässerungskanälen des westlichen Widerlagers der Bahnunterführung am Ortseingang von Zangenberg beseitigt..[4] Weggeworfene und liegengebliebene Waffen und Munition und Blindgänger gilt es zu entsorgen.

Am 16. April übernimmt das 284th FA Bn der 11th Armd Group bis zum 21. April 1945 die Aufgabe der Military Government im Raum Zeitz - Gera. Die

HQ Btry. und Btry. B gehen nach Eisenberg, die Btry. C nach Zeitz und die Btry. A nach Gera.

Bis zum 18. April erfolgt die behelfsmäßige Instandsetzung der Auebrücke als Fußgänger-Notsteg und die Errichtung einer Pontonbrücke zwischen der Aue- und Dreierbrücke.[5]

Am 18. April übernimmt das CCB der 6th US AD, die am 17. April von der Unterstellung unter das XX. US Corps zum VIII. US Corps gewechselt hat und mit ihren Hauptkräften an der Zwickauer Mulde im Raum Rochlitz steht, mit dem 69th Tk Bn, der 86th CavRcnSq und dem 603rd TD Bn die Verantwortung für das Gebiet zwischen Saale und Zwickauer Mulde. Somit liegt Zeitz jetzt im Bereich des VIII. US Corps. Am 19. April wird die 11th Armd Group der 6th US AD unterstellt und der CP des CCB eröffnet in Zeitz. Die 86th CavRcnSq geht nach Osterfeld und übernimmt die Verantwortung für den Abschnitt im Westen entlang der Saale von Bad Kösen bis Dorndorf und im Osten entlang der Linie von Schelkau bis Königshofen.

Panzerjäger des 603rd TD Bn in der Zeitzer Infanterie-Kaserne
Foto: Archiv Koch, Berlin

Am 22. April 1945 erfolgt die Unterstellung des VIII. US Corps unter die 1st US Army. Die 1st US Army übernimmt ab diesen Zeitpunkt die militärische Führung aller amerikanischen Truppen im mitteldeutschen Raum zwischen dem Zusammenfluss von Elbe und Schwarzer Elster und dem Erzgebirge. Am 24. April übernimmt die 7th TD Gp, die der 6th US AD unterstellt wird, den Raum westlich von Altenburg. Am 25. April wird die 86th CavRcnSq von der 11th Armd Group abgelöst und geht von Osterfeld nach Nobitz.

Am 27. April wird der Zeitzer Verleger Arthur Jubelt zum Oberbürgermeister ernannt.[6]

Ende April beginnen die amerikanischen Truppen in Mittedeutschland mit der Konsolidierung entlang der Haltelinie. Die räumliche Verteilung bleibt im Wesentlichem unverändert. Am 6. Mai wird der Stab der 1st US Army herausgelöst und die 9th US Army übernimmt die Führung der Truppenteile und Verbände.

Der jetzt beginnende Zeitabschnitt, der von vielen als die eigentliche „Amerikanische Besatzungszeit“ empfunden wird, und sich von der Kapitulation bis zum Abzug der amerikanischen Streitkräfte aus Mitteldeutschland erstreckt, ist noch einmal durch Umgliederungen gekennzeichnet. Ziel ist es, ab Mitte Mai Kampfverbänden in Europa für den Einsatz auf dem pazifischen Kriegsschauplatz frei zu bekommen. In einem ersten Schritt wird ab dem 11. Mai begonnen, die Verantwortungsbereiche einzelner Divisionen auszudehnen, um so das Herauslösen der Divisionen vorzubereiten, die für die Verlegung vorgesehen sind. Die 6th US AD verlässt ihren Abschnitt an der Mulde und bewegt sich nach Thüringen, wo sie die Verantwortung über den Raum Sömmerda, Weimar, Orlamünde, Eisenberg bis Apolda übernimmt. Ihr bisheriger Abschnitt an der Mulde wird von der 76th US InfDiv übernommen, die jetzt im Raum Altenburg, Gera, Greiz, Zwickau, Westrand Chemnitz bis Rochlitz steht.

Die 69th US InfDiv, die am 28. April dem VII. US Corps unterstellt wurde und bisher eine Linie am Westufer der Mulde, östlich von Leipzig, besetzt hat, dehnt ihren Besatzungsbereich aus. Sie besetzt ein Gebiet von 60 Kilometer Länge und 100 Kilometer Breite, begrenzt im Osten von der Mulde, im Norden von der Stadt Halle, im Süden von Eisenberg und im Westen durch die Stadt Ziegelroda und dem Allstedter Forst. Ihr 272nd InfRgt übernimmt den Besatzungsauftrag für den Landkreis Zeitz und Teile des Landkreises Weißenfels. Das HQ 272, HQ Co. 3./272, Co. M, 3./272 und Co. B, 369th Med Bn gehen nach Zeitz, die Cn Co. 272 nach Droyßig, die AT Co. 272 nach Osterfeld, die Co. E, 2./272 nach

Nessa, Co. K, 3./272 nach Kayna und Co. L, 3./272 nach Tröglitz. Außerdem befinden sich ihrer Zone das 195th FA Bn in Teuchern und das 660th FA Bn am Bahnhof Profen.[7]

Maj. William O. Kearse
Military Government Officer 272nd IR
Foto: 69th Infantry Div. Ass.

Am 30. Mai 1945 wird in Zeitz die Gasversorgung wieder aufgenommen und am 31. Mai erfolgt die Wiederaufnahme des normalen Krankenhausbetriebes. Am 16. Juni fahren die ersten Eisenbahnzüge.[8]

Am 15. Juni wechselt noch einmal die Zuständigkeit für den mitteldeutschen Raum von der 9th US Army zur 7th US Army unter Lt.Gen. Alexander M. Patch. Das bestimmende Ziel der amerikanischen Militärpolitik in Mitteldeutschland ist zu diesem Zeitpunkt bereits die Einnahme der politischen Nachkriegsordnung.

Am 18. Juni 1945 erfolgt die Öffnung eines Massengrabes bei Rehmsdorf
Foto: 69th Infantry Div. Ass.

In Rehmsdorf bei Zeitz, wo sich die amerikanische Kommandantur für das BRABAG Werk Tröglitz befindet, erfolgt am 18. Juni unter Aufsicht der 69th US InfDiv die Öffnung eines Massengrabes mit 400 Leichen des Außenlagers „Wille“ des KZ Buchenwald.[9]

Am 27. Juni erhalten die Divisionen des VIII. US Corps den Befehl der 7th US Army, ab 00.00 Uhr unter das Kommando des XXI. US Corps zu gehen. Die 69th US InfDiv geht zum XXI. US Corps. Ende Juni 1945 bestehen die Besatzungstruppen der 7th US Army in Mitteldeutschland aus dem XXI. Corps mit der 5th und 7th US AD und der 69th US InfDiv und dem VIII. Corps mit der 6th US AD, 6th CavGp, 30th, 76th und 102nd US InfDiv.

Am 30. Juni trifft, für viele überraschend, der endgültige Befehl zum Abzug aus Mitteldeutschland ein. Doch noch überraschter als die Soldaten, ist die Zivilbevölkerung. Trotz aufkeimender Gerüchte über einen unmittelbar bevorstehenden Abzug der amerikanischen Truppen hatte die alliierte Militärführung die Abzugspläne nicht nur vor den eigenen Truppen, sondern auch vor der Bevölkerung verheimlicht. So erfolgt der Abzug innerhalb weniger Tage in einer Art Blitzaktion. Am 1. Juli 1945 beginnen die amerikanischen Truppen mit dem Abzug aus Mitteldeutschland. Mit ihnen verlässt auch die 69th US InfDiv Zeitz und das restliche Besatzungsgebiet. In den darauffolgenden zwei Tagen ist Mitteldeutschland bis auf wenige Ausnahmen vollständig geräumt.

Mit dem Abzug der Amerikaner erreichen am 1. Juli 1945 die ersten russischen Truppen Zeitz und Stadtkommandant Paschuk übernimmt die militärische Verwaltung der Stadt. Am 13. Juli 1945 wird der bisherige Oberbürgermeister Jubelt und der Polizeichef Biebend abgesetzt und Herbert Feiner übernimmt das Amt des Oberbürgermeisters. Max Hauschild wird Bürgermeister. Am 5. September 1945 wird Arthur Jubelt als angeblicher Nazi durch den NKWD verhaftet.[10] Er stirbt später in einem russischen Sonderlager.

Mit dem Einmarsch der sowjetischen Truppen beginnt ein neues Kapitel in der Geschichte von Zeitz, das hoffentlich auch bald auf Grundlage der neuen Erkenntnisse neu geschrieben wir

* * *

Die 69th US InfDiv verlässt Zeitz, die Sowjetarmee rückt ein
Foto: 69th Infantry Div. Ass.

---

[1] Kath. Festschrift anlässlich der Gründung des Bistums Zeitz vor 1025 Jahren, 1992, verfasst von Johannes Werner.

[2] In der Regel wurden die Kriegssterbefälle durch die Heimatstandesämter der Toten registriert.

[3] Zeitzer Heimat, Sonderheft Nr. 16.

[4] Gem. Wohlfarth. Musste als Jugendlicher die Bomben mit Seilen aus den Kanälen ziehen.

[5] Zeitzer Heimat, Sonderheft Nr. 16 und Auswertung amerikanischer Luftbilder v. 18. April 1945 aus dem Bestand des Luftbildarchivs Carl, Würzburg.

[6] Zeitzer Heimat, Sonderheft Nr. 16.

[7] Die Auflistung ist nicht vollständig. Weitere Stationierungsorte konnten bisher nicht ermittelt werden.

[8] Zeitzer Heimat, Sonderheft Nr. 16.

[9] Zeitzer Zeitung v. 05.04.1995, Artikel „Rehmsdorfer Bahnhofsuhr“ v. Lothar Czoßek.

[10] Zeitzer Heimat, Sonderheft Nr. 16.

Abkürzungen

AAA (AW) Bn	*Anti Aircraft Artillery (Automatic Weapons) Battalion* (amerik.) Flakartillerie-Maschinenkanonen-Bataillon
AAR	*After Action Record* (amerik.) - Einsatzbericht
AD	*Armored Division* (amerik.) – Panzerdivision
a.D.	außer Dienst – im Zusammenhang mit dem Dienstgrad
AFA Bn	*Armored Field Artillery* (amerik.) - Gepanzertes Feldartilleriebataillon, ausgerüstet mit Geschützen auf SFL
AG Plat.	*Assault Gun Platoon* (amerik.) - Sturmgeschützzug
AGr	*Army Group* (engl./amerik.) - Armeegruppe
AIB	*Armored Infantry Battalion* (amerik.) – Panzerinfanteriebataillon der *US Army*
AK	Armeekorps, deutsch
AOK	Armeeoberkommando
Armd Engr Bn	*Armored Engineer Battalion* (amerik.) – Gepanzertes Pionierbataillon
Art.Ers.Abt	Artillerieersatzabteilung
Art.Rgt.	Artillerieregiment
AT Co.	*Anti-Tank Company* (amerik.) - Panzerabwehrkompanie
Ausb.Div.	Ausbildungsdivision
Ausb.Kp.	Ausbildungskompanie
(B)	*Bravo* – Zeit – Zeitangabe bei US Army - beginnt am 2. April und entspricht der Sommerzeit. Bsp.: 10.00 Uhr deutscher Zeit = 11.00 Uhr (B)
BA-MA	Bundesarchiv - Militärarchiv
B.G.	*Bomb Group* (engl./amerik.) – Bombergruppe, Teil einer B.D. Wing
Bhf.	Bahnhof
Befh.	Befehlshaber
Bf 109	siehe Me 109
Bn	*Battalion* (engl./amerik.) - Bataillon der *US Army*
Bn.CP	*Battalion Command Post* (engl./amerik.) - Bataillonsgefechtsstand
Bn.HQ	*Battalion Headquarters* (engl./amerik.) Bataillonsstab
BRABAG	Braunkohle-Benzin AG
Brig.	Brigade
Brig.Gen	*Brigadier General* (engl./amerik.) – Brigadegeneral, Rang in der brit. Armee und der *US Army* ohne Äquivalent zur Wehrmacht

Bttr.	Batterie - Geschütz- bzw. Flakbatterie
Btry.	*Battery* (engl./amerik.) - Batterie - entspricht Geschütz- bzw. Flakbatterie
Capt.	*Captain* (engl./amerik.) Hauptmann
CavGp	*Cavalry Group* (engl./amerik..) - Aufklärungsregiment bzw. motorisierte Aufklärungseinheit, die direkt dem Kommando der *Corps* untersteht
CavRcnSq	*Cavalry Reconnaissance Squadron* (engl./amerik.) - Aufklärungsbataillon / Aufklärungseinheit der US PzDiv bzw. der CavGp der *Army* in der Tradition der US-Kavallerie.
CC A / CC B / CC R	*Combat Command A, B, R* (Reserve) - Kampfverband der US PzDiv, gebildet in der Regel aus einem PzBtl, einem *AIB* sowie Unterstützungselementen, der sich für den Einsatz in sogenannte *Task Forces* untergliedert
CG	*Commanding General* (engl./amerik.) - Kommandierender General
CIC	*Counter Intelligence Corps* (amerik.) - Militärische Abwehr, *US Army*
Cml Mort Bn	*Chemical Mortar Battalion* (engl./amerik.) - selbstständiges Chemisches Werferbataillon, *US Army*, ausgerüstet mit schweren Granatwerfern
Cn Co.	*Cannon Company* (amerik.) - Geschützkompanie der InfRgt'er der US InfDiv
Cpl.	*Corporal* (engl./amerik.) - Unteroffizier
Co. A, B (etc.)	Company (engl./amerik.) - Kompanie der *US Army* mit Buchstabennummerierung als Angabe der Bataillonszugehörigkeit
Col.	*Colonel* (engl./amerik.) - Oberst
Comd Gp	*Command Group* (amerik.) - Kommandogruppe
CO	*Commanding Officer* (engl./amerik.) - Befehlshabender Offizier, ab KpChef aufwärts, Offiziere im Rang bis Colonel
Corps	(engl./amerik.) Bezeichnung für Armeekorps
CP	*Command Post* (engl./amerik.) - Gefechtsstand
CT	*Combat Team* (engl./amerik.) - Kampfgruppe der US PzDiv, in der Regel bestehend aus einem Bataillon und Verstärkungskräften
DEA	Deutsche Erdöl-Aktiengesellschaft
DivArty	*Division Artillery* (amerik.) – Divisionsartillerie der *US Army*
Div. Nr.	Division Nummer – Bezeichnung, welche bei den Divisionen des Ersatzheeres der Wehrmacht verwendet wurde
Div.Res.	*Divisional Reserve* (engl./amerik.) - Divisionsreserve

Div. z.b.V.	Division zur besonderen Verwendung
Div.Vbd.	Divisionsverband
DP	*Displaced persons* (engl./amerik.) - Bezeichnung für die befreiten ausländischen Zwangsarbeiter, KZ-Häftlinge und aus deutscher Kriegsgefangenschaft befreiten alliierten Soldaten
Dr.	Doktor – wissenschaftlicher Titel
Eisb.	Eisenbahn
Engr C Bn	*Engineer Combat Battalion* (engl./amerik.) – Pionier-Kampfbataillon; Bezeichnung f. Pionierbataillone der InfDiv der *US Army*
FA Bn	*Field Artillery Battalion* (engl./amerik.) – Feldartilleriebataillon der *US Army*; im 2. Weltkrieg mehrheitlich aus Einheiten der Nationalgarde der US-Bundesstaaten gebildet.
FA Gp	*Field Artillery Group* (amerik.) - Feldartillerieregiment der *US Army*
Feldeisenb.Ers.u. Ausb.Btl	Feldeisenbahnersatz- und Ausbildungsbataillon
Flak.Abt.	Flugabwehrkanonen-[Flak]-Abteilung
Flak.Brig.	Flak-Brigade
Flak.Div.	Flak-Division
Flak.Rgt.	Flak-Regiment
Flak.Sw.Rgt.	Flak-Scheinwerfer-Regiment
Flak.UGr.	Flakuntergruppe
Gef.Std.	Gefechtsstand
Gen.d.Flakart.	General der Flakartillerie
Gen.d.Inf.	General der Infanterie
Gen.d.Pz.Tr.	General der Panzertruppe
Gen.Kdo	Generalkommando
Gen.Lt.	Generalleutnant
Gen.Maj.	Generalmajor
Gen.Oberst	Generaloberst
GFM	Generalfeldmarschall
GI	*Government Issue* (amerik.) - umgangssprachlich Bezeichnung für amerikanische Soldaten
Gr.	Gruppe
Gren.Ers.u.Ausb. Rgt.	Grenadierersatz- u. Ausbildungsregiment
Heimat-Flak.Abt.	Heimat-Flak-Abteilung

H.Gr.	Heeresgruppe
HJ	Hitlerjugend
Hptm.	Hauptmann
HQ	*Headquarters* (engl./amerik.) - Hauptquartier
HQ Co.	*Headquarters Company* (engl./amerik.) – Stabskompanie
InfDiv	Infanteriedivision
Inf.Ers.Btl.	Infanterie-Ersatz.-Bataillon
InfRgt	Infanterieregiment
I&R Plat.	*Intelligence and Reconnaissance Platoon* (engl./amerik.) – Feindlage- und Aufklärungszug der HQ Co. eines Rgt
Kdr	Kommandeur
K.Gr.	Kampfgruppe – Bezeichnung für unterschiedlich zusammengesetzte Einheiten, oftmals Reste von Divisionen, Regimentern und Bataillonen, welche häufig nach ihrem Kommandeur benannt wurden
KG	Kampfgeschwader der Deutschen Luftwaffe
KKdt.	Kampfkommandant
Komm.Gen.	Kommandierender General
Korps.Gr.	Korpsgruppe
Kp./Co.	dt./engl. Kompanie - bei der *US Army* mit Buchstaben davor (Co. A, B, usw.) bei der Wehrmacht mit Zahlen (1. Kp usw.)
KZ	Konzentrationslager auch mit „KL" abgekürzt
lMG	leichtes Maschinengewehr
Leader	*Leader* (engl./amerik.) – Führer einer militärischen Einheit
Ln.Rgt.	Luftnachrichtenregiment
Lt.	*Lieutenant* (engl./amerik.) - Leutnant
	1st Lt - Oberleutnant ; 2nd Lt - Leutnant
Lt.Col.	*Lieutenant Colonel* (engl./amerik.) - Oberstleutnant
Lt.Gen.	*Lieutenant General* (engl./amerik.) - Generalleutnant
Maj.	Major (engl./deutsch)
Maj.Gen.	*Major General* (engl./amerik.) - Generalmajor
Me 109	Messerschmidt Bf-109 – Jagdflugzeug der Deutschen Luftwaffe
Med Bn	*Medical Battalion* (engl./amerik.) - Sanitätsbataillon
MG	Maschinengewehr
MG	*Military Government* (engl./amerik.) – Militärregierung; die Abkürzung kann auch für *Major General* verwendet werden.
Mort Plat.	*Mortar Platoon* (engl./amerik.) - Granatwerferzug

mot.	motorisiert
MP	*Military Police* (engl./amerik.) – Militärpolizei
MPi	Maschinenpistole
NKWD	*Narodny Kommissariat Wnutrennich Djel* (russ.) - Volkskommissariat für Nationale Angelegenheiten der UdSSR – Träger der Geheimpolizei
N.P.E.A.	amtl., volkstümlich *Napola,* Nationalpolitische Lehranstalt
NSDAP	Nationalsozialistische Deutsche Arbeiterpartei
Oblt.	Oberleutnant
Obstlt.	Oberstleutnant
Obstgruf.	Oberstgruppenführer der SS, vergleichbar dem milit. Rang Generaloberst
OB West	Oberbefehlshaber West
OKH	Oberkommando des Heeres
OKW	Oberkommando der Wehrmacht
Pak	Panzerabwehrkanone
Pfc.	*Private First Class* (engl./amerik.) - Gefreiter
Plat.	*Platoon* (engl./amerik.) - Zug, Teil einer Kompanie
Plat.Sgt.	*Platoon Sergeant* (engl./amerik.) - Zugfeldwebel – Stellvertreter des Zugführers
Prof.	Professor
Pvt.	*Private* (engl./amerik.) – einfacher Soldat
PW	*Prisoner of War* (engl./amerik.) - Kriegsgefangener
Pz	Panzer, als Vorsatz vor der Typbezeichnung deutscher Panzer
PzA	Panzerarmee
Pz.Ausb.Abt.	Panzerausbildungsabteilung
PzBtl	Panzerbataillon
PzDiv	Panzerdivision
Pz.Ers.Abt.	Panzerersatzabteilung
Pz.Gren.Ers.u. Ausb.Rgt.	Panzergrenadierersatz- u. Ausbildungsregiment
Pz.Jg.Ers.u. Ausb.Abt.	Panzerjägerersatz- und Ausbildungsregiment
Pz.Jg.Kp.	Panzerjägerkompanie
PzK	Panzerkorps
Pz.Vbd.	Panzerverband
RAB	Reichsautobahn

RAD	Reichsarbeitsdienst
RAF	*Royal Air Force* (engl.) – Königlich-britische Luftwaffe
Rcn Plat.	*Reconnaissance Platoon* (engl./amerik.) - Aufklärungszug
Rcn Tp.	*Reconnaissance Troop* (engl./amerik.) – Aufklärungskompanie
RCT	*Regimental Combat Team* (engl./amerik.) - Regimentskampfgruppe (in den US InfDiv) - trägt die Nummer des Regiments, durch welches sie hauptsächlich gebildet wird - z.B. *RCT 38*
Regtl.CP	*Regimental Command Post* (engl./amerik.) – Regimentsgefechtsstand
Regtl.Res.	*Regimental Reserve* (engl./amerik.) - Regimentsreserve
ret.	*retire* (engl./amerik.) – „ im Ruhestand“
Res.Laz.Kp.	Reserve-Lazarett-Kompanie
RPzB	Reaktive Panzerbüchse
Sect.	*Section* (engl./amerik.) - Halbzug, Rotte
s.Flak.Abt. (o)	schwere Flakabteilung ortsfest
SFL	Selbstfahrlafette
sMG	schweres Maschinengewehr
Sq.	*Squad* (engl./amerik.) – Gruppe, kleinste militärische Einheit
SS	Schutzstaffel der NSDAP (1925 gegr. als “Stabswache“ zum pers. Schutz Hitlers; bis 1934 Unterorganisation der SA, danach unter Himmler eigenständiges Organ der NSDAP im Dritten Reich)
Stellv. AK	stellvertretendes Armeekorps - von den Wehrkreisen aufgestellt
Svc Co.	*Service Company* (engl./amerik.) - Versorgungskompanie
TAC	*Tactical Air Command* (engl.(amerik.) – Taktisches Luftkommando
TD Bn	*Tank Destroyer Battalion* (amerik.) - wörtlich Panzerzerstörerbataillon, selbständige Panzerjägereinheiten, welche Divisionen zugeordnet werden
Tec 3	*Technician 3rd grade* (amerik.) - Techniker; Dienstgrad *US Army* = Staff Sergeant, Tec 4 = Sergeant, Tec 5 = Corporal
Techn.Btl.	Technisches Bataillon
TF	*Task Force* (engl./amerik.) – Kampfgruppe, bestehend aus allen Waffengattungen in US Divisionen, gebildet für einen bestimmten Auftrag
Tk Bn	*Tank Battalion* (engl./amerik.) - Panzerbataillon der *US Army*
Tp.	*Troop* (engl.) (engl./amerik.) – Kompanie bei Aufklärungsbataillonen u. *Cavalry Reconnaissance Squadrons* der *US Army*

Trains	(engl./amerik.) - Anhang, Rückwärtigen Einrichtungen der US Divisionen - Nachschub-, Instandsetzungs- und Medizinische Einheiten.
Treadway-Brücke	*Treadway-Bridge* (amerik.) - Floßsack-Brücke amerikanischer Pioniere
Uffz.Schule	Unteroffiziersschule
USAAF	*US Army Air Force* (engl./amerik.) - US Luftwaffe, später nur noch als *US Air Force* bezeichnet
Waffen-SS	Entsteht 1933 aus der Allgemeinen SS als "Stabswache Berlin" – später "Leibstandarte Adolf Hitler"; 1935 entsteht daraus die "SS-Verfügungstruppe" mit Standarten im Reich (u. a. eingesetzt beim Betrieb der KZ), die mit Beginn des 2. Weltkriegs zur Waffen-SS ausgebaut wird; gegen Ende des Krieges rund 900.000 Mann.
W.Kr.	Wehrkreis

Nummerierungen:

I a	Operative Abteilung bei Verbänden der Wehrmacht ab Ebene der Division
G-1/S-1	Personalabteilung bei der *US Army* (G bei Army/Div., S bei Regt./ Bn)
G-2/S-2	Abteilung für Feindaufklärung bei der *US Army*
G-3/S-3	Abteilung für Operationen und Planungen der *US Army*
G-4/S-4	Abteilung für Logistik der *US Army*
G-5	Abteilung für administrative Aufgaben der *US Army* in den besetzten Gebieten (*Civil Affairs/Military Government*); spezielle *G-5 Sections* gab es ab Ebene der Divisionen
1./271	1. Bataillon des 271st InfRgt, hier der 69th US InfDiv, der *US Army*
4./662	Kurzform für 4./s.Flak.Abt. 662 (o) - 4. Batterie der schweren Flakabteilung 662 (ortsfest) der Deutschen Wehrmacht

Quellenverzeichnis

Military Studies, Historical Division USAREUR / OCMH, Washington 25. D.C., im Bundesarchiv-Militärarchiv Freiburg i. Br.

ZA 1/1056 B-703 Oberst i.G. Horst Wilutzky, Ia der H.Gr. G, "Der Kampf der H.Gr. G im Westen – Abschlusskämpfe in Mittel- und Süddeutschland bis zur Kapitulation vom 22.03. – 06.05.45" v. Sept./Okt. 47

ZA 1/144 A-893 Gen.Maj. Frhr v. Gersdorff, Chef d. Stabes 7. Armee, 20.03.46: Die Endphase des Krieges - Vom Rhein zur tschechoslowak. Grenze

ZA 1/660 B-309 Gen.d.Inf. Hitzfeld "Kampf in Mitteldeutschland (22.3. - 11.5.), dies im Rahmen des LXVII. AK für Zeit 22.3. - 19.4. 45" v.22.08.46

ZA 1/857 B-507 Gen.d.Inf. Petersen Komm.Gen. Gen.Kdo. XC.AK, "Kämpfe vom 20.03.45 bis 6.05.45" v. Nov.46 - Mai 47

ZA 1/858 B-507 Skizzen XC. AK – Petersen

ZA 1/496 B-153 Gen.Lt. Rudolf Pilz, Kdr Ers.u.Ausb.Div. 464 Einsatz der Ers.u.Ausb. Div. 464 vom 22.03.-08.05.45 v. 31.05.46

B-219 Gen.d.Pz.Tr. Maximilian Reichsfreiherr v. Edelsheim - Bericht über die Tätigkeit des deutschen XXXXVIII. PzK beim amerikanischen Feldzug in Mitteldeutschland vom 11.04.-03.05.45 v. 12.07.1946

Bundesarchiv-Militärarchiv Freiburg i. Br.

RH 19 XII N 318/1 Gen.d.Inf. Friedrich Schulz, Oberbefehlshaber der H.Gr. G, "Lage, Auftrag und Maßnahmen der H.Gr. G im April 45", Nachlass handschr. v. 7.5.46, 6 Seiten

RW 4/v.134 Tägliche Wehrmachtsberichte des OKW v. 1.4. - 16.4.45

Amerikanische Unterlagen, Chroniken, Bücher

- United States Army in World War II - Special Studies, Chronology 1941-1945, compiled by Mary H. Williams, Office of the Chief of Military History, Department of the Army, Washington D.C. 1960

- United States Army in World War II - The E.T.O - The last offensive - Chapter XVII, Sweep to the Elbe by Charles B. Mac Donald, Center of Military History, Washington D.C. 1993
- Order of Battle U.S. Army in World War II v. Shelby L. Stanton, Presidio Press, Novato CA 1985
- Central Europe - The U.S. Army Campaigns of World War II - Edward N. Bedessem, U.S. Army Center of Military History CMH-Pub 72-36, (Broschüre, veröffentlicht im Internet 27.10.2000)
- Lucky Forward – The History of Patton's Third U.S. Army v. Colonel Robert S. Allen, New York, The Vanguard Press, Inc. 1947
- Patton's Third Army – A daily Combat Diary v. Charles M. Province, Hippocrene Books, New York
- War as I knew it - George S. Patton, Jr., Annotated by Colonel Paul D. Harrkins, Houghton Mifflin Company, Boston MA
- The XX. Corps – It's History and Service in World War II, Halstead, KS: W.E.B.S. 1984. (Neuauflage)
- Combat History 4th Armored Division 1945, Bibliothek der Armor Center School, Fort Knox, Kentucky - Archiv und Übersetzung Koch, Berlin
- 6th Armored Division, Third U.S. Army, Combat Record, gedruckt bei Steinbeck, Aschaffenburg, 1945, Übersetzung Ulrich Koch, Berlin, 2000
- The Super Sixth v. George F. Hofmann, Copyright 1975, 6th Armored Division Ass.
- Ten days of Armored Exploitation v. Robert J. Bennett, Maj. Cav. Mai 1948, Bibliothek der Armor Center School, Fort Knox, Kentucky - Archiv und Übersetzung Koch, Berlin
- Unit History 68th Tank Battalion, Archiv Ulrich Koch, Berlin
- Mount up – A history of the 86th CavRcnSq (Mecz) in World War II
- Combat History of the 128th Armd FA Bn, Archiv Ulrich Koch, Berlin
- Phantom Nine: The 9th Armored (Remagen) Division 1942 – 1945, Dr. Walther E. Reichelt, 1987, Übersetzung Jürgen Möller, Ansbach, 2002
- HQ 9th Armored Division - PR-Section, Capt. Cav. PR Officer Charles Gillett 3. Sept. 1945, Übersetzung: Ulrich Koch, Archiv Ulrich Koch, Berlin
- Trespass against them, history of the 271st infantry regiment, 15 May 1943 - 25 May 1945 v. John F. Higgins, Naumburg, H. Sieling, 1945 Compiled and written by Lt. John F. Higgins." - Archiv Joseph Lipsius
- History of the Battle ax regiment of the Fighting 69., Leipzig, J. J. Weber, 1945/ Editor, E. Cline Fletcher. - Archiv Joseph Lipsius

- 273rd infantry history - First to meet Russian Army, Grimma, Friedrich Bode, 1945 Written by Sgt. Elbert H. Duncan
- Deuces Wild - The history of an Infantry Battalion, written by Lt. J.F. Higgins, HQ 2nd Bn 271st Infantry - Archiv Joseph Lipsius
- The 69th Division Artillery Unit History, Archiv Joseph Lipsius
- The History of the 724th FA Bn, Archiv Joseph Lipsius
- The History of the 880th FA Bn, Archiv Joseph Lipsius
- The 777th Tank Battalion, Archiv Joseph Lipsius
- History of the 69th Infantry Division Band, Archiv Joseph Lipsius
- A History of the 461st AAA AW Bn, Archiv Joseph Lipsius
- History of the 661st TD Bn, Archiv Joseph Lipsius
- Observe and Report – Half as big – Twice as Tough – 69th Cavalry Reconnaissance Troop (mecz) – History of the 69th Cavalry Reconnaissance Troop (mecz) v. B. Lippincott, 1946
- The History of the 269th Engineer Battalion, Archiv Joseph Lipsius
- Chronology 76th InfDiv, Published under authority of the Hambleton-Reed-Hamilton Genealogical Association of the U.K. and the U.S.A., Oregon 1990, Library of Congress Catalogue Number 70-920-966-H -Übersetzung Koch
- "Von der Werra bis zur Mulde – Der Vorstoß der 76th US InfDiv durch Mitteldeutschland" v. Juergen Moeller, Febr. 2008, ergänzt durch Lt.Col. (ret.) Jay Martin Hamilton. (Engl. Fassung)
- "We Ripened Fast - History of the 76th Infantry Division", Baltimore 1946, Archiv Koch, Berlin
- History of the 304th InfRgt, gedruckt bei C. Brügel & Sohn, Ansbach, 1945
- 385th in the ETO – under direction of 1st Lt. C. M. Miller, Special Service Officer 385th InfRgt, Archiv Ulrich Koch, Berlin
- As it happened to Second Battalion 304th InfRgt, 76th InfDiv, gedruckt bei J. J. Weber, Leipzig, Übersetzung und Archiv Ulrich Koch, Berlin
- Always First – History of the 1st Bn, 417th InfRgt v. William S.E. Coleman, Reichenbach, 1945
- History of the 749th Tk Bn v. Jim Bobbett, Archiv Jay Hamilton
- Helpmate Ready - the After Action Report of the 284th FA Bn during World War II, v. Ronni & Jerri Polson, 14 Juni 2001

Amerikanische Kriegstagebücher

- Third Army G-2 Report APO 403 April 45, aus G-2 Journal 26th InfDiv - NARA
- G 2 Periodic Reports 3rd US Army April 1945, NARA
- V. Corps Report After Action 1 April 1945 to 30 April 1945, NARA 205-0.3
- Report of Operations HQ XX. Corps, April 1945, NARA, 220-0.3
- After Action Report 9th AD, April 1945, NARA, 609-0.3
- After Action Report 2nd Tk Bn, 9th AD, April 1945, NARA, 609-TK(2)-0.3
- After Action Report 14th Tk Bn, 9th AD, April 1945, NARA, 609-TK(14)-0.3
- After Action Report 19th Tk Bn, 9th AD, April 1945, NARA, 609-TK(19)-0.3
- After Action Report 27th AIB, 9th AD, April 1945, NARA, 609-TINF(27)-0.3
- After Action Report 89th CavRcnSq, 9th AD, April 1945, NARA, 609-CAV-0.3
- After Action Report 656th TD Bn, April 1945, NARA TDBN-656-0.3
- After Action Report 2nd InfDiv, April 1945, NARA 302-0.3
- After Action Report 69th InfDiv, April 1945, NARA 369- 0.3
- G 3 Journal 69th US InfDiv, April - Mai 1945, NARA 369-3
- After Action Report 271st InfRgt, April 1945, NARA 369-INF(271)-0.3 inclusive S-3 Journal 271st InfRgt, April 1945
- After Action Report 273rd InfRgt, April 1945, NARA 369-INF(273)-0.3
- After Action Report 661st TD Bn April 1945, NARA TDBN-661-0.3
- After Action Report 4th US AD, 37th Tk Bn, April 1945, NARA
- After Action Report 6th AD, April 1945, NARA 606-0.3
- After Action Report CCA 6th AD, April 1945, NARA 606-CCA-0.3
- After Action Report CCB 6th AD, April 1945, NARA 606-CCB-0.3
- After Action Report CCR 6th AD, April 1945, NARA 606-CCR-0.3
- After Action Report 6th AD, 68th Tk Bn, März/Mai 1945, NARA 606-TK(68)-0.3
- After Action Report 6th AD, 69th Tk Bn, April 1945, NARA 606-TK(69)-0.3
- After Action Report 6th AD, 9th AIB, April 1945, Patton Museum of Cavalry and Armor Fort Knox, KY, Archiv Koch-Berlin
- After Action Report 6th AD, 86th CavRcnSq (mecz), April 1945, Patton Museum of Cavalry and Armor Fort Knox, KY, Archiv Koch-Berlin
- After Action Report 6th AD, 25th Armd Engr Bn, April 1945, Patton Museum of Cavalry and Armor Fort Knox, KY, Archiv Koch-Berlin
- After Action Report 6th AD, 603rd TD Bn, April 1945, NARA TDBN-603-0.3

- After Action Report 76th InfDiv, April 1945, NARA 376-0.3
- After Action Report 749th Tk Bn, 76th InfDiv, April 1945, NARA
- After Action Report 304th InfRgt, April 1945, NARA 376-INF(304)-0.3
- After Action Report 385th InfRgt, April 1945, NARA 376-INF(385)-0.3
- After Action Report 417th InfRgt, April 1945, NARA 376-INF(417)-0.3
- After Action Report 749th Tk Bn, April, Mai 1945 –Jay Martin Hamilton
- After Action Report 3rd CavGp April 1945, Patton Museum of Cavalry and Armor Fort Knox, KY, Archiv Koch-Berlin
- After Action Report 38th CavRcnSq, 102nd CavGp, April 45, MHI, Digital Library Chronological list
- After Action Report HQ 736th FA Bn, 416th FA Gp, XX. Corps, April 45

Deutsche Unterlagen, Chroniken, Bücher (Auswahl)

- KTB des OKW (WFSt) 1940 –1945 geführt v. Helmuth Greiner u. Percy E. Schramm, KTB des OKW (WFSt) 01. Januar 1944 - 22.05.1945 Band 4 v. Percy E. Schramm, Bernard & Graefe Verlag GmbH & Co. Kg, Bonn
- Die Geheimen Tagesberichte der Wehrmachtsführung im Zweiten Weltkrieg 1939 – 1945, Bd.12 1.1.45 - 8.5.45 - Kurt Mehner Biblio Verlag Osnabrück 1984
- Verbände und Truppen der deutschen Wehrmacht und Waffen-SS 1939 – 1945, Georg Tessin; Bd. 1-15, Zweite verbesserte Auflage, 1972 – 79, Biblio Verlag Osnabrück
- Die Deutsche Wehrmacht 1939 - 1945 - Führung und Truppe v. Kurt Mehner; Militair-Verlag Klaus D. Patzwall - Norderstedt 2. Auflage 1993
- Heereseinteilung 1939 v. Gen.Lt. a.D. Friedrich Stahl, Verlag Hans-Henning Podzun - Bad Nauheim 1954
- Das Deutsche Heer 1939 – 1945 v. Wolf Keilig; Podzun-Pallas-Verlag Bad Nauheim 1956
- Die Generäle des Heeres v. Wolf Keilig, Wolf Podzun-Pallas-Verlag GmbH, Friedberg 1983
- Wehrmacht und Niederlage v. Andreas Kurz, Schriftenreihe des MGFA, Oldenbourg Verlag München, 2005
- Das Deutsche Reich und der Zweite Weltkrieg, Band 5-9, Herausgegeben vom MGFA, Deutsche Verlags-Anstalt München, 2005
- Der Zweite Weltkrieg - Kampf ums Reich - Krieg an allen Fronten,Verlagsunion Pabel-Moewig KG Rastatt 1994

- 1939 – 1945 Hitlers Weisungen für die Kriegsführung – Dokumente des OKW v. Walther Hubatsch, dtv Dokumente, März 1965
- Goebbels Tagebücher 1945 – Die letzten Aufzeichnungen, Lizenzausgabe mit Genehmigung des Hoffmann und Campe Verlag Hamburg
- Deutscher Volkssturm – Das letzte Aufgebot 1944/1945 v. Franz W. Seidler, Bechtermünz-Verlag, 1999
- Die Wehrmachtsjustiz 1933 – 1945 v. Manfred Messerschmidt, Herausgegeben vom MGFA, Ferdinand Schöningh Verlag 2005
- Der verdammte Krieg - Kriegsende 1943 – 45 v. Guido Knopp, C. Bertelsmann Verlag GmbH , München 1991, Sonderausgabe 1998
- "Die Aktion Leuthen" - Das Ende des deutschen Ersatzheeres im Frühjahr 1945 v. Andreas Kunz, MGFA - Zeitschrift für Geschichtswissenschaften, Heft 9, 48. Jahrgang 2000, S. 789 ff.
- Kriegsende 1945 in Deutschland – Beiträge zur Militärgeschichte, Herausgegeben vom MGFA, Band 55, R. Oldenbourg Verlag München, 2003
- Das Ende im Westen 1945 v. Werner Haupt, Podzun-Verlag Dornheim/H. 1972
- Die Besatzer und die Deutschen - Amerikanische Zone 1945 – 1948 v. Klaus-Jörg Ruhl, Droste Verlag Düsseldorf 1980, Sonderausgabe für Gondrom Verlag GmbH &
- Soldat bis zum letzten Tag - Albert Kesselring Generalfeldmarschall a.D. Verlag S. Bublis Schnellbach 2000, Erstauflage 1953
- Die Armee Wenck - Hitlers letzte Hoffnung v. Günther W. Gellermann; Bernard & Graefe Verlag Bonn 1997, 3. Auflage
- Kriegsschauplatz Sachsen 1945 - Daten, Fakten, Hintergründe v. Eberhardt Berndt, Wolfgang Fleischer, DZA Verlag f. Kultur u. Wiss. Altenburg 1995, 114 Seiten
- Das Kriegsende in Sachsen 1945 v. Wolfgang Fleischer, Podzun-Pallas Verlag, 2004
- Das Kriegsende im Stab eines Armeekorps, Sonderheft, Dresden 2005, Mil.hist. Schriften des Arbeitskreises Sächsische Militärgeschichte e.V.
- Gruppenfeuer und Salventakt – Schüler und Lehrlinge bei der Flak 1943 – 1945, v. Hans-Dietrich Nicolaisen, Selbstverlag Dr. Nicolaisen, Büsum, 1993
- Die Flakhelfer – Luftwaffen- und Marinehelfer im Zweiten Weltkrieg v. Hans-Dietrich Nicolaisen, Ullstein Verlag, 1985
- Die Luftoffensive gegen die deutsche Treibstoffindustrie und der Abwehreinsatz 1944 –1945 v. Werner Girbig, Motorbuch Verlag
- Geheimgeschwader KG 200 – Die Wahrheit nach 40 Jahren v. P. W. Stahl, Motorbuch Verlag Stuttgart, 4. Auflage 1984
- Napola Schulpforta 1943 – 1945 Erinnerungen eines Schülers v. Hartmut Vahl, Hamburg April 2000

- Erinnerungen an die Napola Naumburg v. Walter Becker, Verlag Lenover, Neustrelitz, 2000
- Buchenwaldheft Nr. 16, Evakuierungstransporte des KZ Buchenwald und seiner Außenkommandos, Nationale Mahn- und Gedenkstätte Buchenwald, Christine Schäfer, 1983
- Die amerikanische Besetzung des Leipziger Südraumes durch das V. US Corps im April 1945 v. Jürgen Möller, Arps-Verlag Weißenfels 2006, 1. Auflage
- Der Vorstoß des V. US Corps zur Saale und Unstrut und die Besetzung von Naumburg im April 1945 v. Jürgen Möller, Arps-Verlag Weißenfels 2007, 1. Auflage

Webseiten

- Die kurze amerikanische Besatzungszeit 1945 in Teilen Ostdeutschlands v. Ulrich Koch, Berlin, athene-tv
- Die NPEA in Naumburg und in Schulpforta v. Detlef Belau, 3.12.08 auf www.naumburg1933.de
- Der antifaschistische Widerstandskampf im Kreis Zeitz v. Jens Bittner, Thomas Bräuer, Sven Döring, Tobias Spitzner, 1998 auf fys-online.de
- Spiegel online Geschichten aus der Unterwelt v. 06.02.2007 auf www.spiegel.de
- Deutsche Verwaltungsgeschichte 1871 – 1990, Provinz Sachsen, Kreis Zeitz v. Dr. Michael Rademacher M.A. auf www.verwaltungsgeschichte.de
- Mitteldeutscher Umwelt - & Technikpark e.V. Zeitz, Brikettfabrik auf www.hermannschacht.de
- Das HASAG-Werk in Meuselwitz auf www.schnaudertal.de

sowie die Homepages der genannten Divisionen und Einheiten der US Army und der Städte und Ortschaften der abgehandelten Region

Deutsche Zeitzeugenberichte, Veröffentlichungen und private Sammlungen

- Zeitzer Heimat, Sonderheft Nr. 16, Die Kriegsjahre 1939 – 1945 in Zeitz und Umgebung, 2005
- Kath. Pfarrei Dom St. Peter und Paul Zeitz, v. Johannes Werner, anlässlich der Gründung des Bistums Zeitz vor 1025 Jahren, 1992
- Droyßiger Hefte, Nr. 3, 1995 u. 17,2001, Heimatverein Droyßig e.V.
- Unsere Theißener Heimat, Dezember 2005

- Festschrift 1000 Jahre Kretzschau, Gemeinde Kretzschau, 2004
- Aus den Kriegsjahren – April 1945 Erinnerungen, Heftreihe Agaer Geschichte und Geschichten Heft 06/2005, Heimatverein Aga e.V.
- Groitzscher Heimatblätter, Nr. 12 (2/1992), April 1992
- Osterfelder Kultur- und Heimatblatt Nr. 22
- Geheime Kommandosache - Die Kriegsgliederung des Deutschen Ersatzheeres – Originaldokument, Sammlung Eiermann, Sinsheim
- Unveröffentlichtes Manuskript „Das Ende“ v. Karl-Heinz Giesecke, Bad Kösen
- Zeitzeugenbericht Herr Werner Ferdinand, Oberhaching, Telefoninterview 26.07.2005
- Unveröffentlichtes Manuskript Werner Ferdinand „Meine Soldatenzeit“, niedergeschrieben im Sommer 1945
- Zeitzeugenbericht Herr Werner Erbe, Dresden, Telefoninterview Juli/August 2003
- Zeitzeugenbericht Heinrich Späte, Kayna, Telefoninterview Januar 2004
- Zeitzeugenbericht Heinz Baum, Altenburg, Telefoninterview 2005
- Zeitzeugenbericht Gerhard Richter, Heiligenhaus, Telfoninterview September 2003 und November 2005
- Zeitzeugenbericht Martin Bliedtner, Kretzschau, Telefoninterview September 2008
- Meine Kindheitserinnerungen an Droyßig 1941-1945 v. Gottfried Grünzig, Erfurt
- Sammlung Heimatverein Haynsburg, Harald Menz
- Sammlung Heimatverein Kayna, Volker Thurm
- Sammlung Lothar Czoßek, Rehmsdorf, Heimatstube und Gedenkstätte Rehmsdorf
- Sammlung Dr. Helmut Drosihn, Elsteraue-Oelsen
- Sammlung Joachim Mundstock, Haardorf
- Sammlung Rolf Zabel, Zeitz
- Sammlung Horst Wohlfarth, Zeitz
- Sammlung Walter Steinert, Jena

Veröffentlichungen in der regionalen Presse, wie der Leipziger Volkszeitung LVZ, der Mitteldeutschen Zeitung MZ und verschiedenen Lokalblättern, die auf Grund ihrer Vielzahl nicht im Einzelnen aufgelistet wurden, sind in den Anmerkungen kenntlich gemacht.

Garnisonsstadt Zeitz – Infanterie-Kaserne

Haupttor und Unterkunftsgebäude, Wirtschaftsgebäude und Exerzierplatz der Infanterie-Kaserne Ansichtskarten Sammlung Möller

Garnisonsstadt Zeitz – Artillerie-Kaserne

Gesamtansicht, Eingangsbereich mit Unterkunftsgebäuden und Wirtschaftsgebäude der Artillerie-Kaserne Ansichtskarten Sammlung Möller

Die Zeitzer Kasernen heute

Die beiden letzten, erhaltenen Gebäude der alten Artillerie-Kaserne in der Friedensstraße (Finanzamt und DRK)

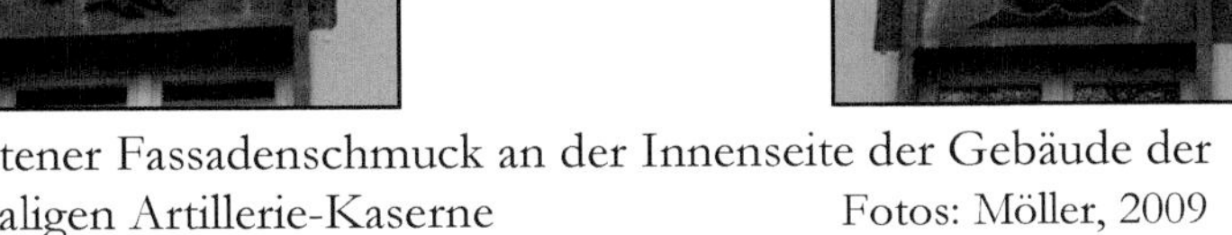

Erhaltener Fassadenschmuck an der Innenseite der Gebäude der ehemaligen Artillerie-Kaserne Fotos: Möller, 2009

Die Kasernenmauer der Infanterie-Kaserne in der Friedenstraße und die Reste der Fundamente im Innenbereich Foto: Möller, 2009

Bombenschäden im Hydrierwerk Zeitz-Tröglitz

Schäden der Angriffe auf das Hydrierwerk im Jahr 1943
Fotos: Archiv Mathes, Zeitz

Bombenschäden im Jahr 1944
Fotos: oben – US Library of Congress; unten - Werksarchiv BRABAG

Schäden des Luftangriffs vom 30.11.1945 in Zeitz

Zerstörungen in der Arnold-Straße (o.) und in der Besenstraße (u.)
Fotos: Archiv Mathes, Zeitz

Zerstörungen in der Fischstraße 7 – 8 (o.) und an der Villa Schulze am Schwanenteich (u.) Fotos: Archiv Mathes, Zeitz

Zerstörungen durch Bombentreffer im Steinsgraben, Donaliestiftung (o.) und in der Humboldtstraße (u.) Fotos: Archiv Mathes, Zeitz

Haynsburg in Flammen

Die Haynsburger Kirche vor 1945 und nach der Zerstörung im April 1945
Fotos: Heimatverein Haynsburg e.V.

Das zerstörte Kirchenschiff

Die Reste des Kirchenturms

Fotos:
Heimatverein Haynsburg e.V.

Die Flussübergänge südlich von Zeitz

Die Brücke über die Weiße Elster in Wetterzeube

Der Mühlgraben in Wetterzeube Fotos: Möller, 2008

Die Elster-Brücke am Bahnhof Haynsburg Foto: Möller, 2002

Die Weiße Elster in Zeitz

Blick von der Dreierbrücke am Bahnhof in Richtung Eiserne Brücke (oben) und Auebrücke (unten) Fotos: Möller, 2007

Zeitzer Brücken - Auebrücke

Die Auebrücke auf einer Ansichtskarte von 1927 (oben) und die heutige Karl-Marx-Brücke im Jahr 2007 (unten) Foto: Möller

Dreierbrücke und Eiserne Brücke

Die Dreierbrücke am Bahnhof (oben) und die Eiserne Brücke (Friedrich-Engels-Brücke) Fotos: Möller, 2007

Soldatengräber in Predel

Besuch der Grabstätte für die Gefallenen der Flakstellung Predel durch die Familie Eibeler im Juni 2006   Foto: Klemm, Reuden

Nonnewitz

Grabstätte der, am 13. April 1945, Gefallenen der Stellung Nonnewitz am Rand der alten Stellung

Grabkreuz für die Gefallenen der RAD-Flak.Bttr.. 6./156 auf dem Friedhof Theißen

Fotos: Möller, 2004

Geußnitz

Die Kirche in Geußnitz und die Grabstätte der Gefallenen der Flakstellung Wildenborn auf dem Friedhof
Foto: Möller, 2009

Spora

Die Kirche in Spora und die Grabstätte für die Gefallenen mit einem Gedenkstein für gefallene italienische Militärinternierte Fotos: Möller, 2009

Nißma

Grabstelle in Nißma. Links der Grabstein für Rudi Richter.

Auch in Nißma erinnert ein Gedenkstein an die gefallenen italienischen Militärinternierten Fotos: Möller, 2003

Großröda

Grabstätte Großröda. Hier und in Nißma ruhen die Gefallenen der Flakstellung Nißma
Fotos: Möller, 2005

Kriegsgräberstätte Michaelisfriedhof Zeitz

Letzte Ruhestätte der Opfer der Luftangriffe auf Zeitz
Fotos: Möller, 2008

Die Opfer des Luftangriffs vom 10. April 1945

Die Gräber der Opfer des Luftangriffs auf den Güterbahnhof Zeitz, bei dem u.a. ein Militärtransport aus Berlin getroffen wurde.

Fotos: Möller, 2008

Spurensuche nach über 60 Jahren

Das ehemalige Hotel „Victoria“ in der Nähe der Auebrücke zeigt heute noch deutliche Einschusslöcher (Bild oben und links)

Auch an der Fassade des Bahnhofsgebäudes findet man Spuren von Geschosseinschlägen
Fotos: Möller, 2008

Die Vormarsch der amerikanischen Truppen im Raum Zeitz vom 12. bis 15. April 1945

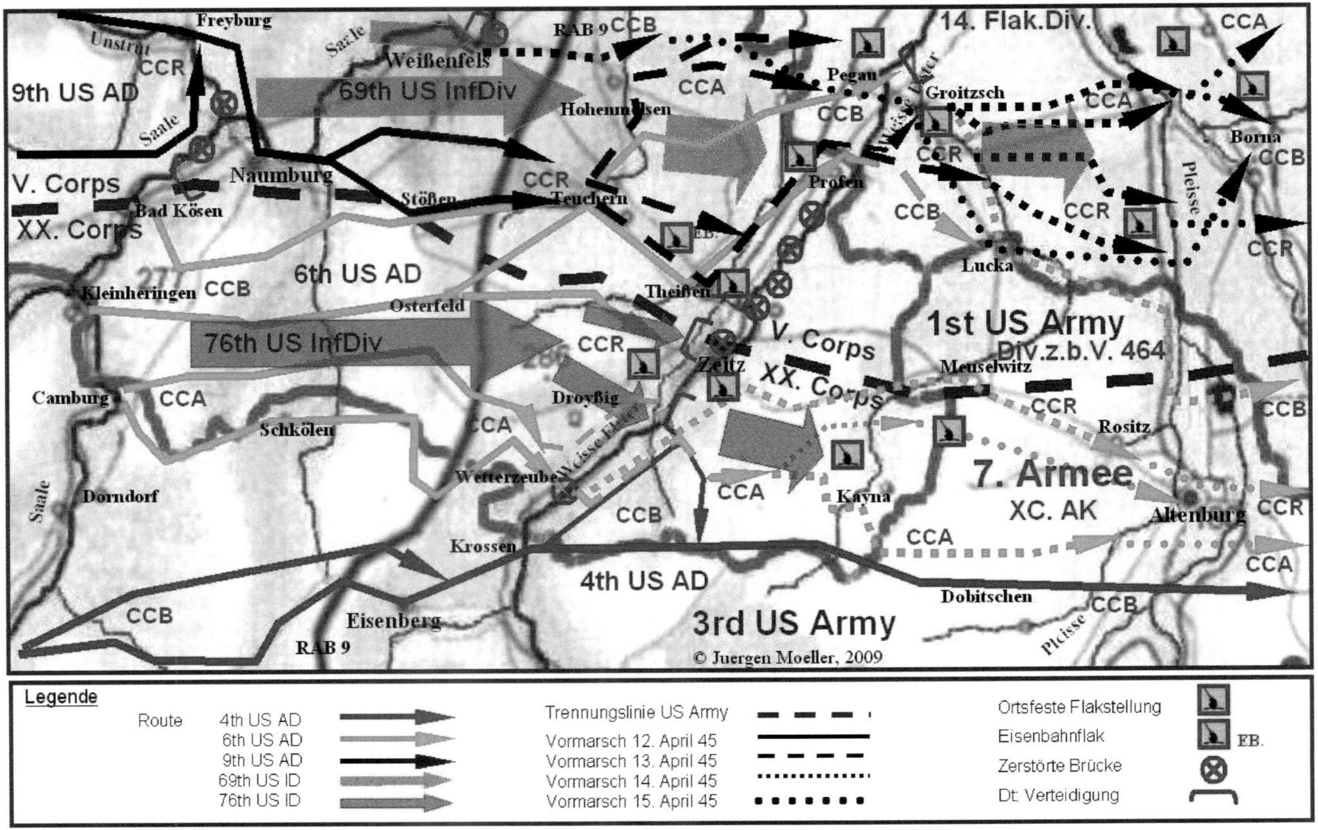

Freyburg
Unstrut
CCR
9th US AD
Saale
Weißenfels
69th US InfDiv
RAB 9 CCB
14. Flak.Div.
CCA
Pegau
Groitzsch
CCA
CCB
Hohenmölsen
CCA
Borna
CCB
V. Corps
Naumburg
Stößen
CCR
Teuchern
Profen
Weisse Elster
CCR
Pleisse
CCB
CCR
XX. Corps
Bad Kösen
EB.
CCR
Lucka
6th US AD
Kleinheringen
CCB
Osterfeld
Theißen
1st US Army
Div.z.b.V. 464
76th US InfDiv
CCR
V. Corps
Zeitz
Meuselwitz
XX. Corps
Camburg
CCA
Droyßig
CCR
CCB
Rositz
Schkölen
CCA
Weisse Elster
7. Armee
Wetterzeube
CCA
Kayna
XC. AK
Saale
Dorndorf
CCB
Altenburg
CCR
CCA
Krossen
4th US AD
CCA
CCB
Eisenberg
Dobitschen
3rd US Army
CCB
RAB 9
Pleisse
© Juergen Moeller, 2009

Legende

Route
4th US AD
6th US AD
9th US AD
69th US ID
76th US ID

Trennungslinie US Army
Vormarsch 12. April 45
Vormarsch 13. April 45
Vormarsch 14. April 45
Vormarsch 15. April 45

Ortsfeste Flakstellung
Eisenbahnflak EB.
Zerstörte Brücke
Dt. Verteidigung

Die Kämpfe im Stadtgebiet von Zeitz vom 13. – 15. April 1945

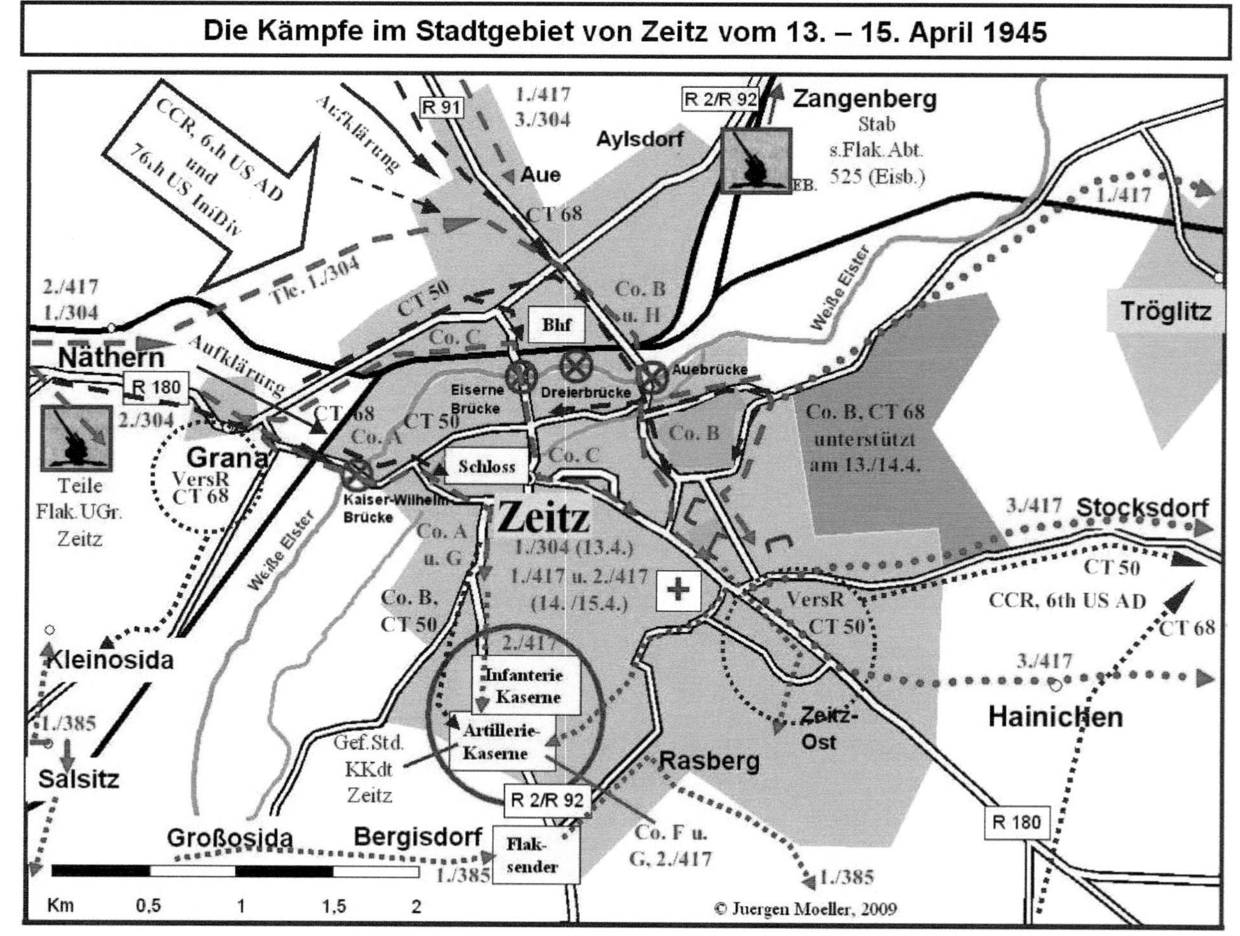

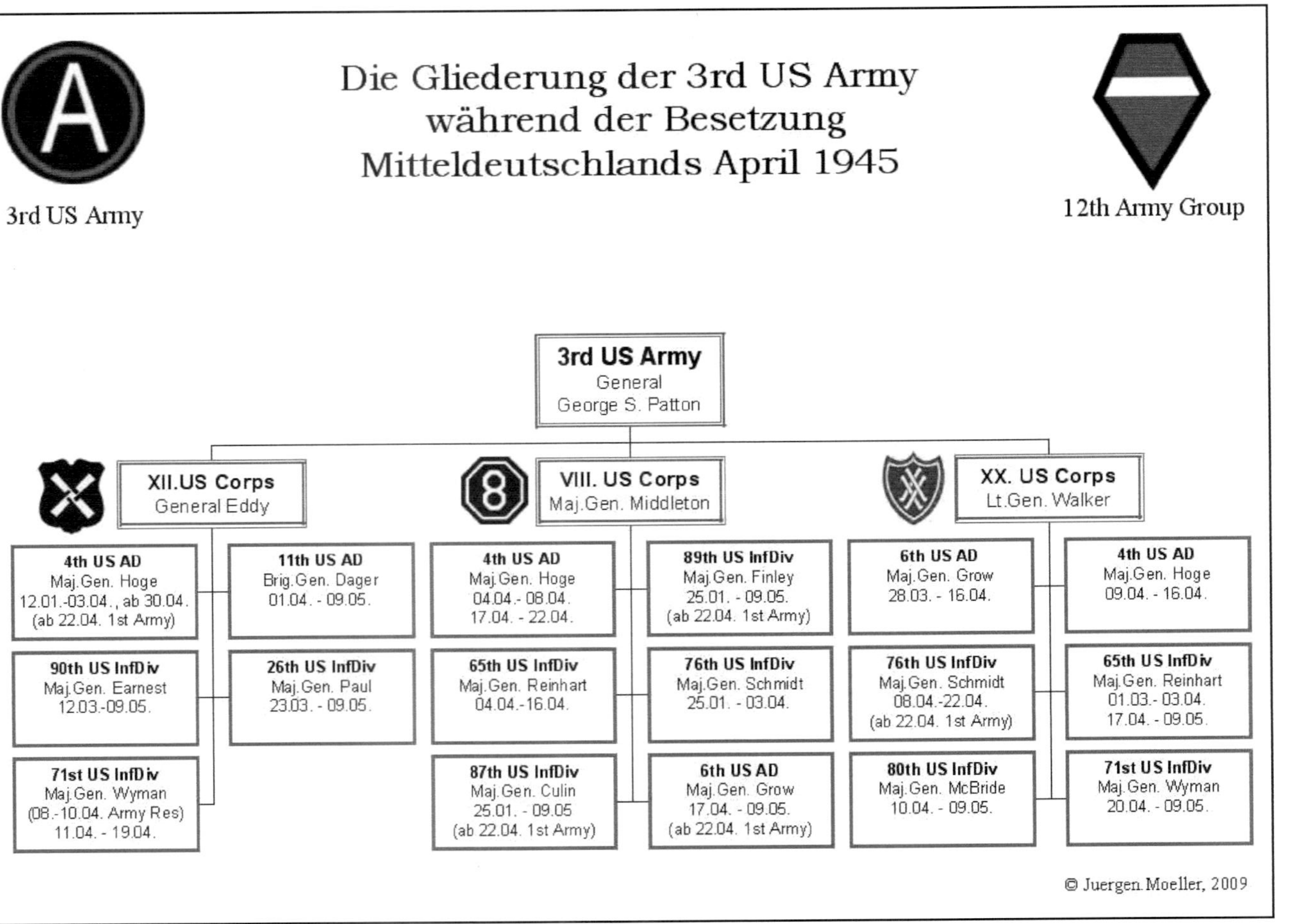

Die Gliederung der 3rd US Army
während der Besetzung
Mitteldeutschlands April 1945
3rd US Army
12th Army Group
3rd US Army
General
George S. Patton
XII.US Corps
General Eddy
4th US AD
Maj.Gen. Hoge
12.01.-03.04., ab 30.04.
(ab 22.04. 1st Army)
11th US AD
Brig.Gen. Dager
01.04. - 09.05.
90th US InfDiv
Maj.Gen. Earnest
12.03.-09.05.
26th US InfDiv
Maj.Gen. Paul
23.03. - 09.05.
71st US InfDiv
Maj.Gen. Wyman
(08.-10.04. Army Res)
11.04. - 19.04.
VIII. US Corps
Maj.Gen. Middleton
4th US AD
Maj.Gen. Hoge
04.04.- 08.04.
17.04. - 22.04.
89th US InfDiv
Maj.Gen. Finley
25.01. - 09.05.
(ab 22.04. 1st Army)
65th US InfDiv
Maj.Gen. Reinhart
04.04.-16.04.
76th US InfDiv
Maj.Gen. Schmidt
25.01. - 03.04.
87th US InfDiv
Maj.Gen. Culin
25.01. - 09.05
(ab 22.04. 1st Army)
6th US AD
Maj.Gen. Grow
17.04. - 09.05.
(ab 22.04. 1st Army)
XX. US Corps
Lt.Gen. Walker
6th US AD
Maj.Gen. Grow
28.03. - 16.04.
4th US AD
Maj.Gen. Hoge
09.04. - 16.04.
76th US InfDiv
Maj.Gen. Schmidt
08.04.-22.04.
(ab 22.04. 1st Army)
65th US InfDiv
Maj.Gen. Reinhart
01.03.- 03.04.
17.04. - 09.05.
80th US InfDiv
Maj.Gen. McBride
10.04. - 09.05.
71st US InfDiv
Maj.Gen. Wyman
20.04. - 09.05.
© Juergen Moeller, 2009

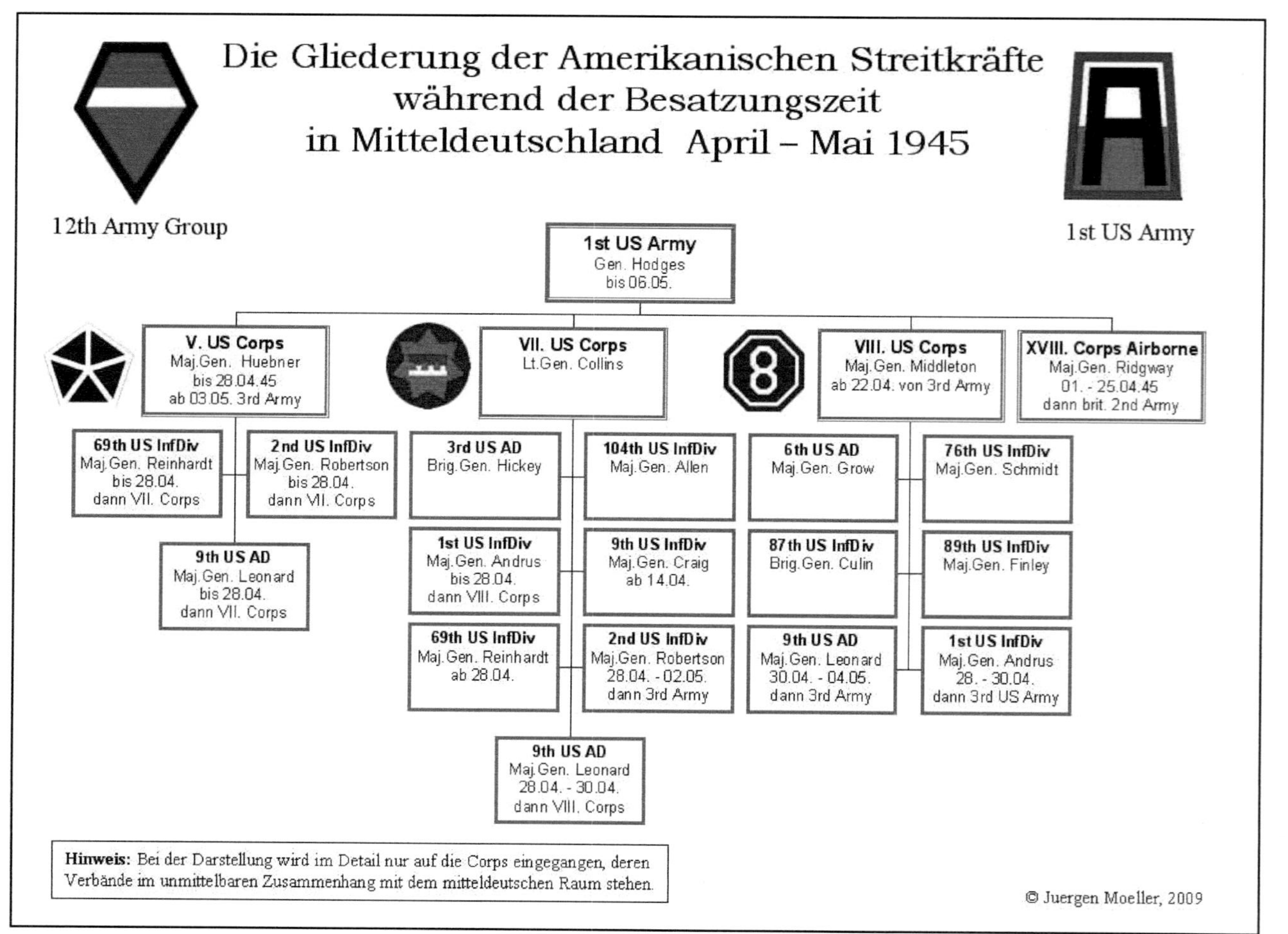
Die Gliederung der Amerikanischen Streitkräfte
während der Besatzungszeit
in Mitteldeutschland April – Mai 1945
12th Army Group
1st US Army
1st US Army
Gen. Hodges
bis 06.05.
V. US Corps
Maj.Gen. Huebner
bis 28.04.45
ab 03.05. 3rd Army
VII. US Corps
Lt.Gen. Collins
VIII. US Corps
Maj.Gen. Middleton
ab 22.04. von 3rd Army
XVIII. Corps Airborne
Maj.Gen. Ridgway
01. - 25.04.45
dann brit. 2nd Army
69th US InfDiv
Maj.Gen. Reinhardt
bis 28.04.
dann VII. Corps
2nd US InfDiv
Maj.Gen. Robertson
bis 28.04.
dann VII. Corps
9th US AD
Maj.Gen. Leonard
bis 28.04.
dann VII. Corps
3rd US AD
Brig.Gen. Hickey
104th US InfDiv
Maj.Gen. Allen
1st US InfDiv
Maj.Gen. Andrus
bis 28.04.
dann VIII. Corps
9th US InfDiv
Maj.Gen. Craig
ab 14.04.
69th US InfDiv
Maj.Gen. Reinhardt
ab 28.04.
2nd US InfDiv
Maj.Gen. Robertson
28.04. - 02.05.
dann 3rd Army
9th US AD
Maj.Gen. Leonard
28.04. - 30.04.
dann VIII. Corps
6th US AD
Maj.Gen. Grow
76th US InfDiv
Maj.Gen. Schmidt
87th US InfDiv
Brig.Gen. Culin
89th US InfDiv
Maj.Gen. Finley
9th US AD
Maj.Gen. Leonard
30.04. - 04.05.
dann 3rd Army
1st US InfDiv
Maj.Gen. Andrus
28. - 30.04.
dann 3rd US Army
Hinweis: Bei der Darstellung wird im Detail nur auf die Corps eingegangen, deren Verbände im unmittelbaren Zusammenhang mit dem mitteldeutschen Raum stehen.
© Juergen Moeller, 2009

Die Gliederung der Amerikanischen Streitkräfte
während der Besatzungszeit
in Mitteldeutschland Mai – Juni 1945
12th Army Group
9th US Army
9th US Army
Lt.Gen. Simpson
06.05. bis 15.06.
XIII. US Corps
Maj.Gen. Gillerm
VII. US Corps
Lt.Gen. Collins
ab 06.05.
VIII. US Corps
Maj.Gen. Middleton
ab 06.05.
XVI. US Corps
Maj.Gen. Anderson
XIX. US Corps
Maj.Gen. McLain
35th US InfDiv
Maj.Gen. Baade
30th US InfDiv
Maj.Gen. Hobbs
08. - 30.05.
dann VIII. Corps
84th US InfDiv
Maj.Gen. Bolling
102nd US InfDiv
Maj.Gen. Keating
bis 30.05.
dann VIII. Corps
83rd US InfDiv
Maj.Gen. Macon
ab 08.05.
5th US AD
Maj.Gen. Oliver
v. XVIII. 07.- 10.05.
dann VII. Corps
3rd US AD
Brig.Gen. Hickey
bis 10.05.
dann XIX. Corps
104th US InfDiv
Maj.Gen. Allen
9th US InfDiv
Maj.Gen. Craig
69th US InfDiv
Maj.Gen. Reinhardt
5th US AD
Maj.Gen. Oliver
ab 10.05.
6th US AD
Maj.Gen. Grow
76th US InfDiv
Maj.Gen. Schmidt
87th US InfDiv
Brig.Gen. Culin
bis 30.05.
89th US InfDiv
Maj.Gen. Finley
bis 30.05.
102nd US InfDiv
Maj.Gen. Keating
ab 30.05.
30th US InfDiv
Maj.Gen. Hobbs
ab 30.05.
2nd US AD
Maj.Gen. White
8th US AD
Maj.Gen. Devine
bis 30.05.
dann 3rd Army
30th US InfDiv
Maj.Gen. Hobbs
bis 07.05.
dann XIII. Corps
83rd US InfDiv
Maj.Gen. Macon
bis 08.05.
dann XIII. Corps
3rd US AD
Brig.Gen. Hickey
ab 10.05
Am 15. Juni übernimmt die 7th US Army das Oberkommando
über die amerikanischen Verbände im mitteldeutschen Raum.
7th US Army
© Juergen Moeller, 2009

Die Stationierungsbereiche der US Army im Zeitraum 11. Mai bis 1. Juli 1945

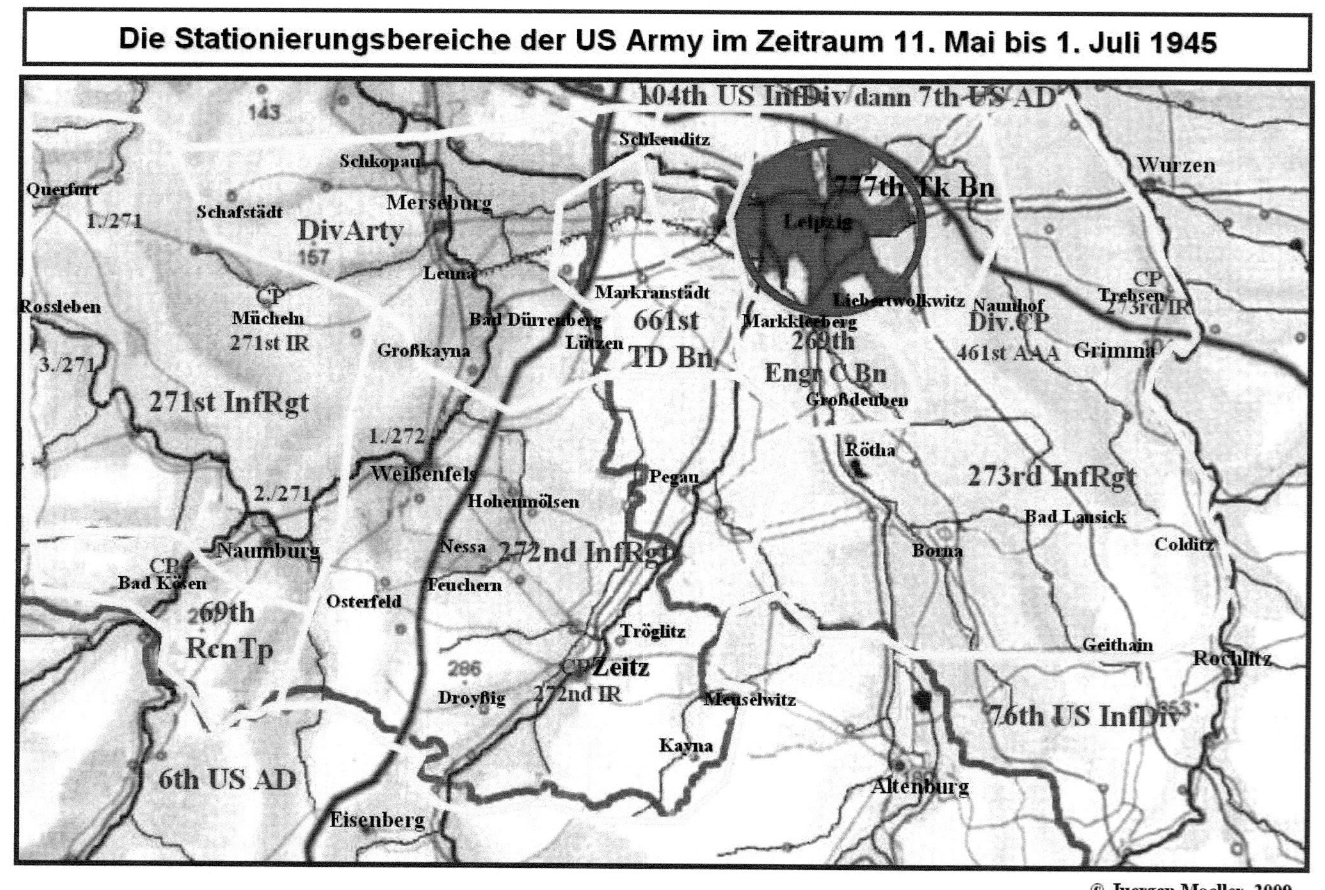

© Juergen Moeller, 2009

Der Autor, Jürgen Möller, wurde 1959 in Gotha/ Thüringen geboren, ist verheiratet und lebt zur Zeit in Lauda-Königshofen/Baden-Württemberg.

Neben seiner Tätigkeit als Offizier der Bundeswehr beschäftigt er sich seit mehr als zehn Jahren mit der militärgeschichtlichen Erforschung des Kriegsendes 1945 in Mitteldeutschland. Als Ergebnis der bisherigen Forschungen erschienen in den letzten Jahren die folgenden Dokumentationen:

Die amerikanische Besetzung des mitteldeutschen Chemiezentrums Schkopau – Merseburg - Leuna durch das V. US Corps im April 1945
1. Auflage 2005; ISBN 3-936341-04-4

Die amerikanische Besetzung des Leipziger Südraumes durch das V. US Corps im April 1945
1. Auflage 2006; ISBN 3-936341-07-9

Der Vorstoß des V. US Corps zur Saale und Unstrut und die Besetzung von Naumburg im April 1945
1. Auflage 2007; ISBN 3-936341-11-7

Die Stadt Weißenfels im April 1945 - Einnahme durch die 69th US Infantry Division
4. erweiterte Auflage 2010; ISBN 978-3-936341-16-4

Der Kampf um Nordthüringen im April 1945
2. bearbeitete Auflage 2010; ISBN 978-3-86777-212-9

Der Kampf um Zeitz April 1945
1. Auflage 2010; ISBN 978-3-86777-185-6

Kriegsschauplatz Leipziger Südraum 1945
3. bearbeitete Auflage 2011; ISBN 978-3-86777-168-9

Der Kampf um den Harz April 1945
1. Auflage 2011, ISBN 978-3-86777-257-0

HQ 272nd InfRgt, Zeitz Foto des Zeitz

HQ Co. 3./272, Zeitz Foto des Zei

otografen Föppel, Museum Schloss Moritzburg Zeitz

Fotografen Föppel, Museum Schloss Moritzburg Zeitz

Co. K, 3./272, Kayna Foto des

Co. M, 3./272, Zeitz Foto des Zei

er Fotografen Föppel, Museum Schloss Moritzburg Zeitz

Fotografen Föppel, Museum Schloss Moritzburg Zeitz

AT Co. 272nd InfRgt, Osterfeld Fo

Cn Co. 272nd InfRgt, Droyßig Foto des Zeitze

Zeitzer Fotografen Föppel, Museum Schloss Moritzburg Zeitz

rafen Föppel, Museum Schloss Moritzburg, Zeitz

Bücher von Jürgen Möller im Verlag Rockstuhl

Reihe „Das Kriegsende in Mitteldeutschland 1945"

1. Band [2010]*	- Kampf um Nordthüringen im April 1945	ISBN 978-3-86777-212-9
2. Band [2011]	- Kriegsschauplatz Leipziger Südraum 1945	ISBN 978-3-86777-168-9
3. Band [2014]	- Kampf um Zeitz im April 1945	ISBN 978-3-86777-477-2
4. Band [2021]	- Kampf um den Harz April 1945	ISBN 978-3-86777-257-0
5. Band [2017]	- Endkampf an der Mulde 1945	ISBN 978-3-86777-334-8
6. Band [2013]	- Flak im Endkampf Leuna 1945	ISBN 978-3-86777-457-4
7. Band [2022]	- Kriegsende an Saale und Unstrut 1945	ISBN 978-3-86777-456-7
8. Band [2014]	- Die letzte Schlacht Leipzig 1945	ISBN 978-3-86777-687-5
9. Band [2017]	- Sturmlauf Werra zur Saale April 1945	ISBN 978-3-86777-647-9
10. Band [2017]	- Panzerkeile Thüringer Autobahn 1945	ISBN 978-3-86777-648-6
11. Band [2018]	- Durchbruch zur Zwickauer Mulde April 1945	ISBN 978-3-86777-649-3
12. Band [2019]	- Der Kampf um die Thüringer Pforte April 1945	ISBN 978-3-95966-109-6
13. Band [2020]	- Der Kampf um Weißenfels April 1945	ISBN 978-3-95966-401-1
14. Band [2021]	- Kriegsschauplatz Thüringer Wald April 1945	ISBN 978-3-95966-110-2
15. Band [2022]	- Kampf um die Thüringer Waffenschmiede April 1945	ISBN 978-3-95966-111-9
16. Band [2023]	- Kriegsende im Thüringer Schiefergebirge April 1945	ISBN 978-3-95966-112-6
17. Band [2024]	- Sturm auf die Erzgebirgsstellung April 1945	ISBN 978-3-95966-113-3
18. Band [2025]	- Das Finale im Erzgebirge April 1945	ISBN 978-3-95966-475-2
19. Band [2026]	- Endziel Berlin – Der Stoß zur Elbe 1945	ISBN 978-3-95966-476-9

Spezialausgaben „Das Kriegsende in Mitteldeutschland 1945"

1. Band [2017]	- Konzentrationslager Buchenwald Weimar April 1945	ISBN 978-3-95966-274-1
2. Band [2018]	- Konzentrationslager Mittelbau-Dora 1945	ISBN 978-3-95966-390-8

Handbuch - Kriegsende Mitteldeutschland 1945 ISBN 978-3-86777-588-5

***)** *Erscheinungsjahr*

Stand Oktober 2022